全国高职高专商务应用规划教材

U0682451

陈 捷 王 悦 主 编
李静玉 唐清华 副主编

商务沟通实务

清华大学出版社
北 京

内 容 简 介

  本书以商务沟通所涉及的领域与途径为线索,从人际沟通到组织沟通和大众沟通,从商务谈判、商务网络沟通到商务沟通文件的写作递进式的展开。突出实训,强调应用技能培养,以实训实例的形式给出了前台接待、柜台接待、远程接待、部门内部沟通、跨部门沟通、全组织沟通、新客户沟通、商务谈判,沟通角色的把握等十种商务沟通模板。

  本书具有知识系统、理论精简、案例贴切、注重应用等特点。既可作为高职高专及应用型院校经济管理、工商管理等专业学生核心技能的优选教材;也可作为企业人员的在职培训用书;还可作为企业员工、创业者商务沟通的实操手册。

本书封面贴有清华大学出版社防伪标签,无标签者不得销售。
版权所有,侵权必究。侵权举报电话:010-62782989 13701121933

图书在版编目(CIP)数据

  商务沟通实务/陈捷,王悦主编.—北京:清华大学出版社,2016
  (全国高职高专商务应用规划教材)
  ISBN 978-7-302-44161-8

  Ⅰ.①商… Ⅱ.①陈…②王… Ⅲ.①商业管理-公共关系学-高等职业教育-教材
Ⅳ.①F715

  中国版本图书馆 CIP 数据核字(2016)第 148566 号

责任编辑:田 梅
封面设计:傅瑞学
责任校对:李 梅
责任印制:宋 林

出版发行:清华大学出版社
    网   址:http://www.tup.com.cn,http://www.wqbook.com
    地   址:北京清华大学学研大厦 A 座   邮   编:100084
    社 总 机:010-62770175   邮   购:010-62786544
    投稿与读者服务:010-62776969,c-service@tup.tsinghua.edu.cn
    质量反馈:010-62772015,zhiliang@tup.tsinghua.edu.cn
    课件下载:http://www.tup.com.cn,010-62770175-4278
印 装 者:清华大学印刷厂
经 销:全国新华书店
开 本:185mm×260mm   印 张:13   字   数:295 千字
版 次:2016 年 11 月第 1 版   印   次:2016 年 11 月第 1 次印刷
印 数:1~1000
定 价:36.00 元

产品编号:070162-01

前　言

随着现代经济发展和社会分工的细密,人际关系日趋复杂,相互之间的合作配合日趋紧密。因而沟通在人们的工作、生活中扮演着重要角色,已成为现代企业和组织统一思想、建立良好人际关系、提高工作效率、促进个人职业生涯发展的重要保证。面对经济活动的多样性、面对国内外不同企业和复杂的人事关系,越发突显商务沟通的重要性。

近年来持续对毕业生的职业发展及企业用人进行跟踪调查,显示发现良好的沟通能力是企业选人、用人的关键指标之一,而沟通能力不足是限制毕业生可持续发展的主要制约因素。本书力求通过创新思路与编排改革达到提升教学效果和质量、有效训练商务沟通技巧和能力的目的。我们结合多年课程改革和教学实践积累的成果完成此书,旨在帮助高职高专学生掌握商务沟通的技能和行为规范,为今后工作和职业发展奠定良好的基础。

本书作为高职高专的特色教材,坚持以学科发展观为统领,严格按照教育部"加强职业教育、突出实践技能培养"的教育教学要求,针对高等职业教育人才培养目标,既注重以人为本、挖掘人的潜力,又注重坚持标准、合理运用政策规定;既注重系统理论知识介绍,又突出实际训练和提高执行能力,力求做到"课堂讲练结合、重在掌握,课后学以致用、注重实效"。本书出版对帮助学生尽快熟悉商务沟通规程、掌握职业岗位技能,毕业后能够顺利就业具有特殊意义。

由于本书融入了商务沟通的最新实践教学理念、力求严谨、注重与时俱进,具有知识系统、理论适中、案例实用、注重应用等特点。因而,此书虽为一本教材,但也适于各层次相关人员使用。

本书由李大军策划并具体组织,陈捷和王悦主编,陈捷统改稿。李静玉、唐清华为副主编。由商务沟通专家牟惟仲教授主审。作者编写分工:王悦(第一章),陈捷(第二章),李静玉(第三章、附录),张艳(第四章),梁茵、彭萧(第五章),王志宏(第六章),唐清华(第七章),赵静(第八章),张天龙、冯春苗(第九章),华燕萍、李晓新(文字修改、版式调整、制作教学课件)。

在编著过程中,我们参阅了大量商务沟通的最新书刊、网站资料和国家颁布实施的政策法规与管理制度,并得到有关专家教授的具体指导,在此一并致谢。为配合本书使用、我们提供配套的电子课件,读者可以从清华大学出版社(www.tup.com.cn)免费下载。由于作者水平有限,书中难免有疏漏和不足,恳请同行和读者批评指正。

编　者

2016 年 9 月

目 录

第一章　商务沟通概述

1. 掌握：商务沟通相关的基本概念及原理；
2. 熟悉：商务沟通的过程，商务组织的沟通类型，影响商务沟通的因素；
3. 了解：商务沟通发展的历程及趋势。

【开篇案例】

争取旅游名额

孙颖颖在公司里做市场部经理，年底公司为了奖励市场部的员工制订了一项海南旅游计划，名额限定为 10 人。可是部门里的 13 名员工都想去，孙颖颖就去向上级申请，想再要 3 个名额。她跟老总说："朱总，我们部门 13 人都想去海南，可只有 10 个名额，剩余的 3 个人会有意见，能不能再给 3 个名额?"朱总说："筛选一下不就完了吗?公司能拿出 10 个名额就花费不少了，你们怎么不多为公司考虑? 你们呀，就是得寸进尺，不让你们去旅游就好了，谁也没意见。我看这样吧，你们 3 个做部门经理的，姿态高一点，明年再去，不就解决了吗?"孙颖颖这次沟通失败了，可她还不知道自己错在哪里了。

作为部门经理的孙颖颖替手下员工争取利益的心情是可以理解的，问题是在沟通中她不能站在公司的利益上思考。增加名额不仅会打破部门之间的平衡，还要额外付出原本计划以外的费用。另外，在沟通中她忽视了对公司福利谢意的表达。思考一下，如果这样表达可能沟通效果更好。

孙颖颖："朱总，大家今天听说去旅游，非常高兴。觉得公司越来越重视员工了。朱总，这事是你们突然给大家的惊喜，不知当时你们如何想出这绝妙主意的?"

朱总："真的是想给大家一个惊喜，这一年公司效益不错，是大家的功劳，考虑到大家辛苦一年，想让大家高兴高兴。"

孙颖颖："这个机会太难得了，大家都在争这 10 个名额。"

朱总："当时之所以只给你们 10 个名额是感觉你们部门有几个人工作不够积极。你们评选一下，不够格的就不安排了。"

孙颖颖："其实我也同意领导的想法，有几个人的态度与其他人比起来是不够积极，不过他们可能有一些生活中的原因，我作为部门经理也有责任。这次不让他们去，对他们打击会不会太大? 如果这种消极因素传播开，可能影响不太好。"

公司花了这么多钱,要是因为这 3 个名额降低了这个出游计划的效果太可惜了。要是公司再拿出些费用让他们去,我相信他们一定会有所感悟,这对来年的工作会很有好处。而且我会尽力与另外两位经理沟通好,在这次旅途中每个人带一个帮助他们放下包袱。朱总,您能不能考虑一下我的建议?"

第一节　商务沟通的含义

对于在商务环境中工作的员工来说,最重要的基本技能也许是沟通。实际上,今天大多数学生并不需要专家来提醒他们沟通技能的重要。因为在几乎所有的招聘广告中,沟通能力都是企业在招聘任何岗位时所需要的一项基本能力。

我们在了解如何进行有效的商务沟通之前,首先要了解什么是沟通和什么是商务环境下的沟通。

一、沟通的定义

沟通是个体同周围环境进行信息互换的一个多元化过程。它是"组织中的一个成员,将其所决定的意见或前提传送给其他有关成员"的过程(管理学家西蒙);通常发生在两人或两人以上的团体之间(行为学者山佛德);沟通是"通过符号的交换而建立关系的过程,这些符号产生意义,从而使彼此关系得以发展"(现代营销之父菲利普·科特勒)。

基于沟通的上述特点,我们可以确定沟通的内涵:沟通(Communication)是为了实现预先设定的目标,由信息发送者选择一定的工具,采取一定的方式,通过一定的程序与渠道将经过编码的信息传递给信息接收者,再由信息接收者将接收到的信息进行翻译和解释,并反馈到信息发送者那里的过程。

> **名人名言**
>
> 有效沟通是管理者的最基本能力。
>
> ——威尔德

二、商务沟通的概念

组织的商务活动离不开沟通。生产计划的编制、员工的聘用、培训和激励、推销产品及收取货款、企业外部的危机处理等这些组织的日常商务活动中,人们都离不开沟通活动。所以,要掌握商务沟通的概念,首先要了解商务的定义。

(一) 商务的内涵

现代对商务(Business)是指将具有使用价值与价值的劳动产品用于交换的商业活动。具体说来,商务的概念包含以下三个层次。

(1) 为保证生产活动正常进行所进行的采购、销售、存储、运输等活动,是商务组织最基本的商务活动。

（2）为稳定商务组织主体与外部的经济联系及有效开展赊销活动所进行的商情研究、商业机会选择、商务会谈、合同签订与履行、商务冲突的处理等活动，是为生产和购销服务的商务活动。

（3）为保持自身的竞争优势和长期稳定发展所进行的塑造组织形象、制定和实施竞争战略、扩张经营资本、开拓新市场、防范经营风险等活动，是战略性的商务活动。

上述三个层面相互联系、相互影响，构成了一个完整的商务体系。

（二）商务沟通的含义

商务沟通（business communication）是指商务组织为了顺利地经营并取得经营的成功，为求得长期的生存发展，营造良好的经营环境，通过组织大量的商务活动，凭借一定的渠道，如媒体，将有关商务经营的各种信息发送给商务组织内外既定对象（接收者），并寻求反馈以求得商务组织内外的相互理解、支持与合作的过程。

一直以来，商务沟通在企业管理中都被摆在举足轻重的位置。在商务环境中有效的沟通对经营管理者的成功极其重要，一个人的沟通能力将会影响到人们对其商务才干的判断。商务沟通能力在提高效率、质量、责任和创新等方面都扮演着极为重要的角色，伴随着职业发展，它将成为员工工作中越来越重要的部分。

📖 名人名言

企业管理过去是沟通，现在是沟通，未来还是沟通。

——松下幸之助

第二节　商务沟通的过程

沟通具有特定的流程，即沟通的路径特征，是信息从主体到客体的过程。玛丽·艾伦·伽菲认为沟通的关键是意图。她指出沟通是信息和意图由一个人或一个团体到另一个人或另一个团体的传递。

在这样的沟通过程中，意图的传递才是沟通的中心目标，这也是进行沟通的目的。因而判断沟通是否取得了预定的效果也是以意图的正确传递与理解为基准的。只有接收者在正确理解了发送者的意图时，才可以认为这一沟通是成功的。沟通双方不仅要在传递的信息上取得一致，而且在该信息的内涵上也要取得相同的理解。因此，沟通在本质上是信息的传递与理解的过程。

商务沟通的基本要素包括沟通意图、发送者和接收者、信息、渠道、反馈、编码与解码，另外在沟通的过程中，沟通的效果还与噪声、背景环境有关。

一、沟通意图

人们进行沟通的时候都带着特定的目标，希望发出的信息被理解，然后得到自己想要的反馈，或者是使对方的行为、思想得到预期的改变。

这种意图可能表现得很明显，也可能是内隐的。比如，小王经常上班迟到，那么人事经理找他谈话，这种沟通的意图就非常明显，经理希望通过与小王的谈话，能使得小王在行为上发生某种他所希望的改变即上班不再迟到。

再比如，在长途列车上，互不相识的旅客互相谈话，虽然这种谈话看起来似乎没有什么特定目的，但是这种沟通通常是在消除旅途寂寞或者消除紧张感等并不明显的目的指引下进行的。不管是有意识还是无意识的，沟通者都是在沟通意图的驱动下来进行沟通活动的。

二、发送者与接收者

信息的发送者是沟通过程的主要要素之一。人们希望分享信息和观念或是沟通思想和感情，但是这种分享不是单向的过程，通常是发送者发送信息，同时也是接收者接收信息的同一过程，沟通的过程涉及沟通的信息传递和沟通双方的关系的建立。

信息的发送者作为沟通的起点，接收者作为信息传递的终点，当接收者对接收到的信息进行反馈的时候，他又变成了信息的发送者，相反，原来的信息发送者变为信息接收者，沟通的起点与终点也相应地发生了转换。

三、信息传递与接收

信息是沟通双方沟通的内容。在我们上面列举的经理与小王的例子里面，经理发送的是不希望小王迟到的行为再次出现这样的信息。小王发出的信息可能是为自己的行为辩解或者做出某种经理所希望的承诺。

所有的沟通信息，包括意见、情感、态度、思想和价值观等，都是由语言和非语言两种符号组成的。符号是用来表示事物的约定俗成的一套东西，思想和情感只有在表现为符号时才得以沟通。所以不管沟通的内容是什么，只有将它们转换成符号，人们才可以顺利地进行沟通。

（1）语言符号

语言符号是信息传播的主要载体，也是人类沟通最基本的手段。语言中的每一个词，经过反复使用后都被赋予了特定的含义，我们可以用它来表达某一特定事物或者思想。

一个词的意思可能有很多，当人们在特定的环境下用某一个词来表达事物的时候，它的意思就是限定的。比如当我们说"老师"这个词的时候，与我们谈论的人就会明白我们所指的意思。当然，不精确和不恰当的符号表达也会导致不同理解的产生。

（2）非语言符号

非语言符号是我们不通过语言来进行沟通的另一种方式。非语言符号有面部表情、手势、姿势、语调、服饰、空间距离、标识等。与语言符号一样，我们也给非语言符号赋予一定的含义，如摇头表示不赞同，微笑表示赞许，眼泪表示伤心等。

但是由于不同的文化背景或者是特定的沟通情景，沟通者可能会传达我们不太熟悉的符号，在一定程度上会误导沟通，如在阿拉伯人摇头表示赞同，而在中国摇头的意思正好相反。

沟通的过程示意图

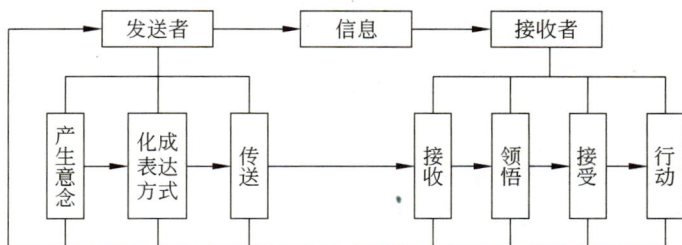

```
      发送者  →  信息  →  接收者
       ┌──────┬──────┬──────┐   ┌──────┬──────┬──────┬──────┐
       │产生  │化成  │传送  │   │接收  │领悟  │接受  │行动  │
       │意念  │表达  │      │   │      │      │      │      │
       │      │方式  │      │   │      │      │      │      │
       └──────┴──────┴──────┘   └──────┴──────┴──────┴──────┘
```

四、沟通的渠道

沟通渠道是信息经过的路线，即发送者发出的信息到达接收者那里需要经过的路线。在面对面的沟通中，人们一般主要是通过声音和视觉来感知和进行反馈。

在日常生活中我们采用已经非常熟悉的电视机、收音机、录像机、报刊、杂志、网络等渠道来获取信息。同时，信息还可以通过这些渠道进行传播，如在沟通中表现出来的诸如微笑、皱眉、摇头等非言语的信息渠道。

艾伯顿·梅热比的公式

沟通双方互相理解＝语调（38％）＋表情（55％）＋语言（7％）

公式中的"语调"和"表情"均是非语言符号，该公式表明了人家传播中非语言所能传递的信息远远大于语言，可见非语言符号在日常传播活动中扮演着不可或缺的重要角色。

（http://baike.baidu.com/link? url = P4gWlaRhIas9PCoxFBfpdwJyjlhcD0FEE8rillDASei-RWbtaBslkWfZwGHre kRT8vdLDblCsdb4wsbKBG2j ＃1）

商务沟通具有多渠道的特征。在日常的沟通中，商务人员可以采用多种方式和媒介相互联系。例如：他们有时与对方面谈或是电话交谈；有时发送电子邮件或是传真；有时采用电话或是电视会议的形式来探讨一些重要的问题；有时把活动记录在磁带或光盘上。多渠道的商务沟通为今天的商务人员提供了更为广阔的空间，使他们能够选择合适的方式来进行有效的商务沟通。

五、沟通的反馈

反馈是指信息接收者将自己对信息接收状态、包含内容的核实和是否理解返回给发送者。在沟通过程中，反馈必不可少，信息发送者可以根据它来检验信息传递的效果，了解接收者是否正确接收，判断其所表达的思想、感情、观念等信息是否按照自己所希望的方式被理解以及理解的程度如何。

在不同的沟通方式中,反馈的方式是不同的。面对面的人际沟通的反馈机会最大,发送者可以根据接收者的言语和所观察到的非言语信息来判断信息被理解的程度。就像演说者在面对观众的时候,很容易从观众的姿势、面部表情等来决定演说的速度和演说的方式。

六、沟通中的编码与解码

编码与解码被称为是两个黑箱过程。前者是信息发送者对信息进行编排的过程;后者则是信息接收者对信息进行解码的过程。之所以将这两个过程称为黑箱过程,是因为人们对于这两个过程都没有有效的监控手段,编码和解码包括了大脑的思维和对各种信息进行加工与理解的过程。

前者是反映事实、事件的数据和信息如何经过传送者的大脑处理、理解并加工成双方共知的语言的过程,而后者是接收者如何就接收到的数据与信息经过搜索大脑中已有的知识,并与之相匹配,从而将其理解并还原成事件的过程。

完美的沟通,应该是信息发送者所要表达的思想在经过编码和解码两个过程后,与接收者重建的思想完全吻合,即编码与解码完全"对称"。因此,信息发送者与接收者在编码过程中必须充分考虑到彼此的经验背景、关注的内容、符号的可读性,以及是否拥有类似的知识、态度、情绪和感情等。

七、沟通中的干扰

沟通中的干扰是指所有妨碍沟通的因素,其中最常见的就是各种噪声。噪声是阻止理解和准确解释信息的障碍,存在于沟通过程中的各个环节,极易导致信息损耗和失真。噪声发生在发送者和接收者之间,可分成三种形式:外部噪声、内部噪声和语义噪声。

名人名言

所谓沟通就是同步。每个人都有它独特的地方,而与人交际则要求他与别人一致。

——戴尔·卡内基

(1)外部噪声

外部噪声来自于沟通的环境,它阻碍沟通者很好地接收和反馈信息。比如你与朋友在打电话,可是外界的声音干扰很大,使得你根本无法听清对方在讲述什么。外部的噪声有多种形式,除了声音,也可能是炎热的环境,昏暗的光线,遥远的距离等,它们都会分散沟通者的注意力,使得一方无法集中精力与另一方沟通。

(2)内部噪声

内部噪声通常出现在沟通者的大脑中。一方面,沟通者的大脑可能被另外一件正在思索的事情占据,思维还沉浸在以前的思考中,没有分出足够的注意力来关注现时的沟通,因而也阻碍了沟通;另一方面,沟通者被已经形成的思维所束缚,具有了先天的信念或成见,并一直作用于沟通过程中。

比如某一个具有大男子主义思想的人,倾向于认为妇女的能力是低于男子的,妇女是不能担当领导人的职位的,当他面对一个女上司的时候,他可能具有较高的抵触情绪,很多情况下不能或者不愿意很好地与上司沟通。

(3)语义噪声

语义噪声是由人们对词语情感上的反应而引起的。在不同的民族文化中,对于特定的词语有着不同的含义。例如,跨国公司内部之所以经常出现冲突,很大一部分原因是文化的差异所带来的对同一词语的不同理解。语义噪声同外部噪声和内部噪声一样,都能干扰部分或全部的信息。

八、沟通的背景

沟通总是在一定背景下发生的,并受环境因素的影响。正式的演讲,如就职演说就安排在很正式的场合;通常的人际沟通,如非正式会谈就在宽松、非正式的场合下进行,如在茶馆、咖啡馆等。从这个意义上看,与其说沟通是由沟通者本人把握的,不如说是由背景环境控制的。

商务沟通在什么样的背景中进行,对于人们采用什么样的沟通方式具有很大的影响。这些细节细微到会议室的座次安排、桌子的形状等。据研究发现,在公司中,管理者是否在场对员工的沟通也具有很大影响。如果管理者在场的话,沟通双方的言语比较正式,交谈的内容也紧紧围绕着双方特定的工作,交谈过程通常较为直接、短暂。一般说来,影响沟通过程的背景环境因素主要有以下几种。

(1)心理背景

心理背景指沟通双方的情绪和态度。沟通者的心情和意愿直接影响到沟通的效果。当沟通者的心情和情绪处于兴奋、激动的状态时,沟通起来比较容易,人们也倾向与人交流更多的信息,接受信息的效率比较高,更容易反馈。但若沟通者处于悲伤、焦虑状态时,通常没有太多的沟通意愿,其思绪也不能得到很好的整理,发出的信息通常没有连贯性。

沟通双方对待彼此的态度也会直接影响沟通的效果。如果沟通双方敌视或者关系淡漠,沟通过程常由于偏见而出现误差,双方都很难正确理解对方发送的信息,同时由于敌对或紧张的关系干扰了正常的解码、反馈过程。

(2)物理背景

物理背景指沟通发生的场合。特定的物理背景往往造成特定的沟通气氛和心理背景。根据公开程度,我们可以把场合分为公开场合和私密场合,就好像是面对礼堂上千名的观众发表新年贺词和对办公室几个部下交代近期计划,其沟通氛围和沟通过程是大相径庭的。在很多情况下,当物理背景变化时,沟通也会发生一定的变化。

(3)社会背景

社会背景指的是沟通双方的社会角色关系,特定的角色决定了彼此的身份和关系,也决定了特定的沟通模式的预期和礼仪。上级可以拍拍你的肩头,告诉你要以厂为家,但你绝不能拍拍他的肩头告诫他要公而忘私。

对应于每一种社会角色关系,无论是上下级关系还是朋友关系,人们都有一种特定沟通方式的预期,相关沟通只有在方式上符合这种预期,才能得到沟通双方的接纳,沟通才可顺利进行,否则就会导致沟通的障碍。

沟通情境中对沟通发生影响但不直接参加沟通的其他人也会影响沟通方式。如配偶在场的男性会改变自己的异性沟通方式;上司和竞争对手或更专业的人在场旁观测评,会改变我们的沟通。

(4)文化背景

文化环境指沟通者长期的文化积淀和综合素养,是沟通者较为稳定的价值取向、思维模式、心理结构的总和,也包括所处亚文化的特征和团队规章制度和沟通风格等。

文化已转变为我们精神的核心部分而成为我们思考、行动的内在依据。虽然,通常人们体会不到文化对沟通的影响,实际上,文化影响着每一个人的沟通过程,影响着沟通的每一个环节。当不同文化发生碰撞、交融时,人们往往能发现这种影响,也特别能感受到不同文化带来的碰撞。

第三节 商务组织的沟通类型

由于人们从不同的研究视角对沟通进行了定义,因而对于沟通的分类也是多种多样的,综合起来有如下五种分类方式。

一、按沟通的方向分类

根据沟通方向的可逆性与沟通时是否出现信息反馈,可以把沟通分为单向沟通和双向沟通。

(一)单向沟通

单向沟通是指没有反馈的信息沟通。例如电话通知、书面指示、演讲、上课、作报告等。单向沟通仅仅朝着一个方向沟通,发送者以命令方式面对接收者,前者只发送信息,后者只接收信息,两者位置不会发生变化。这种沟通方式的优点是传递速度快,无干扰,秩序好,信息量大,但是由于没有反馈,准确性较差,接收率较低,较难把握沟通的实际效果,有时还容易使接收者产生抗拒、挫折和埋怨的心理。

现代商务领域采用此种沟通方式的,往往是一些性质简单的工作,如场地布置,从事例行工作等。严格说,我们通常面对面的沟通总是双向沟通,因为,即使沟通者有时没有听到接收者的语言反馈,但从接收者的面部表情、聆听态度等方面就可以获得部分反馈信息。

(二)双向沟通

双向沟通是指有反馈的信息沟通,如讨论、面谈、协商、交换意见等。在双向沟通中,沟通者可以检查接收者是如何理解信息的,也可以了解接收者明白其所理解的信息的正确性,并可要求沟通者进一步传递信息。双向沟通是信息流动方向可逆的来回反馈式沟通,信息发送者和接收者之间的位置不断变化。

该方式的优点是信息传递有反馈,接收率与准确性较高。由于接收者有反馈意见的机会,使接收者更具参与感,易保持良好、活跃的气氛和人际关系,有助于意见沟通和建立双方感情。但是也因为质询、批评或挑剔,信息发送者心理压力大,自我要求高,易受干扰,而使得信息传递速度慢,缺乏条理。

二、按沟通的性质分类

根据程序是否经过组织事先安排,沟通可分为正式沟通和非正式沟通。

(一)正式沟通

正式沟通是通过组织明文规定的沟通渠道进行信息的传递和交流。如商务谈话、发言、产品演讲、商务信函、备忘录等。正式沟通在组织中起到非常重要的作用,它对组织的内部活动及其对公众的外部形象或是公共关系均有着直接的影响。正式沟通的显著特征在于其严肃性和精确性。因此,正式沟通要求沟通者事先做好准备。

例如,用书面的形式进行正式沟通时,所写内容的调子、结构、用词甚至于标点符号,都会对正式沟通产生重要的影响。但正式沟通也并不意味着一定要长篇大论,事实上正式沟通的关键之处在于它的正式性。对正式沟通中发出的每一则信息,发送者都要负全部的责任,这才是正式沟通的本质所在。

(二)非正式沟通

非正式沟通是在正式沟通渠道之外进行的信息传递与交流。它的沟通对象、时间及内容等各方面都是未经计划和非正式的。如私下交流、小道消息。其沟通途径是通过组织成员的关系,这种关系超越了部门、单位以及层次。

有人把非正式沟通称为"内部传递",它存在于几乎所有组织的各个层面上。"内部传递"属于企业沟通的一部分。实际上,在所有的组织中员工们都希望了解那些与其个人需求有关的信息,但如果正式渠道不能满足他们的需求或是管理层对此没有做出任何反应,那么他们自然会把注意力集中到内部渠道上来。企业应该寻找适当的方式,充分发挥非正式沟通的正面作用,减少负面作用。

三、按沟通的语言分类

根据信息载体的异同,沟通可分为言语沟通和非言语沟通。

(一)言语沟通

语言是一种很直接的沟通方式,言语沟通即建立在语言文字的基础上,主要包括口头沟通与书面沟通。

1. 口头沟通

口头沟通是传递信息含义的最基本形式,它具有很多优点。首先,沟通者可以立即发问以澄清含糊之处,因此可以将误解发生的可能性减至最低程度。其次,它使沟通者能依据对方的面部表情来调整自己语速、语调等,从而提高沟通的效果。

此外,当许多人需要在一起进行协商时,口头沟通的方式效率最高。最后,大多数人都喜欢面对面的人际沟通,因为这种方式轻松、活泼,令人感到自如、温暖,而且能增进友谊。口头沟通的不足之处在于它无法留下书面记录,有时还浪费时间甚至于很不方便。

2. 书面沟通

书面沟通包括了大多数沟通形式,像文件、公告、备忘录、电子邮件、传真、信件、报告、建议、指导手册,均属于这一范畴。书面沟通也具有非常明显的优点。首先,书面沟通能保持长久的记录,对于现在日益增加的诉讼问题和广泛的政府管理来说,这是必需的。其次,采取书面而非口头的方式能够使沟通者仔细考虑,精心组织信息。

另外,这种方式还很方便,书面信息可在沟通双方方便的时候构思和阅读,在需要的时候还可以再次查看。当然,书面形式也有它的缺点,比如书面沟通前要求做精心的准备,并对沟通信息的接收者和沟通可能出现的预期结果保持高度的敏感性。书面信息的另外一个缺陷就是准备起来较麻烦,对发送者有较高的写作技能要求。

（二）非言语沟通

非言语沟通主要是指肢体言语沟通,是通过某些媒介而非语言或文字来传递信息。美国的伯德·惠斯特尔认为,在绝大多数情况下,语言交流仅仅表达了我们思想大约 30%～35%的部分,而 65%以上的信息是由非言语的形式传递的。

一般地讲,非言语沟通可以伴随语言的沟通出现,也可以单独出现。非言语的信息主要是通过面部表情、身体姿势和外貌传递的,也可通过与交往范围内的其他人的空间安排来传递。伴随口头语言的非言语行为能够改变、扩展、否定或增进口头的信息,将两者交织起来使用,配合的越好,沟通的效果也就越好。

各种形式的非言语沟通都有四个共同特点。

① 很多非言语沟通对我们所隶属的文化或亚文化来说是独有的。
② 非言语信息和言语信息可能是相互矛盾的。
③ 很多非言语沟通是在下意识中进行的,即我们通常没有意识到它。
④ 非言语沟通展现出情感和态度。

通过这些可以发现,言语沟通更擅长沟通的是信息;而非言语沟通也就是肢体言语则更善于沟通的是人与人之间的思想和情感。明确这种区别后,在沟通的过程中就首先要问自己,这次沟通的主要内容是信息还是思想和情感?

案例

总经理的烦恼

Gia 塑料制品厂的总经理为其生产部门经理亨恩·森(Hin Sen)无法与下属进行有效沟通一事而担忧。生产部经理的多次口头指示被误解。例如,生产部经理指示领班生产设备只在需要清理时才停机,而领班却让所有的操作工人停止生产,再进行设备清洗。他吩咐大家用水管清洗地板,但结果是堵住水管。

于是,他不愿意下达类似的指示,责备大家没有领会他的意思。类似事件发生多次后,工人们都不太喜欢生产部经理,也不愿意听从他的指示,因为他的指示可能并不恰当。显然,总经理应该解雇生产部经理,可他非常善于组织塑料制品的生产,所以总经理不愿意做出这一决定,因此非常苦恼。

从案例中可以发现,问题可能在于生产部经理下达的指示上。案例中没有给出明确的原因,所以推测原因是可以接受的。他可能是说话声音太小,且当时环境噪声大;或者是他来自不同地区,口音不同导致理解偏差;或者是他的口头表达能力差;甚至可能是领班和其他工人故意为难他。那么这一问题该怎样解决呢?最显而易见的答案是书面指示。

生产部经理可使用便签向领班下达指示,领班再将指示传达到操作工。他甚至可以使用公告栏。尽管生产部经理的口头沟通能力差,但他有很多可贵的优点,所以解雇生产部经理的建议不是一个好办法。

(http://wenku.baidu.com/link? url=7v45tPAisKy2-tQHgMQM_afCRgamH4-gnErBOkj6GFhqDkRI5BPWd3xSffTz4g0PPE6HSh869S-o5D30pzDvoZpRlONuE_cEaW8O5bc46-AW)

四、按沟通的范围分类

根据沟通主体不同,沟通可以分为个体沟通、群体沟通和组织沟通。

(一)个体沟通

个体沟通是指沟通的主体为不同的人。其中自我沟通是个体沟通中最为独特的一种,是个体与自身的沟通,是人际沟通的基础。自我沟通是一个认识自我、提升自我和超越自我的过程。一个人对自我的知觉往往是在与别人进行对比中进行的。

一般来说,一个人自我沟通的过程具有一定的内隐性,也具有一定的可控性。自我沟通可以有效地认识自我,也可以通过有效的自我暗示方式来开脱和提升自我。

另外,个体沟通中还包括人际沟通。人际沟通是个体与他人之间的沟通,是人与人之间的情感、情绪、态度、兴趣、思想、人格等特点相互交流和相互感应的过程。通过人际沟通,个人发出关于自己的个性心理的某些特征,同时也可以收集到他人心理的、个性的特征,是一个双向的过程和关系。

(二)群体沟通

当沟通发生在具有特定关系的人群中时,就是群体沟通。沟通也是群体成员交流感情的方式。群体成员在共同工作、生活的过程中,可以利用沟通来表达各种情感,无论是成就感还是挫折感,无论是满意还是不满意,还有焦虑与压力,都会在沟通中表达出来,这样做一方面满足了他们社会交往的需要;另一方面不良情绪的宣泄也可以缓解工作的压力。

（三）组织沟通

组织沟通是涉及组织特质的各种类型的沟通。它不同于人际沟通，但包括组织内的人际沟通，是以人际沟通为基础的。一般来说，组织沟通又可以分为组织内部沟通和组织外部沟通。其中，组织内部沟通又可以细分为正式沟通和非正式沟通；组织外部沟通则可以细分为组织与其他外部个体以及群体（如社区、新闻媒体等）之间的沟通。

名人名言

未来的竞争将是管理的竞争，竞争的焦点集中在每个组织内部成员之间及其外部组织的有效沟通上。

——约翰·奈斯比特

五、按沟通主体的范围分类

根据沟通主体范围的不同，沟通可以分为内部沟通和外部沟通。

（一）内部沟通

内部沟通指在沟通主体内部进行的沟通，商务人员如果对此缺乏了解，就很难做到在组织内进行有效的沟通。内部沟通包括下行沟通、上行沟通和平行沟通。

1. 下行沟通

下行沟通指由上往下的沟通，即从管理层到基层的沟通。如案例中提及的在内部沟通的三种类型中，下行沟通起着主要的作用，如发布指令、做出决定、提出建议、发出通知等。下行沟通可以采用书面的形式也可以采用口头的形式。沟通越充分，成员越能及时、全面了解群体目标以及达成目标的导向行为，工作的积极性和主动性、自觉性越高。

在下行沟通的过程中，信息来自管理层，因此总带有权威性并有一定的影响力。所以，管理层所发出的指令、备忘录或报告要尽可能地做到清楚、精确。至于选择什么样的渠道，一般要根据情况而定。

某些时候面谈可能比其他的方法更有效，因为管理者可以从与下属的交流过程中了解更多的信息；而在其他的情况下，备忘录则是比较好的选择，因为它对既定的接收者来说会起到一种提醒的作用。因此，在下行信息实施之前，管理者要根据实际情况为其选择恰当的渠道。

2. 上行沟通

上行沟通指逆向的沟通过程，指信息从下级往上级甚至往最高层的传递过程。所以疏通渠道很重要，如民意测试、座谈会、设置意见箱等。上行沟通可能因上司的要求而产生，如管理层希望了解下属的汇报和下属的看法，也可能是员工们主动向管理者提出意见和建议。

上行沟通使管理层能够听到下级的看法，这对管理层来说是非常有益的，他们可以以此来检查其决策的正确性和合适性,以便日后能够提高其下行沟通的质量。然而,上行沟通要员工自觉自愿才有价值,对管理层来说,如果他们确实看重上行沟通所传递的信息,就应该制定一定的措施来对此加以鼓励。例如,设立合理化建议奖。

3. 平行沟通

平行沟通是指群体之间的沟通,是在企业内部的同一层面间的信息传递,也叫横向联系。平行沟通的特点是:随意、亲密、迅捷。部门之间的交流在企业内部是典型的平行沟通形式,企业的发展需要部门之间进行信息的交流。位于同一层面的员工也经常随意地相互交换信息,最近的新闻以及评价等,这样的沟通便捷可靠。

平行沟通有时因其所具有的非正式性而被管理层所忽略。事实上,平行沟通形式上虽然随意,但在内容上却是严肃的。平行沟通具有双重特征——如果适当引导,它在协调公司内部的想法和建立公司的企业文化方面可以起到积极的作用;反之,它亦可对处在特定层面员工的士气产生消极的影响。

(二)外部沟通

外部沟通是指沟通主体与环境中的其他主体之间的沟通过程。为使其外部沟通更为出色,不少公司设立了公共关系部,其一般具备两个职能:一是尽其最大的努力,让公众知道该公司的存在。出于这一目的,公关人员必须接触各种人群,从顾客、投资者、银行家到政府官员、媒体人士等。二是公关人员经常将他们从公众那里了解到的信息提供给管理层参考。

企业外部沟通的另一重要方面在于企业与个人,比如与消费者和股东之间的沟通。今天的个体消费者对服务的质量尤为挑剔,许多公司都把"顾客满意"作为企业努力的目标,所以很多公司的代表要定期走访其客户,以了解他们的意见及对产品的需求。同样与股东的沟通也非常重要,通过沟通可以让股东对公司的运作给予更多的支持,也可以给股东更多的回报。

第四节　商务沟通效果

商务沟通效果研究的重点是考察信息沟通功能和信息沟通实际状况如何改变和影响接收者,如何达到信息发送者预期的沟通目的。

沟通效果指信息发送者对接收者在思想观念和行为方式等方面的影响及其反应程度,主要包括经济效果、心理效果、社会效果等。经济效果主要表现为通过各种形式的沟通所带给企业的经济效益;心理效果指通过沟通对沟通双方引起的心理作用,如印象、注意、吸引、诉求、行为等效果;社会效果指通过沟通产生的公众对企业的认知程度,对企业产品销售所带来的积极或消极的影响等。

一、影响沟通效果的因素

(一)影响沟通效果的内在因素

(1)信息发送者和信息内容对沟通效果的影响

沟通过程中,信息发送音和信息内容对沟通效果产生直接影响。例如提供信息的发送者的威望、权力、地位,会直接影响信息接收者对其信息的可信度的理解与评价。公司经理传递的信息比普通员工传递的信息影响力更强,沟通效果更好。

（2）传播媒介选择

传播媒介选择不当会直接影响沟通效果。例如影视媒介、声响媒介的影响效果更强,比印刷媒介传递的信息更容易记忆,沟通效果也就更好,但信息的保存效果较差。一般来说,人际沟通效果强,因为没有媒介的障碍。

（3）信息的加工与改造

信息沟通前,传递出去的信息材料需要加工、改造和整理,信息传递的主体与题材、开头与结尾、段落与层次、过渡与照应、详细与简洁等都需要精心安排与设计,而论点,论据,论证方法等都需要仔细推敲。沟通者对信息处理得当,沟通效果就越好。

（4）信息沟通方式的选择

信息沟通方式和技巧的选择,也是影响沟通效果的重要因素。例如,人际沟通的说服方式,大众沟通的语言、画面、色彩和传递信息的时间、空间等的选择,都在某些程度上会直接影响沟通效果。

（二）影响沟通效果的外在因素

（1）信息接收者态度对沟通效果的影响

信息接收者原有的赞成、反对、无所谓等的态度不同,在商务沟通中对企业和对商务信息的评价就会不同,从而造成对企业产品的购买行为的不同。

（2）接收者个人特性对沟通效果的影响

接收者个人的品质特性、能力水平、文化素养、智慧才气、气质类型等均影响接收者对信息的接收和处理。在其品质特征中,价值观是很重要的一项因素,因为这代表接收者对是非、善恶、美丑等的评价标准。

（3）信息发送者与接收者关系对沟通效果的影响

信息接收者对企业产品的主观判断心理与距离,对信息发送者预先的感情倾向等都会影响双方的沟通效果。

（4）外界影响

信息接收者所处组织或群体的规范、习俗、制度等也是影响沟通效果的重要因素。

二、沟通效果的评定

沟通效果评定是指对信息接收者所受到的影响的范围程度进行分析和衡量,该过程在商务沟通中是一个重要的步骤。但是,因信息沟通的因素包括各个方面,其沟通效果也就很难测评。这里简单介绍几种人们较熟悉的测评方法。这几种测评方法是否适用?哪些测评方法更好?我们认为尚有待进一步研究。

（一）心理效果评定

近年来,学者们十分注重心理效果的评定。例如,对沟通对象的知名与了解,对信息内容,以及其人、其事、其企业的回忆状况,或者对其喜欢与厌恶的态度、偏好等的测定。

沟通的心理效果评定一般分为三个阶段，首先是在信息传递前的测定；其次是在信息传递过程中的测定；最后是在信息传递后进行的综合检测。

（二）社会效果评定

社会效果评定的内容主要是沟通对个人、企业、社会在政治、经济、文化等方面所产生的影响，包括正面的与负面的。沟通的社会效果会受到社会制度和意识形态，涉及政治观点、法律规范、伦理道德以及文化艺术等标准的影响。

（三）语义信息评定

语义信息评定是指通过分析语义信息从定性的角度来看待沟通效果。语义信息评定指标包括以下几点。

（1）新颖性

新颖性是指从提供信息的新闻性来看沟通效果。沟通中提供的信息具有新颖性，新闻性，沟通效果强，因为信源发出的随机性和不确定性的概率较小。反之，沟通效果弱。

（2）准确性

沟通中双方提供给对方的信息越真实、准确，则信息差越小，沟通效果越好；反之，信息差越大，沟通效果越弱。

（3）冗余度

信息在传播过程中存在多余符号，去掉这些符号仍不影响信息传播，它们不会对沟通过程产生实质性的障碍，但是占据了沟通的时间和空间。沟通中双方提供的信息冗余大，则发出的信息少，沟通效果差；反之，双方提供的信息冗余小，则发出的信息大，沟通效果就强。

（4）适度性

信息沟通的双方所提供给对方的信息具有可理解性与可用性相结合，沟通效果就强；反之，各方提供的信息都是晦涩难懂的无意义的信息，等于双方混在一起说废话，当然沟通效果差。总之，适当的技巧可达到语言表达的最大信息量。

第五节　商务沟通发展的新趋势

随着世界经济由工业经济向知识经济的快速转变，企业面临的竞争环境日趋动态、复杂，不确定性也逐步增多。为了在复杂多变的环境中灵活运转以便在全球的竞争中获胜，企业进行管理方式的变革已经成为历史的必然趋势。

企业改变传统的组织结构方式，由等级制向扁平化和网络化方向发展；工作方式也发生了很大的变革，团队工作和小组工作的方式得到了普遍运用；为克服资源的短缺，公司向海外扩展市场，赢得发展和壮大自己的机会，跨国经营已经成为不可逆转的时代潮流，公司将在跨国沟通上花费更多的时间和精力。

同时，由于员工素质和知识水平的提高，他们要求参与管理的意识也空前高涨，现代员工具有传统员工所没有的独特性质，对他们的激励和沟通需要新的方式和技巧；未来员工的晋升和发展都越来越跟员工自己的沟通能力息息相关,沟通能力成为职业生涯发展的关键技能,也成为企业评定员工的指标。

这些都是企业未来沟通的重点和难点,无论企业是转变组织结构还是改变自身工作方式,沟通的好坏直接关系到企业运行的成败。在新的经济条件下,未来沟通面临的问题还是很多。总结起来,组织未来的沟通重点可见如下几个方面。

一、组织结构的变化与员工参与的程度对商务沟通的挑战

目前,西方许多企业的组织结构已经开始改变,由传统的层级制向扁平化、网络化的方向转变。所谓组织结构扁平化,就是通过减少管理层次、裁减冗余人员来建立一种紧凑的扁平型组织结构,使组织变得灵活、敏捷,提高组织工作效率。

扁平化的组织结构较好地解决了传统组织结构中的沟通层级过多、沟通链条太长带来的沟通效果不尽如人意的缺陷。但是,传统组织结构中的同一层级内部沟通以及企业不同层级之间的横向沟通问题仍然困扰着企业的管理人员。

随着中间管理层的减少和员工素质的普遍提升,越来越多的雇主希望员工参与管理、计划以及决策过程,越来越多的员工本身也非常渴望对自己从事的工作具有更大的发言权。员工普遍参与管理就使得组织内部对信息的分享程度的要求不断提高。

在对员工授权的同时,如何向员工传递更多的信息,如何加强员工对工作的结果、成本和组织现有的绩效等有明确的了解,怎样鼓励员工进行信息分享,并改善交流与沟通的环境,为员工之间与企业内部的沟通、交流提供支持,这些都直接或间接与组织内部的沟通有关。

二、团队工作形式带来的沟通问题

现代企业的另外一个显著的特点就是团队工作的普遍采用。据统计,各种行业中有80%的雇主选择了以质量小组和工作团队为基础的管理体制,以增强员工的自我管理意识。

伴随着团队工作的普遍采用,团队在组织管理中发挥着越来越重要的作用,组织内部的团队在管理变革中担当了越来越重要的角色。团队成员在知识、能力、兴趣、爱好、信仰、价值观等许多方面都具有很大的差异。

随着劳动力资源的全球配置,团队成员的组成更加复杂,不同成员可能来自不同的文化背景,这些特征上的差异给团队成员之间以及不同团队间的沟通设置了障碍。当下企业面临的挑战是提升团队的绩效,这就必须解决团队的沟通难题,沟通成为团队绩效提升的瓶颈。

📖 名人名言

团队进步的基本条件是能持续的学习、反思、沟通,有自我批评的承受力和能力,团队中又不断找出自身不足的文化,这是团队成熟和信心的表现。

——宁高宁

三、经济全球化给跨文化沟通带来难题

经济全球化的迅猛发展使世界变成了地球村。公司特别是跨国经营的公司要想在国际竞争中获得优势，尤其要面对跨文化沟通的压力。国家、种族及文化背景的差异使得企业在全球化进程中遇到了各种各样的沟通障碍，影响了企业的发展。分析沟通障碍的来源，研究如何消除沟通障碍，在全球化企业管理中变得越来越重要。

跨文化公司的分公司与总部之间的沟通问题、分公司内部人员之间的沟通问题、分公司与其所在国其他组织和企业间的沟通问题以及跨文化公司的分公司与当地公众环境间的沟通问题都成为困扰跨国公司的难题。

员工队伍的多元化使得越来越多的公司在沟通方式的选择上更小心翼翼。由于年龄、性别、种族、民族、宗教、阶级和健康状况等在个体之间的差异非常巨大，伴随着经济全球化和资源在世界市场上的配置，人力资源在全球流动的自由度越来越高，整合来自不同文化背景的员工中，公司的跨文化沟通能力非常重要。

四、沟通技能成为测评员工能力的重要指标

从 20 世纪末开始，人们工作的环境已经发生了巨大的变化。环境的复杂、动态对人的不同技能提出了较高的要求。但是在企业发展的每一阶段都需要人们具备良好的沟通技能。对新经济形势下的知识员工来说，作为工作基本技能之一的沟通技能就显得尤为重要。

员工能够在写作、谈话中有效地表达出自己的思想是现代企业对员工沟通能力的一条基本要求。随着公司裁员和权力的分散化，团队工作方式在更大范围内获得应用，这就需要团队成员能够在一起工作，能够共同识别问题、分析可供选择的方案，并给出最终的解决方案。他们要能向其他成员"兜售"或者交流自己的意图。即使从事技术工作，也同样需要沟通技能。

国际四大会计师事务所的首席执行官将沟通技能列在了会计行业取得成功所必须具备的三项基本技能的首位。而且随着跨国公司在全球市场的扩张和整个国家劳动者队伍组成的多样化，与不同文化背景的员工进行沟通变得非常普遍，这就需要有敏锐的观察力。

员工要在工作中提升，沟通技能就会显得尤为重要，有时决定能否获得提升的首要因素可能就是沟通能力了。一个人沿着晋升的梯子向上爬得越高，口头与书面的沟通技能也将比技术能力显得越重要。这是因为经理人员的大部分时间会用来进行诸如指挥、授权、评价、澄清事实和合作等沟通活动。

可见无论是对企业经营绩效的提升还是个人职业生涯的成功，良好的沟通能力都是必不可少的。提升员工的沟通能力既是员工个人的责任，也是企业进行员工培训的重要内容。

五、商务沟通面临道德约束问题

前最高法院法官波特·斯图尔特将道德定义为"知道如何区分你有权做什么和知道

什么事情是正确的"。为了做出正确的选择,作为一个商务沟通者,不仅有责任充分考虑要说的话,还要考虑话说出来的后果。

我们倡导进行积极的、健康的信息沟通,双方的沟通以不损害第三方的利益为道德基准,反对那些为了私人利益而损害他人的沟通行为。普遍的道德守则如诚实、正直仍然能够指导我们的沟通行为。雇主有责任建立明确的道德行为准则,包括商务沟通的规范条例。同时呼吁企业谨慎对待商务沟通中所需要涉及的一些具有商业秘密的信息和掌握这些信息的职位和个人,必要的时候,为维护正当的权益,双方可以签署保密协议。

【 本章小结 】

商务沟通能力是培养职场素养、提高竞争力的核心要素。通过本章的学习,简要地了解商务沟通发展的未来趋势,熟悉商务沟通的基本要素、影响因素和动态流程,掌握商务沟通的概念和原理,也为其他章节的论述打下基础。

【 实训题 】

1. 什么是沟通?请列举出三种比较典型的定义。再指出三种沟通的分类方法。
2. 什么是商务沟通?商务沟通的一般流程是什么样的?
3. 未来组织的商务沟通面临什么样的变革?
4. 在您看来,沟通技能对您未来的职业会产生怎样的影响?
5. 您认为沟通中需要遵守道德准则吗?请举例谈谈您自己的观点。

第二章 商务沟通策略

【学习目标】

1. 掌握：尊重、热情、真诚的概念与含义；具体、询问、表达看法、共情与反馈的策略；
2. 熟悉：自我沟通与一般沟通的异同，自我表露在沟通中的作用；
3. 了解：询问的含义，沟通态度对沟通效果的影响，幽默策略在沟通中的作用。

【开篇案例】

第一天当差

李小燕是一名新毕业的学生，被分配到某市事业单位办公室工作。报到的第二天就赶上单位里开会，科长让李小燕负责做会议记录，为写会议简报做准备。会议开始先是领导们讲话。不少领导讲话时都带有外地口音，其中有一位局长是山东人，虽然李小燕集中精力认真听，还是听不懂。会议后半部分的内容是讨论，大家你一言，我一语，语速很快，因为记录的速度比说话的速度慢，再加上口音对内容理解的干扰使李小燕的记录过程异常艰难。

开完会李小燕打开自己的记录本一看：龙飞凤舞，连不成句子的，辨别不出的字很多。写会议简报？李小燕头都大了。她咬紧牙关，根据这些不完整的会议记录，边猜边写。那些没记清楚的，前后连不成句子和看不明白是什么意思的就被李小燕忽略了。李小燕费了九牛二虎之力把会议简报写好后拿给科长看，科长不但没有肯定李小燕努力工作的态度，还厉声批评了李小燕，说会议简报没抓住会议最核心的内容。

科长当着那么多的同事高声批评李小燕，她感到很委屈，双眼浸满泪水。这是李小燕平生第一次当着这么多人受到训斥。她马上向科长解释："刚才做记录的时候，我的确有不少地方没听清楚，还有一些内容没记下来，所以……我现在立刻改！"

看李小燕态度诚恳，科长渐渐平静下来，他语重心长地告诉李小燕，做事要有认真负责的态度，不会不要紧，不懂也不要紧，可以问，但不能不懂装懂，不会装会。接着，他让李小燕去找小王。原来科长知道李小燕是第一次做记录可能会有所疏漏，特意让小王也做了记录，以免耽误工作。李小燕暗暗佩服科长考虑事情周全，既保障了工作质量，又给了新人锻炼、成长的机会。

沟通策略（communication skill）是指在沟通过程中经常使用的技巧、技术或方法。沟通不仅是一个信息传递的过程，还是一个情感与态度传递的过程。沟通的效果如何，不仅取决于沟通者与沟通对象双方对信息传递与理解的能力，更取决于双方情感的交流。

只有建立在友好情感上的沟通才能有充分的信息传递与反馈。所以,沟通策略也必须以建立良好的情感关系为前提。

第一节　商务沟通的核心要素

沟通伊始,沟通双方需要建立良好的人际关系。沟通关系的建立取决于双方积极的沟通态度。态度是一种带有评价性的心理倾向,具有情绪与情感的特征。沟通,不仅需要沟通者具有尊重、热情、真诚的态度,还需要与之相应的策略。

一、沟通的态度

沟通的态度是指沟通者对沟通对象的情绪情感与评价,尊重是沟通所必须有的态度。尊重即敬重、重视。尊重就是沟通双方在价值、尊严、人格等方面平等。在沟通中,尊重是指沟通者把沟通对象作为有思想感情、内心体验、生活追求和独特性与自主性的独立个体来看待。尊重既是建立良好人际关系的基础,也是建立良好人际关系的内容。

1. 尊重意味着无条件接纳

沟通者应该了解沟通对象与自己是两个不同的独立个体。沟通对象不仅具有独立人格、价值观与态度,沟通的动机也不一定和自己相同。这种差异可能导致沟通双方对沟通的态度和理解方面的差异。

沟通者在向沟通对象传递信息的同时,也在传递自己的观念、情感和态度。这种观念或态度也可能不被对方理解。例如,根据员工的具体情况,管理者为他提供了一个客观可行的职业生涯管理方案,而员工不理解,担心管理者只是为了公司发展考虑,而不顾自己的前途,因此很反感。他宁可选择一个不太客观的职业生涯发展方案,也不接受管理者的建议。这时,就需要管理者站在员工的角度理解这样的选择。

除了理解不同以外,沟通对象的沟通能力也许与沟通者不对等、信息不对等也会造成沟通双方对问题的理解不同。这就需要沟通者无条件地接纳沟通对象的观点以及对情绪的表达,这样才能做到真正的尊重。

2. 尊重意味着平等

平等体现在沟通双方在价值、尊严、人格等方面。沟通时,无论沟通对象和沟通者的经济基础、社会地位、文化有多大的差异,都应该以平等的心态进行交流,否则会影响沟通的效果。例如,医生与患者的信息、医疗知识不对等,但不应该为此看不起患者,或者对患者的简单提问表示不屑。

3. 尊重意味着礼貌

礼貌是一种态度,沟通双方以礼相待必然会使对方感到受尊重。无论是管理者对待下属,还是医生对待患者都应该做到礼貌待人。例如,对于一个情绪激动的下属,管理者需要礼貌的对待。礼貌是一种态度,无论沟通对象多么激动,你的一声问候或者一杯清茶都会舒缓对方的情绪,促进沟通的顺利进行。

二、沟通的情绪

情绪是对一系列主观认知经验的通称,是多种感觉、思想和行为综合产生的心理和生理状态,一种主观体验。沟通情绪可以传递给沟通对象。在沟通过程中,热情是指积极主动地获取信息和传递信息、观念与情绪。

> **名人名言**
>
> 热情、善良、友谊是这个世界上人们最渴望拥有的东西,拥有它们的人将永远不会感到孤独。
>
> ——Ann Landers

1. 热情是一种积极的态度

在沟通过程中,特别是上级与下级的沟通或者医生与患者的过程中,下级或患者可能会不安、疑惑、紧张、犹豫。沟通者热情、友好的态度可以有效地消除沟通对象的不安与紧张,感到自己被接纳,受欢迎。热情的态度往往可以通过沟通者的行为表现出来。例如,一个管理者请一个来办事的下属就座就是热情的具体表现,除此之外,微笑也是热情的传递形式。

2. 通过非言语行为表达热情

在沟通过程中,沟通者表现出来的积极关注,如微笑着注视对方的眼睛是让沟通对象放松的最好方式。沟通者不应把自己的价值观、生活方式和生活态度强加给沟通对象。

对于不善表达的沟通对象,沟通者应循循善诱,耐心倾听,鼓励其充分表达。如果沟通对象缺乏逻辑性,沟通者应善于整理归纳,帮助沟通对象建立理性逻辑。如果沟通对象文化水平低,沟通者可以用重复或者封闭式的提问确认细节。

三、沟通的情感

情感是指个体对态度的对象所持的感情体验,良好沟通的情感体验是真诚。真诚就是真心实意地、诚恳地表达自己的观点。真诚通常表现在沟通中肯于表达自己的观点、坚持实事求是的态度、适当地使用非语言的表达策略。

> **名人名言**
>
> 推心置腹的谈话就是心灵的展示。
>
> ——温·卡维林

1. 肯于表达自己的观点和态度

沟通者适度地表明自己的看法,不但不会影响沟通效果,还会对沟通有积极的促进作用。

在表达观点时,沟通者要注意做到对事不对人,特别是不要对沟通对象的人格进行否定。在表明态度时,沟通者最好说明原因。例如,"我不能答应你的请求,因为这是损害组织利益的"。如果换一种说法，"你这个人也太不顾全大局了，我认为你是个自私的人"，虽然沟通者表明了自己的态度，但同时也否定了沟通对象的人格，是不当的沟通表达。

2. 真诚的表达应依据事实或逻辑推理

无论什么原因，没有事实的推断或者有意地撒谎都会对沟通产生不良效果。作为管理者在与下属沟通时，如果涉及组织纪律或者原则问题，可以保持沉默或者直接向下属说明不能告知的原因。

例如，一个符合晋升条件的医生向主管主任询问有关晋升名额的事情。主任可以正面告诉这个医生他自己在竞争中所处的位置，而不是笼统地说他有希望评上或者没有希望评上。作为医生，对患者的病情推断也应该依据客观事实。如果自己不清楚相关的规定，也应实事求是地告知对方自己不知道，可以帮助他查一下，这也是真诚的表现。

3. 真诚在非言语交流方面的体现

沟通者的真诚不仅仅体现在语言上，还应该体现在非言语交流上。见案例2-1。沟通者关注的目光与笑容、倾听时平和的表情都是真诚的表现。与之相反，目光的游移、操作手机、接听电话等都会令沟通对象感到沟通者不够真诚。

例如，有个别管理者在下属前来办理事务时或是忙着接听电话，或是不打招呼就将前来办事的下属弃之办公室到其他房间办事，都会给下属不礼貌不真诚的感觉。

案例 2-1

真诚使张平赢得了就职机会

张平到某公司的时候，公司的招聘工作已经接近尾声，招聘计划中并没有张平所学的信管专业，她当时想和总经理沟通一下，看看是否有机会在信息中心工作。

张平由于工作没有着落心里着急就敲门进入了总经理的办公室，进门就说："总经理您好，我是某某大学信管专业应届毕业生，想到贵公司工作，您看是否能给我这个机会？"总经理说："我现在很忙，招聘的事情院务会已经研究过了，我还有许多事情需要处理。"那潜台词分明告诉张平，她已经没有机会了。

张平失望地从公司走出来的时候，心很不甘，她不想放弃这次机会。经过深思熟虑，她重新分析了这件事成功的概率，就又重新敲门进入总经理办公室说："总经理您好，我知道您很忙，能给我 5 分钟时间吗？如果您忙我就到外边等，等您方便时我再来？"总经理说他那时的确很忙，张平就在外边等了整整 3 个小时，当总经理要离开时，发现张平还在门外等，就给了她一个自我介绍的机会，后来张平成功地留在了这家公司的信息中心。

第二节　收集信息的技术

一、广泛地收集信息

收集信息是指从沟通对象各种信息源直接获取原始形态的信息，或接收系统外传递来的信息。其主要技术是询问。询问（Request）是指沟通者为了获得信息而对沟通对象的提问过程。要做到有效沟通，沟通者不仅需要能提出问题，还需要鼓励沟通对象回答问题。要做到这一点就需要沟通者掌握提问和鼓励的策略。

（一）提问

1. 提问应易于理解

在沟通过程中，沟通者的提问应该简单明了，易于理解。例如，一个护理部主任问一个护工，用"据你观察，患者有哪些身体不适？"就不如问她"你看那病人有哪些不舒服？"更容易理解。

2. 开放式提问与封闭式提问

提问可以采用开放式提问和封闭式提问。

（1）开放式提问

开放式提问是指沟通者为了获得沟通对象某一方面的信息而提出问题。这种提问只对问题的范围做出宽泛的规定。

开放式提问，可以使用"为什么"进行提问。例如，对一个迟到的办事员，科长可以问他："你今天为什么迟到？"

可以使用"是什么"做开放式提问的疑问词。例如，对于一个为了学生安危在危急时刻挺身而出的老师，记者可能会问"在救学生的那一刻，您想到的是什么？"

开放式提问可以使用"怎么样"来提问。例如，"您仅用了 1 个月就把公司的 3 笔欠款要回来了，能说说您是怎么做到的吗？"

可以使用"如何"作为疑问词进行提问。例如，某医院的院长想了解下属对于绩效考核的看法时就可以这样提问："你对我院的绩效考核标准看法如何？"

对于开放式提问，回答者通常可以对所提的问题进行一系列的描述，而不是简单的回答"是"或"不是"，"好"与"不好"。例如，对于绩效考核标准的问题，回答者可以对标准高低进行评价，也可以对考核标准公平与否进行评价，还可以评价考核标准的实用性。

这种宽泛的回答，有时候不一定是提问者需要的信息，这就要求提问者根据回答者先前的回答做进一步的引导。例如，"你能否就绩效考核是否公平发表一下你的看法？"或者"你认为这种考核制度的可操作性如何？"

（2）封闭式提问

与开放式提问相反的形式就是封闭式提问，即将回答限定在较小的范围，以便得到比较精确的回答。例如，"你以前做过人力资源管理工作吗？"回答的范围限定在"是"或"否"，只能做二择一的回答。

封闭式提问可以引导回答者在很短的时间内把问题集中于所提问的问题上，获得准确、具体、详尽的信息。其缺点是限制回答者的思路，使用过多会降低回答者沟通的积极性。

（二）鼓励

沟通者提问的目的是为了让沟通对象回答，所以鼓励沟通对象表达是询问过程中的一个策略。

（1）鼓励策略是沟通者通过对沟通对象所述内容的某一点、某一方面作选择性关注。可以通过语言进行鼓励。例如："你刚才讲得很好,请继续讲下去"。"你刚才谈到自己之前所做的工作,请谈谈你对这项工作的看法好吗?"

（2）引导沟通对象对所讲的内容做进一步的探索和描述,以便沟通者掌握更为全面的信息。例如,"还有呢""我很想知道您对相关问题的看法。"

（3）非言语性鼓励是沟通者可以通过身体语言鼓励沟通对象。例如,点头、微笑等鼓励沟通对象继续他的话题。

（三）概述性表达

概述性表达是指沟通者对沟通的内容进行回顾性总结。常用于承前启后、确认信息和问题的总结阶段。

1. 承前启后

这种方式适合当沟通已进行一段时间或有所收获时,回顾双方的共识,通过归纳来确认已经获得的成果。例如,一个经理对下属的绩效反馈"去年你保质保量地完成了工作,值得称赞。如果能加强与周围同事的合作就更好了。你看能不能把改善和同事的关系,加强合作作为今年除工作以外的另一个目标?"

2. 用于确认之前的信息,并根据之前的信息做进一步的沟通

例如,一个新员工已经确认了自己的工作范围,想进一步了解他和其他相关工作人员分工与协作问题,他说道:"王科长,刚才您给我介绍了工作任务、要求以及责任。现在我想知道,在完成本职工作的时候需要和哪些同事打交道? 我们之间的分工是怎样的? 您能说说吗?"

3. 概括性表达常用于对问题的确认和总结

例如,某公司营销主管对直线经理的工作汇报可以有如下的表达:"根据你的汇报,你们部门在本月主要完成的销售额为 1200 万,分别由 5 名工作人员完成,你们超额完成的部分是 200 万,是这样吧?"

二、确定问题

确定问题是指对沟通者传递的信息进行概括与确认的过程。具体是指沟通者引导沟通对象将所要了解的信息具体化。这是询问策略的延伸与细化。常见的策略是"封闭式"提问。封闭式提问是指沟通者的问题带有预设的答案,求助者的回答不需要展开,从而使沟通者可以明确某些问题。

封闭式提问常以"是不是""对不对"作为疑问词,常用数次和量词进行提问。例如,多

少、多少次、多久等，答案是一个具体的数字。例如，招聘人员问应聘者"你在科长一职上工作几年？""这个科室共有多少工作人员啊？"等。封闭式提问不宜在沟通中过多地使用，过多使用可能会降低沟通对象的表达机会，使沟通对象降低自我表达的愿望和积极性，影响沟通效果。

具体的策略可以用于信息的表达、情感的表达、评价的表达等。

1. 信息的具体表达

信息的具体表达必须要有根据，即需要受事件、时间、数据等支持。例如，病案室的管理工作总结，必须指出该病案室所藏病案室数量，一年提取病案的数量，在提取过程中能有多少次差错。

2. 情感的具体表达

情感的表达也需要具体。这种具体表现在准确表达情感的类型，包括喜、怒、哀、乐。同时也包括程度和原因。例如，"我郁闷了"的表达就不够具体，没有指明具体的情绪、程度和原因。"由于你对我工作的不理解，我对你感到非常失望和委屈，你让我泪流满面"显然后者的情感表达就比较具体。

3. 评价的具体表达

具体的评价表达也需要有具体的事件、数据支持。例如，对一名新员工的绩效反馈不能只是简单地说好或不好，应该说好在哪里，或不好在哪里，还应该指出如何去做，才可以称得上一个具体的评价。

例如，"从工作以来的表现可以看出，你具有一定的处理人际关系的能力，你发现问题能及时和同事或者上级沟通。老李开始对你态度不好，你不但没有和他计较，还主动和他打招呼，最后他接纳了你。作为一个年轻人，能够这样做很不容易。"

三、处理尴尬问题

在沟通中难免会面对一些尴尬的问题。例如，沟通过的对象不接受自己的看法、建议或者要求等。幽默（Humor）是面对尴尬性问题的一个方法。幽默是指用诙谐或者调侃的方式进行沟通，是人类所特有的一种品质和交际方式。

海因·雷曼麦说过："用幽默的方式说出严肃的真理比直截了当地提出更容易让人接受。"沟通是人际交往的润滑剂，而幽默则是沟通的润滑剂。无论在沟通陷入僵局时还是在正常气氛的沟通中都可以使用幽默策略。

1. 化解僵局

在沟通过程中，由于双方的不了解、观点存在分歧、话不投机或其他等原因，有时会使沟通出现僵局，在气氛紧张、发生不快时，如果能说上几句幽默而得体的话，就可能使气氛轻松缓和下来，使沟通得以继续。美国前总统里根上台后，打算选国会议员戴维·A.斯托克曼担任联邦政府的管理与预算局长。但是斯托克曼曾多次在公开辩论中抨击里根的经济政策。

怎样才能打破僵局呢？里根给斯托克曼打了一个电话："戴维，自从你在那几次辩论中抨击我以后，我一直在设法找你算账，现在这个办法找到了，我要委派你出任管理与预算局长。"一个幽默的电话，不但打破了僵局，而且起到了化干戈为玉帛的功效。里根不计前嫌,量才而用,表现了宽容大度的胸怀。宽容是一种美德,幽默是这种美德的外在表现。

2. 增进感情

在管理工作中,运用幽默式的批评,委婉含蓄,循循善诱。既指出其存在的问题,又不伤害被批评者的自尊心,让下属感到你是在真心实意地帮助他,这样,幽默就会像一缕春风使沟通双方充满愉快和亲切的感受,从而真正达到惩前毖后、治病救人的目的。

例如,一位管理严格、但心地善良的管理者常常在讲话的时候不给下属留面子。大家都知道这位管理者没有恶意,但也很同情被他批评的同事。一天,一名新来的下属小王把文件放错了地方,受到这位管理者的严厉批评。

小王不知所措,眼泪在眼眶里打转,旁边的老李看到了,就示意小王认错。小王认真地检讨了工作中的失误,并表示以后会特别注意。管理者的怒气依然没有消,小王也不知道如何下台。站在一旁的老李忽然单腿点地,对管理者说道"标下愿保!"管理者和小王先是被老李的举动惊呆了,后来想起这是电视剧中的台词,都笑了起来,办公室的气氛立刻轻松了很多。

3. 创造和谐的沟通气氛

幽默是沟通双方保持一种轻松、友好、开诚布公、互相体谅气氛的奇妙策略。当笑声来自温暖、同情和爱时,这种幽默就是积极的;当整个一群人一起大笑时,笑声会给人们带来共享的温暖。

例如,一位经理对天天见面的开电梯小姐说:"请尽快把我送到19楼。""对不起,经理,这座大楼只有18层啊!"小姐为难地说。"没关系,小姐! 尽你最大的努力吧!"经理为她加油鼓劲地说。小姐先是为之一愣,随即,情不自禁地笑了起来。她理解了,这位经理是想让这位工作单调的小姐能感受到枯燥工作中的欢乐,能偶然轻松一下。

📖 **拓展视野**

"太远"

昆山有一家叫作"泰远"的旅社,它坐落于一个风景名胜区内。曾经有一位销售前往该旅社向这位老板销售券商理财产品,当他与那家旅馆老板在旅馆中进行磋商时,如同一般准客户的反应一样,那位老板这么对他说"这件事情让我再考虑一下,因为我还需要请示一下我的太太"。

这家旅馆名叫"泰远",与"太远"同音,因此在听完老板的推脱之词后,这位销售就这么对老板说"来贵店'太远',如是'太近'的话,多来几次也无妨。但是偏偏我却是身居在那遥远的上海……"听了这番话后,那位老板随之就忍唆不禁,笑个不停,结果在那一天这位销售人员就谈成了这笔生意。

(http://www.822.la/jj/43884.htm)

第三节 传递信息的技术

传递信息的常用技术是自我沟通、自我暴露与表达看法。

一、自我沟通

自我沟通是一个人的内心对话或独白。自我沟通不同于两个人之间的沟通，是一种自我审视与自我评价的过程，常发生于个体面对重大抉择或面对严重自我冲突的时刻。自我沟通要在没有外界环境的作用下说服自己，改变自己的行为，所以自我沟通的时间比两个人的沟通时间要长。

自我沟通过程中个体往往要经历内心的心理冲突过程，在这个过程中个体的理智与情感要进行辩论与斗争。理想的自我沟通应该是理智的，建立在劝导、逻辑分析、还应该是积极的。

1. 劝导型

此种沟通多以自我对话形式完成，是"一方"说服"另一方"的过程。例如，一个年轻的新员工这样进行自我沟通："我是一名新员工，面对那么多学历比我高、能力比我强的老员工我的心情好紧张。"老员工曾经也是新人啊，他们经过努力才有今天，我要通过自己的努力成为一名优秀的员工。

2. 逻辑分析式

这是个体推理性的把一个问题想清楚的过程。例如：小宋在面对晋级报名问题时是这样考虑的，"我是一个博士生，分配到这个单位已经 5 年了，今天开会宣布开始职称报名，我报还是不报呢？报了能晋上吗？如果不报名，肯定评不上，所以报名是第一步，是必须的。对，先去报名。"

报名后，小宋接下来考虑自己能晋级上的几率。他分析道："小李工作年限够了，但他是硕士；小王是博士，但工作年限比我短；小张和我是同年来的博士，他的工作表现不错，领导对他的工作也很肯定，但是他发表的论文与研究比我少。我的论文和研究比小张的多，但是工作成绩不如他突出。所以他是我最有力的竞争对手。但如果有两个名额，我还是有希望的……"

以上两个例子都是积极的沟通。相反，在沟通过程中不断否定自己，变得越来越消沉就是消极的沟通，消极的自我沟通是不可取的，有百害而无一利。

二、自我暴露

自我暴露也叫自我表露，自我开放，是指沟通者提出自己的情感、思想、经验与沟通对象分享。开放自己与沟通对象类似的经历、体验、感情等，目的是让沟通对象了解他经历的事情是其他人也经历过的，沟通者能够体会他的感受，以达到促进沟通的目的。自我表露策略与情感表达、内容表达策略十分相似，是二者的组合形式。

自我暴露策略能促进良好的沟通关系，能使沟通对象感到有人分担其困扰，强化沟通对象的积极行为。自我暴露有两种形式，即沟通者态度的自我暴露和个人经历的自我暴露。

1. 对自己态度的自我暴露

态度是对客观事物的评价,沟通者态度的自我暴露,就是沟通者向沟通对象表达对自己的评价。例如,管理者对下属说:"对你认真的工作态度我非常赞赏。"这是沟通者开放自己的态度。这种赞扬或者肯定能够强化下属的行为,使其更加积极认真工作。又如,医生对患者说"你的病情有所缓解,这是你遵医嘱,按时服药的结果"。这样患者就会坚持遵医嘱。

2. 沟通者对自己经历的自我暴露

沟通者暴露与沟通对象类似的个人经历,能借助于沟通者的自我开放来实现沟通对象更多的自我开放。例如,"作为一个新人来到一个组织,工作不熟悉,人际关系也刚刚建立,这种紧张的感觉我以前也有体验。"

一般来说,这种自我开放应比较简洁,因为目的不在于谈论自己,而在于借自我开放来表明自己理解并愿意分担沟通对象的情绪,促进其更多地自我开放。为此,沟通者的自我开放不是目的而是手段,应始终把注意力放在沟通对象的反应上。

名人名言

将自己的热忱与经验融入谈话中,是打动人的速简方法,也是必然要件。

——戴尔·卡内基

---

3. 沟通者的自我暴露要适当

使用自我暴露策略时应该在沟通对象愿意接受沟通者自我开放的情况下进行,在确定自我开放对沟通具有积极的影响时再进行自我表露。

三、表达看法

表达看法是指沟通者向沟通对象表述自己的态度、观点与感受的过程。表达看法的策略通常包括内容表述、解释、指导和情绪表达。

1. 内容反应与内容表述

内容反应与内容表述是表达看法最常用的方法,内容反应是指沟通者对沟通对象表达内容的反应,内容反应的目的常用用于确认信息和获得进一步的信息。例如,一个管理者使用提问的方法确认应聘者提供的信息时可以这样反应:"你刚才讲到你曾经做过招聘工作,是这样吧?"无论是内容反应还是内容表达都可以使用提问、鼓励、概述性表达等策略。

内容表述是指沟通者将所要表达的内容按照一定的逻辑顺序传递给沟通对象的过程,是沟通者表达自己观点常用的策略,其目的是表达自己的观点与态度。例如管理者主持会议时,开始就会交代本次会议的主要内容,这种交代本身就是一种内容表达。这个过程通常又与反馈、解释和情绪表达相联系。

内容表述的好坏不仅取决于沟通者所掌握的知识,还与沟通者的语言表达能力有直接的关系。语言表达还应该因人而异,例如,与知识分子沟通,可以使用专业术语,和老百姓沟通应该多使用通俗的语言,否则影响沟通对象对沟通内容的理解,导致沟通失败。

2. 解释

解释是指沟通者对自己在沟通中提及的内容、策略、观点所做的阐述与说明。例如,管理者对组织相关政策的解释,技术员对操作规程的解释,医生对手术方案的解释。解释可以使沟通对象进一步了解沟通者讲话的内容,也可以对沟通者所持的观点进一步了解。

解释是面谈技巧中最复杂的一种,它与内容反应策略的差别在于内容反应是沟通者进入沟通对象的框架对其表述内容的反应,而解释是沟通者对自己表述的内容、技术、观点的进一步说明。有时对于技术的掌握,不仅需要解释,还需要进行进一步的说明和示范,也就是指导。

3. 指导

指导是指沟通者指挥、教导沟通对象做某事,包括语言的或行为的。例如,人事部门的负责人指导直线经理对员工进行 360 度测评。又如医生指导患者做放松练习,在指导过程中不仅要对放松练习的过程予以说明,还要对每一个具体动作进行示范、检查和纠正。

再如,在心理咨询过程中,心理咨询师指导来访者使用埃利斯的 ABC 理论与不合理的理念辩论时,如果来访者找不到自己不合理的理念,咨询师就需要做进一步的引导,引导也是指导的一个具体过程。

沟通者在使用指导策略时应该明确目的,叙述要清楚,要让沟通对象真正理解指导的内容。若沟通对象不理解时,需要沟通者耐心地做进一步说明和引导。实践证明,非言语行为的使用也会对沟通对象产生良好的影响。

4. 情感反应与情绪表达

在沟通过程中,沟通双方不仅需要表达内容,情感的表达也很重要。情感反应与情绪表达是指沟通双方将自己的情绪、情感传递给沟通对象的过程。

情感反应是指沟通者对沟通对象情绪所作的反应。情绪表达指是沟通者表达自己的喜怒哀乐的过程,这种喜怒哀乐是对沟通对象言行的反应。情感反应与情绪表达应注意:

(1)紧紧围绕沟通进行

情感反应或情绪表达,其目的是为沟通服务,而非宣泄自己的情绪。例如,下属在前来反应一件自己认为不公平的事件时,难免会带有较为强烈的情绪情感:"这件事对我来说太不公平了""这制度就有很大的问题""你是负责人,为什么负不了责?"对于这样的沟通对象,沟通者应该对沟通对象的情绪进行反应。见案例 2-2。

(2)不指责沟通对象人格

情绪反应与情感表达是沟通者向沟通对象传递情绪反应的过程,这种反应或表达应该是沟通者自己的感受,而不是对沟通对象的指责与攻击。

例如,在遭到沟通对象的不解、指责甚至冤枉时,沟通者不应使用这样的语言进行人身攻击,例如"你是个尖酸刻薄的人""你好自私""你简直不可理喻"等。而应适宜地表达自己的感受:"我认为你是个讲道理的人,你这样做让我很失望""你这样的态度使我感到很痛心"等。

例如,管理者对于一个情绪高涨,出言不逊的下属,可以做出如下的情绪反应:"我可以理解你的心情""无论是谁碰到这样的事情都可能着急"等。

案例 2-2

消除员工的怒火

某日上午,一员工怒气冲冲来到办公室,提出向人力资源部投诉,对上级管理方式不满,当时该员工情绪非常激动,说话时分贝很高。负责接待的女同事为安抚该员工情绪,非常礼貌地说"你不要激动,别生气,有问题向我们反映,我们会调查,如果属实,一定给你一个答复"。

不料,该员工立即大声喊叫"调什么查,难道你以为我骗你的呀,还是说你们人力资源部与管理人员一样不讲道理,我不与你谈了"。随后,不论这位女同事如何向他解释,此员工就是不再与其对话,只是自己大声抱怨无处讲理。因当时正处于办公繁忙时间,办公室内还有其他员工,因此为避免事态恶化,一名负责人走了过来。

首先,他非常认真地向该员工打招呼,说道"刚才你反映的问题,我们非常重视,这样吧,我们一起去会议室谈谈"。该员工进入会议室坐下后,继续不停地讲上级对其如何不公正,那位负责人几次想打断其说话,但投诉者却仍然不停地在说,还越说越激动,看到这一情景,负责人默默地倒了一杯水放在他面前,并请他说慢点,同时告诉他"您说的很重要,我要重点记录下来"看到负责人的举动,投诉者语速开始放慢,怒气慢慢减轻,沟通进入了正常轨道。

(http://sh.yuloo.com/hr/knowledge/yggx/72280.html)

（3）应该把握分寸

无论是管理者还是医生,情感反应或者情感表达时都应该把握分寸。特别是管理者,讲话不仅代表个人,更被认为是组织的代言人,所以无论是情感反应还是情感表达都应该斟酌用词。

例如,对下属反应的内容可以表达:"我知道了",对于下属的情绪可以反应"我理解你的心情"。这里"知道"与"理解"都是中性词。知道,只是了解了表达对象表述的信息,并没有对信息真伪的评价;理解,只是说表达者的情绪自己可以体会,但没有对好坏进行评价。

（4）非语言反应与表达

情绪反应不仅包括语言,也包括非语言。例如,面对一个情绪反映强烈的下属,管理者可以对他微笑一下,点头让其坐下都是一种表达。当然最常用的策略就是沉默,沉默可以减少沟通对象挑错的机会,还能表现出对沟通对象的尊重,以表示一种反对的作用。

如果对方特别激动,难以克制的情况下给对方沏一杯茶,对方就不得不中止讲话,即使不停下来也会说声"谢谢",这样不仅缓和了紧张的气氛,又能转换谈话内容,给自己一个讲话的机会。

如果对方还是不依不饶,就可以再让一次"喝茶,最好趁热,你是否先喝一口",在对方喝茶的时候,沟通者就可以展开进一步的劝解或者说服。这样的方法不仅可以用于下属的管理,还可以用于家人,例如与父母的沟通。

5. 提议

提议即提出问题,给出建议,常用于沟通初期。例如两个公司对某产品的交易进行沟通,一方可以提议先从市场份额开始讨论,这就是提议策略。

提议还可以在沟通陷入僵局时使用。例如,沟通双方对产品价格产生分歧时,一方可以提议先讨论相关的技术问题。

名人名言

有许多隐藏在心中的秘密都是通过眼睛被泄露出来的,而不是通过嘴巴。

——爱默生

---

6. 建构

建构是指在沟通过程中,沟通者在沟通对象所提方案的基础上修改、形成一个新的方案,再进行讨论。例如,有人提出一个绩效考核方案,沟通者在此基础上进一步提出绩效考核的标准和方法就使用了建构策略。

第四节　信息评价性技术

沟通中的评价技术包括评价的一般技术、评价的态度与评价的表达。

一、评价的一般性技术

倾听,即倾心的听,是评价的一般性技术,是指沟通者在接纳沟通对象的基础上,积极地、认真地、用心地、关注地听,并在听的过程中积极参与。倾听是一种态度,倾听过程传达了沟通者对沟通对象的尊重。与此同时,还是对沟通对象表达的鼓励。

名人名言

倾听对方的任何一种意见或议论就是尊重,因为这说明我们认为对方有卓见、口才和聪明机智,反之,打瞌睡、走开或乱扯就是轻视。

——霍布斯

---

1. 以接纳为基础

沟通双方是完全不同的两个人,其人生观、价值观、生活态度、生活方式等可能完全不同或差异极大。只有无条件地接纳对方才能有很好的倾听。见案例 2-3。

2. 有积极的态度

在与对方沟通过程中,倾听者应采取积极的态度。例如,一个愤愤闯入处长办公室的员工,反映现在科室的工作流程效率很低,他本人提出改变流程的建议又不被科长采纳。虽然新员工在沟通的时候态度不好,而且他提出的新流程具有缺陷,但是处长在倾听时充分注意到这个新员工积极的一面,一方面理解他的抱怨,一方面认真听他对新流程的详细解释，并给予他很大的鼓励。新员工走出处长办公室时脸上露出满意的神情。

3. 持认真的态度

认真听是指沟通者需要全神贯注地倾听。沟通者对沟通对象的关注，包括沟通对象表达的内容和情感；倾听时应既关注其外在表现，也关注其内心体验；还应关注其解决问题的动机和态度。

例如，一个下属来部长办公室反映工作中的问题，部长希望了解的是事情发展的始末，而下属在叙述过程中难免夹杂着情绪的反应。例如"我真是不理解""我烦死了，简直快疯了"等。此时部长不仅需要思考如何解决工作中的问题，还要体谅下属在经历这一事件时的情绪和情感。

4. 有适当的参与

所谓参与就是对沟通对象语言、情绪、行为的反应。在倾听过程中，沟通者不仅要注意听，还应注意沟通对象的反应。这些反应包括提问、内容反应、情感反应，以及后面提及的反馈策略等。

拓展视野

如 何 选 择

曾经有个小国的人到中国来，进贡了三个一模一样的金人，皇帝很高兴。可是这个小国的人不厚道，同时出了一道题目：这三个金人哪个最有价值？皇帝想了许多办法，请来珠宝匠检查，称重量，看做工，都是一模一样的。怎么办？使者还等着回去汇报呢。泱泱大国，不会连这个小事都不懂吧？最后，有一位退位的老大臣说他有办法。

皇帝将使者请到大殿，老臣胸有成竹地拿着三根稻草，插入第一个金人的耳朵里，这稻草从另一边耳朵出来了。第二个金人的稻草从嘴巴里直接掉出来，而第三个金人，稻草进去后掉进了肚子，什么响动也没有。老臣说：第三个金人最有价值！

最有价值的人，不一定是最能说的人。老天给我们两只耳朵一个嘴巴，本来就是让我们多听少说。善于倾听，才是成熟的人最基本的素质。

（http://toutiao.com/a4208630885/）

二、评价的态度

沟通者在评价中应具有的态度是能够设身处地地为沟通者考虑，或称换位思考，具体的技术就是共情。共情是指能设身处地体验他人的处境，对他人情绪情感具备感受力和理解力。共情也称为神入、同理心、同感等。在与他人交流时，能进入到对方的精神境界，感受到对方的内心世界，能心比心地体验对方的感受，并对其的感情做出恰当的反应。

1. 换位思考

对于一个管理者，从管理的角度理解一个下属是比较容易的。例如，某个医生具有晋升的资格，管理者可以将晋升工作看作是一项日常的人事管理工作，将下属看作一个可以参加晋升的候选人。

但对于下属来说，晋升是他一生的大事之一，如果具备了条件失去晋升机会，对于不少人来说都是一个打击。管理者能否体会到晋升者的这种焦虑体验就要看管理者是不是能与下属共情。

2. 共情适度

沟通者在表达共情时应该注意表达适度，注意分寸。例如，一位具备晋升资格但没有晋升成功的下属来找管理者的时候。管理者可以表示对这个下属表示同情："我理解你此刻的心情，无论是谁没能顺利晋升都可能会烦恼"，这样，至少会使下属感到自己是被上级理解的。

案例 2-3

电梯到了，您好走

小王正在 8 楼电梯口清理垃圾桶内的垃圾，这时从客房通道上走过来一位打扮时髦的女士，她边走边拨弄手中一只极像向日葵样的瓜子盘，来到电梯口，她按了下楼的电梯之后，从向日葵样的瓜子盘上抠出几粒葵花子放入嘴中，嚼了几下，噗噔！女士将嘴中的葵花子壳吐到了小王面前的地毯上。

小王看了一眼女客人，嘴巴动了一下，想说点什么，但是还是忍住了。他蹲下身子，将女士吐出的几个葵花子壳捡了起来，放入垃圾桶内。时髦女客人也意识到了这些，脸一红，微笑道："哦，不要这样，你说一下我就会注意了。"

小王愕然，他没有想到自己的行为给女客人带来难看。此时，电梯到了，小王按住电梯，微笑着向女客人道别："不用客气，您也不是故意的，电梯到了，请走好。"时髦女客人，面带微笑乘电梯下楼了。

又过了几天，小王在电梯边又碰上了那位时髦的女客人，今天她还是上电梯，手中依然拿着一个向日葵样的瓜子盘，嘴巴依然在嗑着葵花子。细心的小王发现，女客人嗑完后的葵花子壳都吐在了手中，见了小王，她微笑着朝小王点点头，将手中的瓜子壳扔进了垃圾桶。这时，小王的脸红了，他没有想到女客人还记着自己，他慌忙朝客人点头，脸微红着笑道："电梯到了，您请走好。"

(http://www.chinadmd.com/file/ixscaueprreicv3taiapsrx3_1.html)

三、评价的表达

评价的表达是对沟通对象的信息、观点、态度的反馈。反馈是指沟通者针对沟通对象所作的陈述的反应，这种反应可以是言语的，也可以是非言语的。

1. 赞同

赞同是一种积极的反馈，是鼓励策略的具体体现。当沟通对象表现出积极的沟通态度，或者积极主动地提供信息时，沟通者应该予以积极的反馈。一个微笑或者点头都是向沟通对象表示赞同的方式，其作用是鼓励沟通对象做进一步的表述。

2. 反对

当沟通对象的建议或意见与沟通者在价值观和态度方面有所冲突，进而损害沟通双方利益,沟通者表示否定态度的过程。这种反对可以是直截了当的反驳,也可以委婉地表达不同意见。

3. 沉默

除赞同和反对外,沉默也是反馈的一项重要策略。作为一名优秀的管理者,在沟通中的表现应该多听少说。沉默是一种态度,也是一种尊重,是给他人和自己留有说话和思考的时间。

沉默有其自身的副作用。沉默不仅使沟通对象紧张,还会减弱其说话的动机。例如,一个下属与一个管理者争吵,如果管理者也与他一样吵来吵去,不但解决不了问题,管理者的威信也会遗失殆尽。而管理者的沉默可以使这个下属感到无名的压力和紧张,从而减少自己的行为。因此,沉默的使用要适当。

> **名人名言**
>
> 沉默是一种处世哲学,用得好时,又是一种艺术。
>
> ——朱自清

作为管理者,反馈的时候需要针对对方的需求。反馈要站在沟通对象的立场和角度上,针对对方最为需要的方面给予反馈。例如,在半年绩效考核中,下属渴望知道上司对他工作和能力的评价,并期待上司能为自己指明下一步努力的方向。如果作为上司的领导,在绩效考核之后不反馈,或者轻描淡写地说一下,则会挫伤下属的积极性。

反馈时的内容一定要具体、明确。具体明确通常需要用具体的事件或者数据说明。例如,"小李,你是个好员工"。这样的表述就不具体。正确的反馈应该是"小李,要不是你离开之前认真检查,单位的电闸忘了关掉会出事故的,你真是一个认真负责的好员工"。这样的描述就具体而明确。

反馈还需要有建设性。领导容易武断地给下属的意见或想法下结论,比如有的领导带着批评或藐视的语气说:"你对情况一点都不了解",弄得下属很尴尬,这样会挫伤下属主动沟通的积极性。建设性的反馈不是抱怨和指责,而是有针对性地提出建议。例如,"小王,你的建议很有创意,尽管有些想法目前还不能实现。但是,你很动脑筋,很关心咱们科室工作的开展,像这样的建议以后还要多说啊!"

反馈需要做到客观,对事不对人。忌讳涉及别人的面子和人格尊严,带有侮辱别人的话语千万不要说。比如"你是猪脑子啊,没吃过猪肉还没有看过猪走?"这样的言语,只能加深双方的敌对和对抗情绪,与最初的沟通愿望适得其反。

【本章小结】

良好的沟通通常从积极的沟通态度开始。通过本章的学习,我们简要了解询问的作用、沟通态度对沟通效果的影响,熟悉自我沟通与一般沟通的异同,自我暴露在沟通中的作用,掌握尊重、热情与真诚的概念及沟通中具体的应对策略。

【实训题】

1. 想象一下你是一所学院的院长,在招聘会上你对一个新毕业的大学生会问哪些问题? 在问这些问题的时候会使用什么样的沟通策略?

2. 如果你是一个刚上任的办公室主任,如何与科员沟通? 预计一下可能会遇到什么样的问题? 将使用什么策略去解决?

3. 和同桌分享。结合实际讲述一次你最难忘(最郁闷的或者是最爽的)的沟通经历,分析一下这次沟通为什么成功或者失败? 在这次沟通中使用了哪些沟通策略?

4. 热情表达的评价与反馈。

练习目的:通过评价以及评价的反馈,提高学生的热情技能。

练习内容:四个人为一组做练习,所有的小组成员用一周时间制作自己单独与某一同学沟通的录像,限时 10 分钟。

每个小组成员一起观看录影。播放一个成员(被评价者)录影时,其他人(评价者)用《热情评价量表》(表 2-1)评价该成员的热情行为。

表 2-1　热情评价量表

被评价人姓名_____ 　　　　　　　　　　　　　　　　　　　评价人姓名_____

热 情 行 为	每分钟热情行为特征数目										
	1	2	3	4	5	6	7	8	9	10	总数
眼神沟通											
直视对方											
身体稍微向前倾斜											
注意聆听的姿态:胳膊											
注意聆听的姿态:腿											
放松的姿态											
点头											
笑容											
讲有趣的事											
语调温和											
面部表情表现出感兴趣、专注											
语言沟通表明很感兴趣											

在《热情评价量表》中,纵向的描述表示被评价者的行为,横向为时间,共计 10 分钟,时间间隔为 1 分钟。评价者对被评价者每一分钟的表现作出评价,看到被评价者与列表中相同的行为就在对应的时间部分打勾。

例如,在开始的一分钟,被评价者有眼神沟通和笑容,先找到左侧的"眼神沟通",平行找到时间 1,在交叉处划勾;然后在左侧找到笑容,平行找到时间 1,在交叉处划勾。以此类推。记录时要注意,无论在一分钟内该行为出现多少次,只画一个勾(即不记录次数,只记录有没有),即一分钟内如果出现某种行为只画一个勾。10 分钟内共有行为的次数(包含整体评价和具体的行为信息）。当小组成员完成对反馈信息整理，最后要告诉采访者在表达自己热情时做得最好的一点是什么。反复重复以上的步骤，直到每一个小组成员都得到了反馈信息。

5. 自我表露练习。

在这个练习中，三个人分为一个小组，第一个人发言，第二个人倾听，第三个人观察，发言者应选择听众熟悉的话题。因为经历相似，所以他们更容易做自我表露。

发言者在 5 分钟内，表达自己的思想、感受和反应。倾听者的任务是抓住任何一个适当机会进行自我表露，观察者对倾听者的自我表露做记录，并给出反馈信息，看他的自我表露是否符合如下标准。

（1）移情回答：在自我表露前，是否有移情回答？

（2）自我表露：是否是自己的自我表露？是否简短、有关注点、具有相关性？

（3）核实：倾听者是否用试探性问题结束自我表露？

5 分钟后停止，对这些问题做简短报告。

作为倾听者，你运用自我表露的技巧感觉如何？哪些方面对你来说很别扭，哪些比较顺畅？

作为发言者，你对倾听者的自我表露感觉怎样？从你的观点出发，倾听者的自我表露中有哪些特别之处，使你产生被尊重的感觉？

作为观察者，倾听者的自我表露哪些方面做得好？有什么改进建议？

三个人互相转换角色进行练习。这个练习让你从三个不同的角度去思考自我表露的机会，自我表露的重点是什么？与其他同学分享彼此的观点。

第三章 人际沟通

【学习目标】

1. 掌握：人际沟通含义及类型、目的及特征，人际关系的概念、影响因素和类型；
2. 熟悉：人格的三种状态，人际沟通的通道和行为分析，人际沟通的效应；
3. 了解：人际关系建立的条件及协调模式，人际沟通中影响竞争与合作的因素。

【开篇案例】

"走"还是"留"？

今年毕业于西安某大学人力资源管理专业的杨阳是一个典型的北方姑娘，在上学期间愿意与他人讨论分享自己的想法和观点，深受老师和同学的欢迎。经过四年的学习她认为自己已具备了扎实的专业知识和较强的人际沟通技能，为了实现自己的梦想，她选择去广州求职。

经过将近一个月求职后，杨阳最终选定了东莞市的一家研究生产食品添加剂的公司。选择这家公司是因为该公司规模适中、发展速度很快，最重要的是该公司的人力资源管理工作还处于尝试阶段，可以给自己强大的发展空间。但到公司实习一个星期后，杨阳就陷入了困境中。原来该公司是一个典型的小型家族企业，企业职位的任职充满了复杂的裙带关系，企业上层领导只重视技术而轻视管理。

但是杨阳认为越是这样就越有自己发挥能力的空间，因此她决定与自己的直接上级进行一次沟通，带着建议书她走进了上级的办公室。"王经理，我到公司已经快一个星期了，我有一些想法想和您谈谈，您有时间吗？"杨阳走到经理办公桌前说。"来来来，小杨，本来早就应该和你谈谈了，只是最近一直扎在实验室里就把这件事忘了。"

"王经理，对于一个企业尤其是处于上升阶段的企业来说，要持续企业的发展必须在管理上狠下功夫。我来公司已经快一个星期了，据我目前对公司的了解，我认为公司主要的问题在于职责界定不清；雇员的自主权力太小致使员工觉得公司对他们缺乏信任；员工薪酬结构和水平的制定随意性较强，缺乏科学合理的基础，因此薪酬的公平性和激励性都较低。"

听完杨阳的讲述，王经理微微皱了一下眉头说："你说的这些问题我们公司也确实存在，但是你必须承认一个事实——我们公司在赢利，这就说明我们公司目前实行的体制有它的合理性。""可是，眼前的发展并不等于将来也可以发展，许多家族企业都是败在管理上。""好了，那你有具体方案吗？""目前还没有，这些还只是我的一点想法而已，但是如果得到了您的支持,我想方案只是时间问题。"

"那你先回去做方案,把你的材料放这儿,我先看看然后给你答复。"说完王经理的注意力又回到了研究报告上。杨阳此时真切地感受到了不被认可的失落,她似乎已经预测到了自己第一次提建议的结局。果然,杨阳的建议书石沉大海,杨阳陷入了困惑之中,她不知道自己是应该继续和上级沟通还是干脆放弃这份工作,另找一个发展空间。

(http://www.docin.com/p-607250119.html)

第一节　人际沟通概述

商务活动实质就是人与人之间的交往活动,因此,人际沟通的重要性不言而喻,它是个人能力不可或缺的部分,也是现代社会对人们的普遍要求。积极而有效地人际沟通能为自身营造一个良好的人脉关系,并给个人职业生涯带来很多益处。那么,人际沟通的含义是什么? 人际沟通的类型有哪些? 这些都是进行良好人际沟通需要掌握的基础理论。

一、人际沟通的含义

1. 人际沟通的概念

人际沟通是两个人面对面地直接进行信息传播,或借助加信件、电报、电话等简单传播工具进行信息传播的沟通的活动,是个体与个体之间面对面地进行信息交流的行为。

2. 人际沟通的目的

人际沟通的目的研究,主要是关于自我"暴露与满足"问题的研究。这个问题,国际上比较一致的看法是趋向于"约哈里之窗(Johari Window)"的表述,它由美国心理学家约瑟夫·勒夫(Joseph Luft)和哈里·英格拉姆(Harry Ingram)在 20 世纪 50 年代提出,已经成了一个广泛使用的管理模型,是对如何提高人际交往成功的效率提出,用来解释自我和公众沟通关系的动态变化,增强信息沟通、人际关系、团队发展、组织动力以及组织间关系。

约哈里之窗是一种关于沟通的技巧和理论。它实际上包含的交流信息有:情感、经验、观点、态度、技能、目的、动机等,作为这些信息主体的个人往往和某个组织有一定的联系。根据这个理论,人的内心世界被分为四个区域:开放区、盲目区、隐秘区、未知区。见表 3-1。

他人\自己	自知信息	自不知信息
他知信息	开放区	盲目区
他不知信息	隐秘区	未知区

表 3-1　约哈里之窗

开放区：代表所有自己知道，他人也知道的信息。

盲目区：代表关于自我的他人知道而自己不知道的信息。

隐秘区：代表自己知道而他人不知道的信息，这些信息有的是知识性的、经验性的、甚至是创造性思维的结果。

未知区：这个区域指的是自己不知道，他人也不知道的信息，是潜意识、潜在需要。这是一个大小难以确定的潜在知识。

约哈里之窗不是静止的而是动态的，可以通过内、外部的努力改变约哈里之窗四个区域的分布，即放大公开的、隐私的事实，那么盲点和隐藏潜能就相对变小了。

"约哈里之窗"揭示的实质问题，就是人际沟通的目的：

其一，为了提高人际沟通的绩效，应该扩大开放区，缩小盲目区，努力揭示未知区；

其二，人际信息沟通的主要目的，就是要把他人所不知道的信息传递给他人，并通过这种自我暴露，获得关于自我反馈的信息，让别人了解自己，使自己了解别人，同时也加深对自我的了解，增加自知之明，以促进良好的人际关系发展。

3．人际沟通的特征

（1）目的性

人与人做沟通时，有其目的性存在。比如你在一个城镇中迷路了，想开口问路希望能够因此而获得帮助，不论你问的是什么对象，一名警察或是小孩，不论你的语气是和缓或着急，均有一个你所要设法求得的目的性存在，就是你想知道你身处何方，如何找到你要走的路。或者与人借东西，沟通中的许多文字也许是多余的，也许不好意思开口，但其目的仍是要跟人借东西而做的沟通。所以沟通是具有目的性的。

（2）象征性

沟通可能是语言性也可能是非语言性，如面部表情能够表现出你的非语言沟通，或者用文字沟通，如书信，或文章文摘等，能够传达出其表征的含义，均有一种象征性的作用。比如吵架，有破口大骂的一种非理性沟通方式，也有冷战不说话，但彼此双方也能够明白对方所表征出的意思。

（3）关系性

在沟通中，人们不只是分享内容意义，也显示彼此间的关系。在互动的行为中涉及关系中的两个层面，一种是呈现于关系中的情感，另一种是主控者的界定。关系的控制层面有互补的也有对称的。在互补关系中，一人让另一人决定谁的权力较大，所以一人的沟通信息可能是支配性的，而另一人的信息则是在接受这个支配性。在对称关系中，人们不同意有谁能居于控制的地位，当一人表示要控制时，另一人将挑战他的控制权以确保自己的权力。或者是一人放弃权力而另一人也不承担责任。互补关系比对称关系较少发生公然的冲突，但是在对称关系中，权力可能均等。

（4）学习性

沟通是需要学习的，我们要试着去观察周遭环境的人，谁的沟通技巧好，谁的态度顽固不堪，都是要我们值得去学习与警惕自己别犯了同样的错话，所以我们都必须去学好人际沟通，而且要在不断地学习和练习中获益。

二、人际沟通的类型

名人名言

我们想的是如何养生，如何聚财，如何加固屋顶，如何备齐衣衫；而聪明人考虑的却是怎样选择最宝贵的东西——朋友。

——爱默生

人际沟通是人类生存发展最基本的形式。早在战国时期，思想家、文学家荀况就在《荀子》中说："人，力不若牛，走不若马，而牛马为之用，何也？曰：人能群，彼不能群也。"

因为人能凭借语言符号相互表情达意，传递信息，沟通思想，统一认识和行为，才有了无穷力量去征服自然，改造自然，掌握驾驭自然。进行人际沟通的目的因人而异：有人为了控制环境，塑造自我形象，有人为了满足自身或组织需要，也有人为了避免某种麻烦或灾难。凡此种种，举不胜举。

根据人际间信息沟通的协调矛盾目的，建立感情目的，人际沟通活动的类型可以概括为功利型人际沟通和情感型人际沟通两种类型。

（1）功利型人际沟通

功利型人际沟通将人际信息传播作为一种手段和工具，以寻求经济利益的功利型的结果或目的，有明确的目标或意向，有计划、有步骤地进行，是有意识的商业行为。为了达到这个目的，常常要有目的地进行人际关系协调。

功利型人际沟通，目的是尽量争取扩大信息开放区，缩小信息盲目区，努力揭示信息的未知区，更是为着协调工作中、业务上和生活里的各种矛盾冲突。

如果把利益看作是目标，那么，竞争与合作就是实现目标的手段。社会心理学将人的利益关系分为三种：由于资源有限，满足了一方需要，就不能满足另一方需要，即彼此利益相互排斥的分歧利益；双方利益可以同时满足或同时不满足的一致利益；彼此利益一部分一致，而一部分则排斥的交叉利益。人们常常为获得这些利益而发生冲突，而进行信息沟通。功利型人际沟通在商务沟通活动中较为普遍。

（2）情感型人际沟通

情感型人际沟通对人际商务信息和管理信息的传播不止在于传播形式以外的功利性或实用目的性，而且在于信息传播行为的本身，以及通过这种沟通行为而达到的传播者与受传者个人情感的需要和满足，以及双方单位的联系、友谊和合作。这种沟通行为是在有意和无意之间，而且常常是无意识的行为，有时甚至是下意识行为。

选择情感型人际沟通活动是由于人的本能需要，人的合群本能，寻求伙伴以及与他人集合，这是人的自然属性。因此，其间有出于个人如爱、孤独、忧伤、恐惧等情绪宣泄需要的；有为满足安全、亲和、荣誉、地位、新奇等愿望需要的；有在客我与自我认知中，为自我认识与自我表露需要的。

这就涉及了自我表露及其评价尺度问题。虽然自我表露是人自我认知的途径，可以导致更有效的信息传播，但并不意味着要把自己对别人全面开放，表露要有"度"的把握，同时要遵循一些规律性的东西。

第二节　人际关系

一、人际关系的含义

1. 人际关系的概念

人际关系是指人与人之间在社会生活的相互作用中所发生的关系，交往双方在个性、态度、情感等方面的融洽或不融洽、相互吸引或相互排斥，必然会导致双方人际关系的亲密或疏远。

人际关系包括三种成分：认识成分（指相互认识、相互了解）、动作成分（指交往动作）和情感成分（指积极情绪或消极情绪、爱或恨、满意或不满意）。其中情感成分是核心成分。人际关系反映了交往双方需要的满足程度。若交往双方能互相满足对方的需要时，就容易结成亲密的人际关系；反之，则容易造成人际排斥。

2. 人际关系的影响因素

人际关系的建立和发展，主要的影响因素如下。

（1）需求和目标的同类性

相似的需求能够使团体产生"凝聚力"，共同的目标能使群体组织产生"合力"，"志同道合"才能加速目标的实现。

（2）感情上的融洽性

相互间的了解和感情上的融洽能促使彼此信任、相互谅解，形成一种友善、愉快的气氛，达到配合默契，完成共同目标。

（3）需求上的互补性

在一个群体中，人与人总是要互相学习，取他人之长补己之短，以不断地完善自己。

二、基本人际关系类型

（1）包容—排斥

主动与他人来往，期待别人接纳。期望建立并维持和谐关系，表现为交往、参与、沟通、融合；反之，拒绝和谐关系的，则表现为孤立、退缩、排斥、疏远等。

（2）控制—追随

支配他人，在权力基础上与别人建立并维持关系。表现为运用权力控制、支配、领导他人；与之相反的人际反应特质则是抗拒权威，忽视秩序，或受人支配，追随他人，期待别人引导自己。控制需求并非管理者才有，一般员工也会具有这种特质。

（3）喜爱—憎恨

感情上对他人表示亲密，期待别人对自己表示亲密。其行为特质表现为喜爱、亲密、热情、同情等；与这种动机相反的人则表现为憎恨、冷漠、厌恶等。

三、建立人际关系的条件

（1）外表——外表吸引人，容易为人喜欢，容易建立良好的人际关系。

（2）态度——相同的价值取向，容易引起对方的支持和共鸣。共同点使关系巩固，容易促进交往，容易建立业务关系。

（3）需求——彼此需求的互补和满足。经济利益增强作用的满足，彼此心理特性的互补与满足，彼此公司或工作部门业务需求的互补和满足。

（4）情感——对对方或对方公司或对方业务员的认同、信任、热爱、敬佩等情感促进相互接近性，交往频率性有所增强。

四、人际关系协调模式

人际关系中最容易发生的是人际冲突，冲突需要用沟通来协调解决。人际关系的沟通协调不是放弃原则和利益，而是该合作则合作，该竞争则竞争。

博弈论是可以确定产生最大利益的数学分析战略，告诉我们该如何一步一步去做，如何去获取最大利益。这也是协调人际关系的沟通模式：输赢法、双输法、双赢法。人际关系分析学家托马斯·哈雷斯（Thomas Harris），以游戏的方式对此进行了试验和说明。

1. 纯冲突消长——输赢法

纯冲突消长——输赢法是指不管沟通结果如何，沟通双方的得失加在一起为零的沟通方法。两个人的消长中，只要一个人赢，另一个必输。这是解决冲突中，一方利用各种手段获得利益，同时使另一方利益受损的方法。这种沟通中，双方没有共同利益，以一方的胜利和另一方的失败而告结束。

纯冲突消长输赢法的沟通过程是，沟通双方相互依赖，都明确各自利益界限；沟通时从自己的利益出发讨论问题；沟通时为赢得利益相互攻击揭短；把问题的解决方案作为争论的焦点；以一方赢一方输为结果。

纯冲突消长法沟通，忽视对方的理由和权利，在任何情况下都要赢利，在任何冲突中都要占上风，采用各种方法强迫人家接受自己的要求，否则宁愿不作业务。另一方可能妥协放弃某些权利，以促进合作和解。

这种方法对双方都是有害的，而且，事实上这在社会生活中是不存在的，很多冲突是共同利益上的冲突。即使是战争的胜利者，也遭受了损失，也不是绝对的消长。例如买卖商品的谈判，讨价还价的结果，一方让利，另一方赢利，有输有赢，但输的一方买到了或卖出了商品，不也同样达到目的了吗？其他如工人罢工，劳资谈判，竞选活动，招聘解聘等等，无不如此。

正如托马斯·哈雷斯所说："尽管冲突因素提供了戏剧性的利益，但是，相互依赖也是这种逻辑结构的一部分，他们要求合作或相互顺应，这是心照不宣的，即使为了避免双方的灾难也应该这样做。"

2. 纯合作消长——双输法与双赢法

运用纯合作消长——双输法与双赢法进行沟通,只是相互如何协调一致的问题难以沟通,沟通双方利益一致,结果是双方都获利或结果是双方利益都受损失。

双输法的沟通过程是:明确共同利益;沟通中相互让步、妥协,找出折中方案;给其中一方提供无理补偿;无法沟通时共同求助于其他解决途径,如现行规章制度或仲裁者的仲裁。在沟通中,双方常常进行逃避,在心理上或物理上离开冲突,作暂时退让以缓解冲突。

双赢法的沟通过程是,明确共同利益;明确共同困难;不是为了击败对方,而是为了团结对方,共同利用现有资源商议解决问题的方案;双方利益愿望均得到满足。

第三节　人际沟通中的人格特征

按人际关系分析法理论,人际沟通的过程中,信息传播者与信息受传者双方的心理特征直接制约沟通效果。这常常与年龄无关,却又是以年龄为表现形式。人们与人相处,有时表现得像一个儿童,有时像一个成人,有时像一个父母。无论某个时刻,人的表现必居其一。无论沟通者所使用的是语言符号还是非语言符号,都可能发生明显变化。这是不同的人格特征。

一、人格的三种状态

加拿大著名心理学家伯恩博士(Dr. Eric Berne)认为,一个人的人格包括三个主要组成部分,即儿童自我状态(child state)、父母自我状态(parent state)和成人自我状态(adult state)。每一种自我状态都包括完整的思想情感和行为方式,人与人之间的交往就是人们各自的"三我"之间的交往。

1. 父母自我状态

"父母自我状态"是人们通过模仿自己的父母,或其他在心目中威信相当于自己父母的人物所获得的态度和行为状态。父母自我状态是一个人的意见及偏见,"怎么办"方面的信息和是与非方面的信息的主要来源。

2. "儿童"自我人格状态

"儿童"自我人格状态指人际沟通中处于儿童的自我状态之中,情感的流露与冲动均缺乏理智控制,自觉或不自觉中,所使用的语言符号和非语言符号都像一个孩子。"儿童"的自我状态是人格中很重要的部分,因为它促进了人们的快乐、创造、自发、直觉、愉悦及享受等。

3. "成人"自我人格状态

"成人"自我状态指人际沟通中处于成人的自我状态之中。表现为沟通中目标明确,主动性强,具有理智性和逻辑性,能机智地传播信息和接收信息,能客观冷静地分析问题和解决问题,能控制感情,遇事不会失态,也不会对人盲目服从或滥下命令。

一个适应良好的人会允许自己依情境之不同而决定呈现不同的自我状态,并且能够维持三者的平衡。在一般人身上常会看到的问题是,一个人允许自己的某一个自我状态成为强势主宰的一环。年龄与此三种自我状态无必然的相对关系,一个年幼的儿童也会有"成人"与"父母"人格的自我状态。因此,在日常工作生活中,应该用"成人自我"来鞭策自己,用"儿童自我"来释放自己,用"父母自我"来关心他人。

二、人际沟通的通道和行为分析

1. 互应性人格状态的人际沟通

人际沟通活动中,双方都以平行的自我人格状态进行信息传播,就形成互应性人格状态的人际沟通。即

父母—父母　儿童—儿童　成人—成人

因为都是相同的人格状态,这是符合正常人际沟通的类型。但在这几种状态中,真正能持久稳定维持沟通关系的,是"成人—成人"的人格状态。这种沟通类型有利于信息传递的顺利进行,可以获取真实的不带感情偏激的反馈信息。假如管理者以成人自我状态向下属询问,下属也处于成人自我状态如实回答,就构成了互应性人际沟通。

2. 交叉性人格状态的人际沟通

沟通双方以不平行的人格状态进行信息交流,双方所处的自我状态发生交叉,使信息不能顺利传播或传播不能达到预期效果,称为交叉性人格状态的人际沟通。即

父母—儿童　父母—成人　儿童—成人

这是不正常的人际沟通类型。由于人格状态的差异,信息传播过程可能中断,甚至可能产生争吵、打骂等恶劣后果。这种沟通主要表现为相处态度不正确,其中一方或者处于训斥式的父母状态,或者处于冲动式的儿童状态。

3. 隐含性人格状态的人际沟通

这种沟通方式的信息传播者与信息受传者都同时显示两种或多种人格状态,真正的信息不是明白地表现出来,而是隐含在另一种信息中,那是属双方心照不宣的信息。所谓指桑骂槐,含沙射影等都是隐含性信息传播。但有时,信息受传者并没有意识到信息所隐含的意思,因此很容易落入对方圈套。

第四节　影响人际沟通的因素

一、人际沟通中影响竞争与合作的因素

1. 动机

合作与竞争往往受双方沟通目的支配,为目的而参与沟通,为获得利益而参与沟通,企图通过沟通赢得更多。沟通的动机有内部动机、外部动机。

内部动机,由沟通者自身的自尊心、求知欲、合群欲、责任感、正义感、义务感、荣誉感和成就感等内在因素引起。例如,本部门某女性员工受到主管刁难或欺侮,男性员工们挺身而出,义正词严地找主管论理。这种沟通行为属于内部动机。男性员工从心里把这看作是在刁难或欺侮自己的姐妹。中国人历来将保护女性,保护母亲和姐妹看作男性的责任,骂人要是骂别人妈怎样,妹怎样,老婆怎样,别人会认为受到了最大的侮辱。这是出于责任感、正义感、义务感、荣誉感行为。

外部动机是靠外界条件诱发的动机,由尊重者、授予者、群体或社会施加的社会义务。例如受组织派遣,与某合作单位的某人接洽。沟通状况直接与企业间合作或竞争相连。

沟通动机影响沟通效果。内部动机或外部动机的指导越强,越会驱使沟通者的求胜心理,力争通过沟通赢得更多,因此合作与竞争的沟通越顺利。

2. 刺激

刺激的影响因素是赢得金钱,例如长期业务往来关系的确立,或者是为了击败对方,战胜别人,独占市场。对工作好的人增加刺激,竞争的趋势就发生变化。学术界研究表明,当发奖金时,管理者与下属之间的沟通就多一些一致性与和谐性。但是,酬金的数量并不重要,而酬金的区别和变化则是很敏感的问题,因为这时金钱的刺激就不是很重要了,大家更关注的是竞争中的胜利。

3. 威胁

威胁不是平等的竞争与合作,在沟通时是以某种威胁的手段进行讨价还价。在某种特殊情况下,沟通双方都没有凌驾于对方之上的特别力量,是平等地合作与竞争。但这时,其中一方为了赢得某种利益可能会以威胁作为手段胁迫对方,如果他有力量将他的威胁变成现实,更会在沟通时有恃无恐。

研究表明,在对方有实力威胁而并未实施威胁时,女性表现出较强的合作性,而男性则往往会认为这是对方软弱,并加以利用,以争取赢得更多。通常男性与有威胁力的沟通者更容易合作,因为威胁在起作用。

4. 信息沟通

信息交流的状况、过程、模式,同样影响竞争与合作。关于这个问题的测试研究中,让具有各种动机的被测试者在竞赛前与同伴沟通信息,不管这种沟通的动机及其所唤起的动机如何,都有利于加强合作,这是信息交流的作用。只要有合作的可能,了解对方,尤其了解对方的动机,可以加强信任程度,促进合作。

从沟通的角度讲,夫妻争吵,或者两个合作伙伴单位在谈判中争执不休,是十分正常的事情,是好事。因为这是在沟通中各抒己见,双方都希望通过激烈坦诚的表述,让对方理解自己。很多磕磕绊绊的夫妻更能相亲相爱,白头到老,因为沟通使他们加强了理解,加深了感情,这是沟通的力量。而客客气气,有意见闷在心里,积怨太多,一有风吹草动,就很难弥合。

很多组织常常与谈判对手争论得尖锐激烈,谈判过去,谈判过来,有时争论中的一些话还很伤和气,但恰恰就是因为如此,这两个组织能够维持长期业务关系,是很好的合作伙伴。

因为争执使双方明白对方要求的条件和自己应该让步的程度,然后从双赢的原则出发,努力寻求一致认可的解决方案,寻找大家都能接受的条件。主要看最后的决策是否具有独特性、一致性,是否鲜明突出。

至于争执后走散了的夫妻,肯定都会想办法汇合的。要汇合,就要努力寻求一致性。这是双赢的基础。最后他们会发现电脑销售部是最合适的等候处,因为双方都有鲜明深刻的印象。

二、人际沟通的效应

社会认知效应也称人际知觉,是指个人与他人交往接触时,推测他人心理状态、动机和意向的过程。由于社会心理规律,人们在信息符号互动的过程中,产生一种有共性的反映,这就是社会认知效应。内容如下。

(1) 首因效应

首因效应也称为第一印象作用,或先入为主效应。是指个体在社会认知过程中,通过"第一印象"最先输入的信息对客体以后的认知产生的影响作用。第一印象作用最强,持续的时间也长,比以后得到的信息对于事物整个印象产生的作用更强。见案例3-1。

案例 3-1

"先入为主"的认知

美国社会心理学家洛钦斯(A. S. Lochins)1957年杜撰了关于一个叫詹姆的学生生活片断的两段故事,这两段故事描述的是两种完全相反的性格。一段故事中把詹姆描写成一个热情并且外向的人;另一段故事则把他写成一个冷淡而内向的人。

洛钦斯把这两段故事进行了排列组合:第一组是将描述詹姆性格热情外向的材料放在前面,描写他性格内向的材料放在后面;第二组是将描述詹姆性格冷淡内向的材料放在前面,描写他性格外向的材料放在后面;第三组是只出示那段描写热情外向的詹姆的故事;第四组是只出示那段描写冷淡内向的詹姆的故事。洛钦斯将组合不同的材料,分别让水平相当的中学生阅读,并让他们对詹姆的性格进行评价。

结果表明,第一组被试中有78%的人认为詹姆是个比较热情而外向的人;第二组被试只有18%的人认为詹姆是个外向的人;第三组被试中有95%的人认为詹姆是外向的人;第四组只有3%的人认为詹姆是外向的人。

研究证明了第一印象对认知的影响。在首因效应中,对情感因素的认知常常起着十分重要的作用。人们一般都喜欢那些流露出友好、大方、随和情感的人,因为在生活中,我们都需要他人的尊重和注意。

(http://www.baike.com/wiki/)

(2) 近因效应

近因效应是指当人们识记一系列事物时对末尾部分项目的记忆效果优于中间部分项目的现象。

前后信息间隔时间越长,近因效应越明显。原因在于前面的信息在记忆中逐渐模糊,从而使近期信息在短时记忆中更为突出。例如:面试过程中,主考官告诉考生可以走了,可当考生要离开考场时,主考官又叫住他,对他说,你已回答了我们所提出的问题,评委觉得不怎么样,你对此怎么看?

其实,考官做出这么一种设置,是对毕业生的最后一考,想借此考查一下应聘者的心理素质和临场应变能力。如果这一道题回答得精彩,大可弥补此前面试中的缺憾;如果回答得不好,可能会由于这最后的关键性试题而使应聘者前功尽弃。

首因效应与近因效应是由美国心理学家洛钦斯首先提出的。它们反映了人际交往中主体信息出现的次序对印象形成所产生的影响。研究发现,近因效应一般不如首因效应明显和普遍。在印象形成过程中,当不断有足够引人注意的新信息,或者原来的印象已经淡忘时,新近获得的信息的作用就会较大,就会发生近因效应。个性特点也影响近因效应或首因效应的发生。一般心理上开放、灵活的人容易受近因效应的影响;而心理上保持高度一致,具有稳定倾向的人,容易受首因效应的影响。

（3）晕轮效应

晕轮效应也称作"光环作用"。指人们对他人的认知判断首先是根据个人的好恶得出的,然后再从这个判断推论出认知对象的其他品质的现象。

从认知角度讲,晕轮效应仅仅抓住并根据事物的个别特征,而对事物的本质或全部特征下结论,是很片面的。因而,在人际交往中,我们应该注意告诫自己不要被别人的晕轮效应所影响,而陷入晕轮效应的误区。

拓展视野

作 家 犯 错

俄国著名的大文豪普希金曾因晕轮效应的作用吃了大苦头。他狂热地爱上了被称为"莫斯科第一美人"的娜坦丽,并且和她结了婚。娜坦丽容貌惊人,但与普希金志不同道不合。当普希金每次把写好的诗读给她听时她总是捂着耳朵说:"不要听! 不要听!"相反,她总是要普希金陪她游乐,出席一些豪华的晚会、舞会,普希金为此丢下创作,弄得债台高筑,最后还为她决斗而死,使一颗文学巨星过早地陨落。在普希金看来,一个漂亮的女人也必然有非凡的智慧和高贵的品格,然而事实并非如此,这种现象被称为晕轮效应。

（http://wenku. baidu. com/link? url = LHsHXFB9iQ4DmvD9WU _-CO5JyP1X4rj0e9EwS-6ijrOFQr4M2twU9jC2QVdGLRO7krxabju3FwXCDSOfkqmJW8ABkSFPi9U9FpDim4dwrC-e)

（4）定式效应

定式效应是指人们因为局限于既有的信息或认识的现象。人们在一定的环境中工作和生活,久而久之就会形成一种固定的思维模式,使人们习惯于从固定的角度来观察、思考事物,以固定的方式来接受事物。见案例3-2。

（5）社会刻板效应

社会刻板效应指人们用刻印在自己头脑中的关于某人、某一类人的固定印象,以此固定印象作为判断和评价人依据的心理现象。

有些人总是习惯于把人进行机械的归类,把某个具体的人看作是某类人的典型代表,把对某类人的评价视为对某个人的评价,因而影响正确的判断。刻板印象常常是一种偏见,人们不仅对接触过的人会产生刻板印象,还会根据一些不是十分真实的间接资料对未接触过的人产生刻板印象。

例如,老年人是保守的,年轻人是爱冲动的;北方人是豪爽的,南方人是善于经商的;

英国人是保守的,美国人是热情的;农民是质朴的,商人是精细的等。

案例 3-2

"孩子"的思维

有这样一个问题:一位公安局长在路边同一位老人谈话,这时跑过来一位小孩,急促的对公安局长说:"你爸爸和我爸爸吵起来了!"老人问:"这孩子是你什么人?"公安局长说:"是我儿子。"请你回答:这两个吵架的人和公安局长是什么关系?

这一问题,在 100 名被试中只有两人答对。后来对一个三口之家问这个问题,父母没答对,孩子却很快答了出来:"局长是个女的,吵架的一个是局长的丈夫,即孩子的爸爸;另一个是局长的爸爸,即孩子的外公。"

为什么那么多成年人对如此简单的问题解答反而不如孩子呢?这就是定式效应:按照成人的经验,公安局长应该是男的,从男局长这个心理定式去推想,自然找不到答案;而小孩子没有这方面的经验,也就没有心理定式的限制,因而一下子就找到了正确答案。

(http://www.zybang.com/question/)

启示:能够把人限制住的,只有人自己。人的思维空间是无限的,也许我们正处在一个看似走投无路的境地,也许我们正围于一种两难选择之间,这时一定要明白,这种境遇只是因为定式思维所致,只要勇于重新考虑,一定能够找到不止一条出路。

【本章小结】

通过本章的学习,我们简要了解人际关系建立的条件及协调模式,熟悉人际沟通的通道和行为分析,理解人际沟通中的社会知觉效应,掌握人际沟通的含义、目的、类型及特征,掌握人际关系的概念及影响因素。

【实训题】

1. 倾听能力测验

读下面 14 句话,并用给出的等级来评价自己。A＝总是;B＝几乎总是;C＝通常;D＝有时;E＝很少;F＝几乎不;G＝决不。

(1) 你是让讲话者充分表达思想而不打断他们吗?

(2) 当谈话者的观点不同于你自己的观点时你是变得非常激动或不安吗?

(3) 你听别人讲话时能防止分心吗?

(4) 你对别人说的每一件事都持续做笔记吗?

(5) 你能体会出字里行间的言外之意、听出谈话者的弦外之音吗?

(6) 当你对谈话者或题目感到厌烦时,你是否就不听而去想别的事情?

(7) 你能够静静地坐等谈话者组织他的思想,然后再继续讲下去吗?

(8) 你听的时候,是否想把讲话者正在说的、已经说的和将要讲的话综合到一起?

（9）你听讲话者谈话时，你注意他的动作语言并利用它来解释他传递的信息吗？

（10）如果你不同意讲话者的话，你是马上摇头给出反馈吗？

（11）听讲的时候你总是活动，如改变姿势、交叉腿和胳膊，前后挪动椅子吗？

（12）听讲的时候，你是一直看着讲话者的眼睛，并在整个谈话过程中保持这种直接的眼光接触吗？

（13）别人讲完话后，你是否直接提出问题以进一步澄清、充实讲话的内容？

（14）如果讲话者批评过你，你是否会在他把事情基本讲清之前就反对他呢？

计分方法：用下面的分数表，对照你的每一题的答案，得出你的总成绩：

选项＼问题	1	2	3	4	5	6	7	8	9	10	11	12	13	14
A	7	1	7	1	7	1	7	7	7	1	1	1	7	1
B	6	2	6	3	6	2	6	7	6	2	2	3	6	2
C	5	3	5	5	5	3	5	6	5	3	3	5	5	3
D	4	4	4	7	4	4	4	4	4	4	4	7	4	4
E	3	5	3	5	3	5	3	3	3	5	5	5	3	5
F	2	6	2	3	2	6	2	2	2	6	6	3	2	6
G	1	7	1	1	1	7	1	1	1	7	7	1	1	7
成绩														

评价方法：90～100分优秀，你是一个理想的听者。80～89分很好，你知道很多关于有效倾听的知识。70～79分好，你是一个平均水平以上的听者。60～69分一般，你是大多数听者中的一个典型。少于60分低于一般，你需要培养更有效的倾听习惯。

2．你与他人的沟通能力如何

每个人都有独特的与人沟通、交流的方式。阅读下面的情境性问题，选择出你认为最合适的处理方法，请尽快回答，不要遗漏。

（1）有位员工连续四次在周末向你要求他想提早下班，此时你会说：

A．今天不行，下午四点我要开个会。

B．你对我们相当重要，我需要你的帮助，特别是在周末。

C．我不能再容许你早退了，你要顾及他人的想法。

（2）有位下属对你说："有件事我本不应该告诉你的，但你有没有听到……"你会说：

A．我不想听办公室里的流言。

B．跟公司有关的事我才有兴趣听。

C．谢谢你告诉我怎么回事，让我知道详情。

（3）当你主持会议时，有一位下属一直以不相干的问题干扰会议，此时你会：

A．纵容下去。

B．告诉该下属在预定的议程之前先别提出其他问题。

C．要求所有的下属先别提出问题，直到你把正题读完。

（4）你刚好被聘为某部门主管，你知道还有几个人关注着这个职位，上班的第一天，你会：

    A．把问题记在心上，但立即投入工作，并开始认识每一个人。

    B．忽略这个问题，并认为情绪的波动很快会过去。

    C．个别找人谈话以确认哪几人有意竞争职位。

（5）当你跟上司正在讨论事情，有人打长途来找你，此时你会：

    A．告诉上司的秘书说不在。

    B．接电话，而且该说多久就说多久。

    C．告诉对方你在开会，待会儿再回电话。

（6）你的上司的上司邀请你共进午餐，回到办公室，你发现你的上司颇为好奇，此时你会：

    A．不透露蛛丝马迹。

    B．告诉他详细内容。

    C．粗略描述，淡化内容的重要性。

计分方法：

得分\\题号 选项	1	2	3	4	5	6
A	0	0	0	1	0	0
B	1	1	0	0	0	1
C	0	0	1	0	1	0

测试结果

0～2分：你的沟通力较低；3～4分：你的沟通力中等；5～6分：你的沟通力较高。分数越高，表明你的沟通技能越好。

3．你善于化解与上司的冲突吗

我们在工作中免不了会和上司发生一些分歧和冲突，良好的冲突应付方式可以使你的建议被采纳，化解与上司的矛盾，获得上司的理解和支持，否则可能会导致和上司关系紧张，产生焦虑、压抑和无助感。

在你与上司发生冲突的时候，你处理冲突的方式和风格是怎样的呢？阅读下面的题目，选择符合你的答案，请尽快回答，不要做更多的考虑。每道题有7个答案：A从不如此，B大多不如此，C偶尔不如此，D说不准，E偶然如此，F大多如此，G总是如此。

（1）当我不同意上司的看法时，我会把自己的意见讲出来。

（2）我不敢和上司提出会引起争议的问题。

（3）为了避免争议，我会保持沉默。

（4）当我和上司的意见不一致时，我会把双方的意见结合起来，设法想出另一个全新的方案来解决问题。

（5）我会婉转地把争议的激烈程度减弱下来。

（6）我所提出的办法，都能融合各种不同的意见。

(7) 当和上司意见出现分歧时,我会以折中的方法解决。

(8) 当我想让上司接受我的看法时,我会提高我的音量。

(9) 我认为应该坐下来好好谈谈,才能解决彼此的分歧。

(10) 当我和上司发生争执时,我会坚定地表明自己的意见。

(11) 我会据理力争,直到上司了解我的立场。

(12) 我会设法使双方的分歧显得并没有那么重要。

计分方法:

选 A 得 7 分;选 B 得 6 分;选 C 得 5 分;选 D 得 4 分;选 E 得 3 分;选 F 得 2 分;选 G 得 1 分。

测试结果

(1)~(4)题表现为非抗争型方面;(5)~(8)题表现为解决问题型方面;(9)~(12)题表现为控制型方面。这三方面你在哪个方面得分最高,就表明你会更经常地采用这种方式来避免冲突。

非抗争型的个体会尽量避免和上司发生冲突。如果发生冲突,为了维持和上司的关系,会牺牲自己的观点以减少和上司的分歧;或者主观认为自己是对的,采取退缩或压抑的方式,对冲突漠不关心或希望与上司的争论。

解决问题型的个体面对冲突会在澄清彼此异同的基础上提出一个能使双方都满意的办法,或者使双方都做出一定的让步,让双方的利益得到部分的满足,从而使问题得到解决。

控制型的个体面对冲突会更关注自己目标的实现和获得的利益,而不顾虑冲突对对方的影响。

如果选择了不恰当的避免冲突的方式,个体就会觉得自己优秀的建议常常不被采纳和接受,或者为不能获得上司的指导和帮助,不能完全实现自己的计划而感到痛苦。如果你感觉原有的应付冲突的方式不太适合自己的个性或导致与上司关系不和,那么不妨尝试一下其他方式。

第四章 组织沟通

【学习目标】

1. 掌握：组织沟通的概念及形式，影响组织沟通效率的因素并学会在实践中运用；
2. 熟悉：组织内部沟通的类型、组织外部信息沟通；
3. 了解：组织内外部沟通障碍的克服。

【开篇案例】

A 公司的烦恼

A 公司为一家位于上海的建材生产企业，员工 200 人，年销售额约 2 亿元人民币，企业有可以生产多规格产品的单一生产线一条，并配有运输部门负责产品配送，对当地约20 家长期往来的客户提供配送到户服务。

生产方面，企业生产线同一时间仅能产出 1 种规格的产品，要生产其他规格产品，必须进行切换，由此会造成生产停顿，产生转换成本。储存方面，企业有 4 个储位，因产品特殊，每个储位只能存放 1 种规格的产品，因此企业的仓储能力仅能满足 5 天的总产能。运输方面，出货设备在同一时间只能发出 1 种产品，公司自有运输工具的能力约为发货设备能力的 60%，如有不足时可向外界临时租借来满足需求。

由于各客户对于产品的需求数量及规格并不稳定，销售部门无法排定长期稳定的销售出货计划，大多是在接受客户的发货要求后才通知生产部门进行生产与安排发货。生产部门无法排出稳定的生产计划，而经常更换生产产品规格会导致产能降低，成本提高，以及储位调度与发货安排的困难，并且无法给予运输部门一个明确而稳定的指令让其准备适当的运输工具，由此造成自有设备、人员调度及向外界租借的工作都存在不确定性，因此经常导致销售部门无法按照客户的时间需求将产品送达客户，引起客户不满，进而影响公司声誉。

组织是由众多岗位和部门组成的，尽管这些岗位和部门的存在和运转都是为组织目标的实现服务的，但由于各岗位、部门的特点、诉求不尽相同，很容易出现各部门以自我为中心，各自为政的现象，如果没有好的组织沟通机制，它将直接影响组织目标实现。

案例中，可以看出 A 公司三部门由于缺乏有效的组织沟通机制，相互掣肘，给公司运营造成了严重影响，最终影响了组织目标的实现。

在大多数情况下，组织目标的最终实现需要岗位之间、部门之间的相互沟通与合作，此外,组织也需要与外部环境保持信息交流和互动,因此,组织沟通对组织而言是必不可少的。换言之,沟通是组织完成其目标的基础,任何组织的任何工作都离不开沟通。

第一节　组织沟通概述

一、组织沟通的定义

组织沟通是指在组织内部或组织之间进行的信息交流、联系和传递活动。作为一个组织,既存在人与人之间的沟通,也存在组织与组织之间的沟通。良好的组织沟通是协调组织内外部关系的重要条件。当然,组织沟通最终还是需要由人来进行的,因此组织沟通是发生在组织环境中的人际沟通。

组织沟通是发生在组织环境中的人际沟通,它既具有一般人际沟通的特点,同时又是工作任务和要求的体现。

组织管理的本质是协调,而组织沟通是协调的基本途径。组织沟通包括沟通背景、沟通发起者、沟通编译码、沟通渠道、沟通干扰、沟通接受者和沟通反馈等要素。上述诸要素选择、配置的合理程度对组织沟通的效果会产生深远的影响。

任何组织的沟通都是在一定背景下进行的,沟通的模式会受到组织文化的影响。如企业的行为文化直接决定着员工的行为特征、沟通方式、沟通风格,而企业的物质文化则决定着企业的沟通技术状况、沟通媒介和沟通渠道。

名人名言

管理者的最基本功能是发展与维系一个畅通的沟通管道。

——巴纳德

二、组织沟通的影响因素

影响组织沟通的因素很多,主要包括沟通者、沟通对象和沟通环境三个方面。

(一)沟通者

组织沟通常作为主动的发送者与下属或外部组织进行沟通,沟通结果如何在很大程度上取决于沟通者,即组织管理者的自身素质和其在沟通中的表现。这就要求组织沟通者要有很高的沟通技能、信誉度,并选择合适的沟通时机。

1. 沟通技能

个体的沟通能力有相当大的差别,而这种差别往往会影响沟通效果。沟通技能的差别有的源于个人的教育和训练水平,有的则源于更为重要的个人秉性,如有的人很健谈,擅长辞令,善于劝诱说服别人并能取信于人,而且善于激发对方的兴趣,说话中肯或者说话动听,能真正打动接受者的心,这样的沟通效果肯定显著,反之,则沟通效果较差。

是否能有效地聆听接受者发出的反馈信息，影响着双向沟通的效果。管理者要善于在沟通中控制自己的情绪和表情，维持平和坦诚的交谈气氛，使接受者能不受干扰地表达自己的真实情感和想法。

如果管理者容易激动，控制不住自己的情感，他就很难虚心地接受别人的意见和批评，也很难获得沟通对象对于企业管理工作和管理者自身真实的、有意义的见解和观点。

2. 沟通时机的选择

沟通是发生在至少两个人之间的事，因而沟通中就存在一个时机选择的问题。如果沟通选择的时机不合适，会严重地影响沟通的效果。如与一个陷于个人烦恼的部属大谈特谈公司的发展，必然会引起他的反感和厌恶。

沟通中时机的选择有时是影响管理者管理效率的重要原因。如果对象和时机选择不当，不仅不利于沟通关系的改善和加强，而且有可能导致沟通双方作出错误判断，影响管理的效率和相互之间的情感。因此，管理者在进行沟通之前，一定要正确选择沟通的对象和时机。

名人名言

当你与别人意见相左时，应以你的表情、耐心、所言所行向他证明你是真的关心他。

——保罗·道格拉斯

（二）沟通对象

组织沟通过程中，沟通对象也是影响沟通的重要因素之一。由于沟通对象水平不一、素质参差不齐，对于组织沟通的理解难免会出现偏差。

1. 理解障碍

由于沟通双方在知识水平、社会经历等方面的差异，沟通者传达出的信息到接受者那里，发生了理解上的偏差，从而使沟通出现障碍。

2. 思想偏见

由于人们的思想里存在着某种偏见或者某些先入为主的观念，对接收来的信息加以过滤、区分甚至曲解，从而产生沟通障碍。接受者思想上的偏见还体现在对沟通者的不信任，或者是他的逆反心理，即对管理者的意图不去作正面理解，而是反面地理解管理者的话语。

（三）沟通环境

沟通环境有时也对沟通起着重要影响。沟通环境主要包括沟通气氛和沟通渠道。

1. 沟通气氛

一个组织的气氛对信息接受的程度也会产生影响。信息发自一个相互高度信赖和开诚布公的组织，它被接受的可能性要比来自那些气氛不正、相互猜忌、相互提防的组织大得多。

2. 沟通渠道

沟通过程由于存在各种环境的干扰而使信息的传递渠道不通畅,从而影响沟通的效果。信息传递渠道的复杂化是沟通不通畅的重要因素。如果信息在到达对方之前必须通过几道"关口",则沟通效率就会降低,误差就会增大。

三、有效的组织沟通的特点

> **名人名言**
>
> 上能通,下情可致;下不隐,上令必达。
>
> ——朱序

(一)非正式沟通

建设性的构想往往是通过非正式而不是正式的方式提出来的,由于非正式的沟通一般不会给人过大的压力和约束,所以人们在交流信息时更容易畅所欲言和相互激发,从而提高了沟通的效率。

(二)深入沟通

优秀的企业不仅沟通的频率高,而且沟通得深入、彻底,而不流于形式。如果沟通不能达到解决问题的目的,对于管理者来说无异于浪费时间。

(三)沟通工具

沟通是需要一定的场所、设备的,这些物质条件大到宽敞明亮的会议室、现代化的通信设备,小到一块小黑板、几个意见箱。如果缺乏这些沟通工具,就会影响沟通的效率和效果。

(四)沟通制度和系统

拥有畅通的信息系统、反馈系统,强调双向沟通,把沟通活动制度化,这是一些优秀企业的共同特征。

(五)全方位的信息共享

信息共享对于组织来说是至关重要的,通用电气公司的杰克·韦尔奇是他所倡导的"无界限沟通"的先驱和实行者。一个无界限组织内部没有任何信息流动的障碍,它意味着信息可以根据需要足够便捷地流动,从而使组织发挥出整体大于部分的协同效应。

第二节　组织内部沟通

一、组织内部沟通的功能

（一）组织内部沟通是润滑剂

由于员工的个性、价值观、生活经历等方面的差异，个体之间难免会有摩擦，产生矛盾。通过管理沟通，企业可以使员工懂得尊重对方和自己，不仅了解自己的需要和愿望，而且也能通过换位思考，彼此理解，建立信任、融洽的工作关系。

（二）组织内部沟通是黏合剂

组织内部沟通是黏合剂，通过沟通，企业可以将组织中的个体聚集在一起，将个体与组织黏合在一起，使组织中的员工在公司的发展蓝图中描绘自己的理想；使员工在构建自身的人生理想中促进公司的发展，同时紧密与其他个体的协调合作，在实现公司愿景的努力工作中，追求个人的理想和人生价值。

（三）组织内部沟通是催化剂

企业通过内部沟通可以激发员工的士气，引导员工发挥潜能，施展才华。研究表明，一些规模中等、制度健全的公司，其员工平均只将 15% 的潜力施展在其工作之中。主要原因是员工不清楚组织发展的目标，以及组织目标与个人目标的关系。而良好的内部沟通可以通过上司与下属、员工与员工的沟通和交流，增进员工对组织目标、愿景的了解和理解，从而激发员工内在的潜力和潜能，众志成城，实现公司目标。

拓展视野

沟通的重要性

狮子和老虎之间爆发了一场激烈的战争，到了最后，两败俱伤。狮子快要断气的时候对老虎说："如果不是你非要抢我的地盘，我们也不会弄成现在这样。"老虎吃惊地说："我从未想过要抢你的地盘，我一直以为是你要侵略我！"

启示：相互沟通是维系同事、老板之间的一个关键要素。有什么话不要憋在肚子里，多同同事、员工交流，也让同事、员工多了解自己，这样可以避免许多无谓的误会和矛盾。

(http://tieba.baidu.com/p/2748281340)

二、组织内部沟通的方式

（一）指示与汇报

指示一般是通过正式渠道进行沟通的，具有权威性、强制性等特点。指示可以具体分为书面指示和口头指示、一般指示和具体指示、正式指示和非正式指示等。如果上下级之间信任程度较高,持久性好,则采用口头指示和通知即可。如果是一些重要的决议或命令,为了避免司法上的争执和增加其权威程度,则应该用书面指示。

汇报多是下级向上级反映情况、提出设想、汇报思想而经常采用的一种沟通方式。汇报可分为书面汇报、口头汇报、专题汇报或一般性汇报、非常正规的汇报或较为随意的汇报等。有些汇报不仅仅要用书面的形式,而且还要加上口头的形式,如政府的工作报告等。有些汇报则只需要书面或口头的。不同的组织,对汇报方式的规定是不同的。

(二) 会议

组织内部沟通的本质是组织成员间交流思想、情感或交换信息。开会,是组织经常采用的内部沟通方式。会议,根据对象不同可分为董事会、经理层会议、部门会议、全体员工大会等,根据开会周期不同可分为日例会、周例会、月例会等。见案例4-1。

除此之外,还有各种各样的专项会议,如财务会议、表彰会议、安全会议等。无论何种会议,都要求讲究会议效率,即开会要有结果,不能议而不决,会后还要抓好执行、跟踪、检查、评估、反馈等环节的工作。

(三) 面对面交流

面对面交流是最常见的沟通交流方式,上下级之间布置、报告工作,同事之间沟通协调问题,都采用此方式。通过面对面交流,员工之间可以交流思想和情感。

案例 4-1

这样的会议要不得

某公司办公室给各部门下了通知,要求大家去会议室开会,特别强调了一句:"各部门员工必须全员到会,否则一律按旷工处理。"为什么要强调这么一句呢?因为往常各部门员工一听到"开会"二字,都是想方设法,能躲就躲,能逃就逃。"会议"在大家的心目中,已经变成了一种浪费时间、折磨心灵的代名词。何以如此呢?原来,这家公司每次开会不外乎两种情况。

要么是总经理一个人在会上口若悬河、滔滔不绝地一口气讲上一两个小时,大家或鸦雀无声、冷漠以对,或该干什么干什么。两个小时以后,员工们常常不知总经理这次会议所言何事。会后大家也没有讨论,时间一到马上一哄而散。

要么就是几个主要领导轮流讲话、互相讨论,其他人只能当旁观者,除了玩手机、上厕所和私下聊天外,实在无事可干。

参加这样的会议,大家往往是走也不是,留也不是,只能默默祈祷会议快点结束,好赶紧回办公室干自己的活。

自从强调"必须全员到会,否则一律按旷工处理"以后,员工们都不敢擅自找借口不去开会了,但心中的不满却越积越多。

（四）内部刊物与宣传告示栏

内部刊物主要反映组织最近的动向、重大事情以及一些提醒员工、激励员工的内容，内部刊物对于因规模庞大难以面对面进行沟通的组织来说，是一种很好的沟通形式。而宣传告示栏则是一种具有成本低、沟通面广、沟通较为准确和迅速等优点且非常有效的组织沟通方式。

（五）电话

电话是组织内最常用的沟通方式之一。上下级之间、同事之间常常借助电话这一传播工具进行有声交流。

（六）命令

企业上级领导对下级员工布置工作、安排任务都可以称作"命令"，命令分口头命令与书面命令两种，有的企业创造了"总经理任务通知书"，这是一种很好的书面命令，事实上它已具有了文件的性质。

（七）文件

企业下发有关文件是典型的下行沟通。对于与员工利益密切相关的或者需要员工共同遵守的文件，企业必须与员工进行彻底沟通。企业的文件一般情况下在下发到各个部门后，各部门必须认真组织学习，并对学习效果进行测评，以确保文件内容沟通、执行到位。

（八）业务报告

业务报告分为口头报告和书面报告两类，类似于报告的沟通方式还有请示、向公司上一级主管部门提出意见或建议等。无论是口头的还是书面形成文字的报告，都是上行沟通，一般需要上级的书面批复或口头上给予的反馈，从而形成上下信息交流上的互动。

（九）举办各种活动

企业通过举办各种活动如演讲比赛、各种游戏、联欢会、宴会、专题培训等，可以有效地促进公司员工之间的沟通。

（十）意见箱

意见箱是很好的上行沟通方式，员工对企业有什么意见和建议都可以通过这种方式与企业及领导进行沟通。企业要对此给予高度重视，对员工的意见或建议及时反馈。

（十一）内部局域网

随着网络技术的发展，很多企业都建立了自己的内部局域网，根据不同的职位设置了信息阅读的权限，同时建立了"员工论坛""学习园地"等栏目，通过这一媒体，员工与企业进行互动交流,其达到的效果非一般媒体所能比。

上述沟通基本上是语言沟通,其实非语言沟通也应引起管理者重视。比如在面对面交流中,双方的穿着、举止及其相关礼仪也非常重要,会直接影响沟通效果。员工对办公环境、办公气氛的感受,其实也是一种沟通。对非语言沟通的重视,有时会起到"此时无声胜有声"的效果。

拓展视野

惠普公司的文化及沟通理念

1. 优先考虑其他同事　　　　　　2. 帮助他人建立自信心

3. 尊重他人权利　　　　　　　　4. 真诚称赞他人

5. 杜绝恶意批评　　　　　　　　6. 不要试图直接改变他人

7. 尽力去理解他人　　　　　　　8. 反省对他人的初始印象

9. 注重细节　　　　　　　　　　10. 发展合群的天性

11. 坚持不懈

(http://www.822.la/jj/43884.htm)

三、组织内部沟通的障碍

(一)等级观念的影响

由于组织存在等级分明的权力系统,不同地位的人拥有的权力是不一样的。因此,人们在组织中传递信息时,首先关注的是信息的来源,即"是谁讲的",其次才是信息的内容。同样的信息,由不同地位的人来发布,其效果会有很大的差异。这种等级观念常使得地位较低的人传递的重要信息不被重视,而地位较高的人发布的不重要信息则会得到不必要的过分重视,从而造成信息传递的失误。

(二)小集团的影响

组织存在各种各样的部门或机构,由于他们关注"小集团"的利益,在信息传递过程中,为了维护"小集团"的利益,可能会扭曲信息、掩盖信息甚至伪造信息。在"小集团"思想的影响下,"小集团"外发出的信息可能会不被重视,而"小集团"内发出的信息则可能过度重视。

(三)信息过滤的影响

由于信息的本身及其有可能带来的价值,人们在传递信息时常常会考虑所传递的信息是否会对自己的利益产生影响。当人们觉得该信息会对自己的利益产生不利影响时,就会自觉或不自觉地从心理上、行动上产生信息过滤行为,从而妨碍组织沟通。

不过,信息过滤也有合理的原因。如信息可能太广泛;或者有些信息并不确实,需要进一步查证;或者主管要求员工仅报告那些事情的要点。因此,过滤必然成为沟通中潜在的问题。

为了防止信息的过滤，人们有时会采取短路，也就是说他们越过一个甚至更多个沟通层级。从积极的一面来看，这种短路可以减少信息的过滤和延迟；但其不利的一面是，由于它属于越级反映，管理中通常不鼓励这种做法。

（四）沟通双方信任程度地影响

信任是社会关系的一种形式，人们根据彼此间是否存在信任关系来决定应该如何交往。信任影响着人们相互间的沟通行为。当组织中信任缺失时，人们可能会有这样一些感受：真诚情感的失落、猜忌怀疑的增加、偏见观念的泛滥、经济色彩的加重、"孤独"情绪的蔓延等等。没有了人与人之间的信任，正常的沟通就没有了基础。

（五）态度和情绪的影响

无论是信息的发出者还是接收者，他们的态度在沟通中都起着重要的作用。如果沟通态度不合适，那么沟通将注定失败。

一方面，沟通者的态度会主导整个沟通的气氛。沟通者如果对信息持正面的态度，则在沟通的过程中会客观分析问题，对事而不对人。反之，他对沟通的消极态度也会在组织沟通中处处表现出来，表现为与他人的交流会具有攻击性，总是站在自己的角度与别人对话，不考虑他人的感受和利益，或是把自己的观点强加给别人，不信任他人等。

另一方面，信息接受者的态度决定了沟通的效果。大量研究表明，一个人的态度在决定他相信什么是事实时起着重要作用，态度会影响逻辑与推理能力。

（六）信息扭曲的影响

信息的扭曲指有意改变信息以达到个人目的。有的员工为了得到更多的表扬或更多的利益，故意夸大自己的工作成绩；有的则会掩饰部门中的问题。任何信息的扭曲都使管理者无法准确了解情况，不能做出明智的决策。而且，扭曲事实是一种不道德的行为，会破坏沟通双方彼此的信任。

（七）沟通者个人心理品质的影响

在管理实践中，信息沟通的成败主要取决于上级与下级、领导与员工之间能否进行全面、有效的合作。然而，在很多情况下，这种形式的合作往往会因为下属的恐惧心理以及沟通双方个人心理品质的不同而形成障碍。如果上级过分威严，会给下级造成难以接近的印象，如果管理人员缺乏必要的同情心，不愿体恤下属，容易造成员工的恐惧心理，影响沟通的正常进行。

拓展视野

霍桑实验的启示

美国芝加哥郊外的霍桑工厂，是一个制造电话交换机的工厂。这个工厂具有较完善的娱乐设施、医疗制度和养老金制度等。但员工们仍愤愤不平,生产状况也很不理想。为探求原因,1924 年 11 月,美国国家研究委员会组织了一个由心理学家等各方面专家参加的研究小组,在该工厂开展了一系列的试验研究。

这一系列试验研究的中心课题是生产效率与工作物质条件之间的关系。这一系列试验研究中有一个"谈话试验",即用两年多的时间,专家们找工人个别谈话两万余人次,并规定在谈话过程中,要耐心倾听工人们对厂方的各种意见和不满,并做详细记录;对工人的不满意见不准反驳和训斥。

这一"谈话试验"收到了意想不到的结果:霍桑工厂的产量大幅度提高。这是由于工人长期以来对工厂的各种管理制度和方法有诸多不满,无处发泄,"谈话试验"使他们的这些不满都发泄出来,从而感到心情舒畅,干劲倍增。社会心理学家将这种奇妙的现象称为"霍桑效应"。

(http://www.360doc.com/content/13/0918/09/2036792_315317749.shtml)

四、改善组织内部沟通的策略

(一)建立沟通标准

作为营利性的组织,企业的存在是以经营业绩为依托的。衡量任何沟通活动的意义,都会最终追溯到企业的业绩目标。领导的话可以被下属揣摩,但这种揣摩的导向应该是为了达成经营目标,而不该为了领导的好恶。从这个方面来说,企业组织必须首先要构建好自身的业绩管理体系,通过设置明确、科学的业绩目标,用以指导企业行为,包括沟通行为。

(二)强化内部培训

强化培训是为了在企业的内部构建一种统一的沟通风格和行为模式,减少因沟通形式不一而造成的摩擦。培训可以将一些概念性的东西固定下来,形成大家一说出口就能被理解的企业话语,这样员工可以不必再挖空心思地去弄清楚一句话从老板口里说出和从某位副总口中说出有何区别。

(三)转换领导意识

中国许多企业经过前期的快速发展已经变得越来越复杂,管理的难度也在不断增加,这对于企业的创始人来说既是挑战,也是必经的历程。企业的高层必须转变过去的思维模式、行为模式,不能让所有的员工都围着自己的想法转;必须让企业的各级管理者都能根据企业总体战略目标的要求担负起责任,员工则各司其职,都清晰地知道自己该向谁负责、向什么负责。

总而言之,良好的沟通能够给企业带来的不仅仅是信息的顺畅流动,更能为组织的决策与执行力提供基本的保障。努力提升执行力的中国企业,应充分意识到这个工具的重要意义,尽快打通阻滞企业内部沟通的障碍,最终达成良好的沟通氛围,最大限度地调动组织成员的积极性。

第三节　组织外部沟通

　　未来竞争是管理的竞争，竞争的焦点在于每个社会组织内部成员之间及其与外部组织的有效沟通之上。

　　　　　　　　　　　　　　　　　　　　　　　　　　　——奈斯比特

一、组织外部沟通的功能

（一）协调组织间的关系

　　组织与外部沟通并形成信息流，伴随信息流的是物质流、资金流和人才流，这些最终协调组织间的关系。

　　组织间的关系伴随着沟通行为。在协调阶段，沟通包括正式的协商和非正式的意向，各方代理人会试图通过各种方式确定与交易相联系的不确定性，如确定扮演角色的性质以及对方的可信度等问题。

　　在承诺阶段，各方对在今后合作关系中的义务和规则达成一致。在执行阶段，各方履行协议的内容，完成组织之间的互动，在这个过程中，主要是信息的交流，即组织之间象征性符号资源的流动，在信息流动的同时，伴有知识的流动。可见，只有沟通才能体现组织的动态性、开放性。

（二）创立和维护组织形象

　　希思认为："公司竭力对环境施加影响，而不只是适应环境。它们希望通过自身的存在与言行来塑造环境。"这种环境的改造常常包括创立和维护组织形象。建立积极有益的组织形象，对于改善企业与供应商、合作企业、顾客、政府的关系都有积极作用。

　　在企业发展的过程中，良好组织形象的塑造至关重要。从经济学角度来看，良好的企业形象可以减少企业合作中的搜寻信息的成本，通过成本的降低，达到市场的有效配置。形成企业形象，就是把企业的理念、目标、文化的信息透露出去，减少企业与外界信息的不对称。

（三）为顾客提供服务

　　在竞争激烈、顾客决定企业生存的情况下，企业最普遍也是最重要的外部沟通功能就是为顾客提供服务交流活动，因为只有与顾客关联，才能体现企业价值。与顾客的关联离不开沟通，如对于服务型企业来说，服务性沟通，如咨询、诊断、指导等都是企业行为的体现，只有与顾客沟通才能体现自己的价值。

（四）信息获取和知识获得

对于学习和获取知识，美国学者托马斯等认为，与企业外部沟通的过程即是从外部获得知识的过程，在这个社会中处理和应用知识，以及强化学习所形成的关系，决定了个人和企业的社会经济关系。

二、组织外部沟通的方式

（一）与顾客的沟通方式

顾客是企业最重要的外部公众，企业的产品和服务是企业与顾客沟通的基本载体。为了更好地满足顾客的需求，企业必须不断地与顾客进行沟通，了解、明确顾客的利益与需求，同时随时检验自己是否做到了与顾客的充分沟通。企业与顾客沟通的方式主要如下。

（1）提供优质产品和服务。对于许多顾客，他们是通过产品和服务而与企业进行接触的。因此，企业的产品和服务就成为顾客与企业进行沟通的最基本也是最重要的工具和载体。见案例4-2。

> **案例 4-2**
>
> #### 丰田汽车召回门中的外部沟通
>
> 事件主角：丰田汽车　　　　　　发生时间：2010年2月～3月
> 危机根源：产品质量故障　　　　危机类型：产品危机
> 事件过程：
>
> 由于油门踏板和脚垫的安全故障，丰田自2009年底开始在全球大规模召回车辆，总裁全球"巡回道歉"。在"召回门"愈演愈烈之时，中国国家质量监督检验检疫总局就丰田车加速踏板等缺陷发出风险警示通告，希望消费者谨慎使用部分车型，同时在全国范围内搜集缺陷信息。
>
> 2010年3月1日，丰田汽车公司总裁丰田章男在北京举行记者会，就大规模召回事件进行说明，并向中国消费者道歉，并宣布召回丰田在中国销售的多款品牌汽车。过去十年一直高速发展丰田公司，遇到了重大的危机打击，公司发展速度将大受影响。
>
> 点评与分析：
>
> 2008年丰田全球销售额超过美国三大汽车厂商的总和，令业界惊呼：世界汽车业迎来丰田时代！谁能预料，高速发展的丰田模式竟然隐藏着巨大的缺陷——快速的扩张、对于市场份额过度追求使得丰田忽视了对企业质量生命线的严谨把控，数以百万计的丰田车存在严重的质量隐患。2009年突然爆发的丰田"踏板门"危机事件其实就是企业过往细微质量瑕疵的集中性显现后果。
>
> 面对汹涌而来的危机，丰田的外部策略曾经出现重大失误：迟滞、傲慢、抓不住重点。丰田公司的危机公关经历了一个从早期的"不作为""动作迟缓"，到后来的不得不"正面出击""全力布局"的过程。

随着事态的发展丰田公司也采取了不少应对措施,甚至公司总裁在美国国会的听证会上掉着眼泪表示对此事件负责,并及时跑到中国向中国消费者道歉。然而,多数媒体并没有因此而改变对丰田的指责,"道歉来得太迟""道歉的态度不好""中美车主待遇为啥不同"等诸多负面新闻仍然接连不断,让丰田陷入了前所未有的困境。

但幸好丰田认识到自身的错误,重新制定危机解决和沟通策略。在全球范围内进行召回,与媒体合作公开信息,积极与消费者沟通,总裁亲身现身致歉,上书政府承认错误,丰田危机方始没有越演越烈。

在危机事件的处理上,态度与沟通方法互为表里,相辅相成。这也是对于丰田在此次"召回门"事件中的一大启示。

(2)与顾客进行直接的接触与联系。与顾客进行直接接触与联系的目的在于促进双方的相互理解,联络感情,消除误解,解释疑惑,争取顾客的好感与支持。

(3)与顾客进行间接的联系。通过大众传播媒介发布新闻、刊登广告、提供专题片等形式介绍企业、企业的产品与服务;通过出版企业的消费者刊物、邮寄信函等形式与顾客进行联络,认真解答顾客的各种问题等。

(4)主动征询顾客意见,认真处理好顾客投诉。顾客的意见或投诉是很重要的沟通信息。处理不好,则会直接影响顾客对企业、企业的产品与服务的情绪与态度。因此,无论顾客的投诉合理与否,企业都应当慎重、妥善地处理。处理应当遵循及时、诚恳、负责任的原则。

(二)与上、下游企业沟通的方式

上、下游企业是企业的重要合作伙伴。

如果供应商不能及时、稳定地为企业提供质量合格的原材料或半成品,企业就无法正常地生产运营;如果经销商不能充分发挥其在企业与顾客之间的桥梁作用,企业满足顾客需求、实现企业经营目标的愿望就无从实现。因此,企业与上、下游企业进行有效的沟通是非常关键的。主要沟通方式如下。

(1)建立电子通信网络

随着计算机、互联网与通信技术的快速发展,电子通信网络在企业与上、下游企业的沟通过程中发挥着越来越重要的作用。通过充分利用现代通信设施,企业可以建立与上、下游企业之间的有效沟通与联络,以提高其对市场的反应能力与竞争能力。

(2)参与彼此的重大决策

对于紧密合作的上、下游企业,企业在遇到重大决策与活动时,应邀请对方参与,加强信息沟通,减少双方不必要的猜疑与不信任,消除误会,争取对方的支持与合作。

(3)给对方人员提供培训机会

在强调效率与效益的今天,供应与生产的无缝链接是每个企业所追求的目标,这就需要企业对供应商进行培训,使之了解企业的生产要求,而经销商如果缺乏必要的产品知识,就难以成功地将产品销售给顾客。因此,企业必须对经销商的有关业务人员,特别是直接与最终顾客打交道的工作人员进行培训。

（4）商务谈判

当企业需要与上、下游企业进行合作时，需要相互交流各自的目的或合作的动机，了解双方的需求。以上信息在很大程度上需要通过商务谈判的目的或合作的动机，了解双方的需求。

（三）与新闻媒体沟通的方式

新闻媒体是企业与一般公众进行沟通最主要的方式之一。由于新闻媒体对社会公众的广泛影响力，企业必须高度关注新闻媒体对企业形象的影响及对产品或服务销售的影响。企业与新闻媒体沟通的方式主要如下。

（1）新闻发布

新闻发布是企业将一个新闻事件送往新闻媒体，进而扩散给社会公众的一种形式。新闻发布是企业与新闻媒体沟通的基本方式之一。

（2）记者招待会

对于媒体而言，通过记者招待会，记者可以直接与企业重要人物进行沟通，直接获取有关企业及其产品或服务的信息。对于企业而言，这是一种给媒体留下深刻印象、进行自我推销的绝佳方式。当然，企业还可以在举行一些特殊活动时（如周年纪念、新品发布等）邀请记者参加，这往往有助于企业与记者建立起良好的关系。

（3）制造新闻

通过制造有一定新闻价值的事件，企业可以积极主动地吸引媒体关注，通过媒体宣传，企业及其产品的信息得以传递，企业在社会公众中的影响得以扩大。

三、组织外部沟通的障碍

（一）沟通目标的不一致

沟通目标不一致是组织外部沟通障碍产生的根本原因。对企业来讲，尽可能地降低成本、增加利润是其追求的目标，而顾客追求低价与高质量产品的欲望又是永无止境的，因此买者与卖者之间经常为了维护自身的利益而讨价还价，同样地，企业与其供应商之间也存在讨价还价的问题。

同时，作为政府来讲，政府的目的是要求并监督、约束企业履行社会责任和义务，这经常会与企业追求经济利益这一根本性目标发生冲突。这些目标不一致所造成的冲突是有效的外部沟通必须跨越的障碍。成功的沟通，最终会在沟通双方之间达成一定程度的目标一致性，在这个过程中可能是你说服他人，也可能是他人说服你，或者是沟通双方都做出一定的让步。

（二）利益的不对等

竞争与合作是企业在市场经济的运作过程中与外界发生的两种最基本的关系。无论是竞争还是合作，利益的不对等总是客观存在的，它会引起沟通双方的对抗情绪，使沟通不能有效地展开。竞争通常都有输赢的结果，赢家是利益的实现者，输方则未能实现利益或是利益受到损失。合作关系虽然强调为了实现某个共同目标进行协作,以实现利益的共享,但最终也存在彼此利益的不对等。

生意伙伴之间即使是在完全平等条件下的合作,在实际的运作过程中也有主次之分,所谓蛇无头不行,合作关系的牵头者,往往是主要的责任承担者,所分享的利益往往也最大。利益的不对等问题如果处理不好,会导致合作的失败或合作不能达到预想效果。现代市场竞争强调在合作中实现"双赢","双赢"并不是指双方利益对等的平局,而是双方都得到了自己想要的那部分利益。

(三)行为方式的不一致

企业与外部公众行为方式的不一致也会造成外部沟通的障碍。如企业与顾客,企业是产品与服务的提供者,顾客是产品与服务的接受者。顾客是企业的"上帝",顾客有权利抱怨、批评,而企业必须小心地"侍奉"甚至"忍气吞声",一个不能接受顾客挑剔行为的企业,绝对是一个失败的企业。消除顾客与企业行为方式不一致的障碍,必须使企业适应或引导顾客。

在企业与政府的交往中,企业往往难以忍受某些政府部门的官僚作风与低效率的行为方式,如果你没有力量去改变现状,唯一的办法就是适应。在企业与科研院所进行合作的过程中,企业也要善于适应这些组织学术化、学院化的行为方式。在企业进行国际商务活动的过程中,行为方式的不一致导致的沟通障碍表现得更为突出,总的来说,只有克服了与外界行为方式不一致的障碍,企业的外部沟通才能变得顺畅起来。

(四)信息的不对称

信息不对称是指沟通双方所掌握的信息量与信息内容不相同。信息的不对称会造成沟通双方相互难以理解或产生误解。企业在与其外部公众进行沟通的过程中,信息不对称的现象是普遍存在的。

如政府颁布某项新的法规,要求企业遵守,政府对法规的制定、颁布拥有完全信息,而企业往往不能完全理解,不理解就不可能有效地执行、遵守,这就要求一方面,政府要敞开信息;另一方面,企业要主动地了解信息,填补自己对此问题的空白,通过学习来提高认识。对顾客需求的认识,企业与消费者之间也存在信息不对称的现象。

企业认为是适销对路的产品往往并不能为消费者所接受;而一些并不被看好的产品有时候又能收到意想不到的市场效果,这都是因为企业对顾客的需求并不了解或者不够了解。企业在与其他组织和个人进行沟通的过程中,因为彼此所关注的对象、看问题的角度不同,决定了即使对同一问题,所掌握的信息也不相同。解决信息不对称障碍的关键在于沟通双方必须彼此信任、坦诚相待。

四、改善组织外部沟通的策略

(一)调整沟通心态

与组织内沟通不同,组织外沟通的对象是企业的顾客、合作伙伴及其他社会公众组织，无论是形式上还是实质上都不隶属于企业，因此组织外的沟通情境存在很大的差异。

在进行跨组织沟通时，沟通的主体实际上是由沟通者个体完成的，而在不同的沟通情境，特别是沟通双方处于不平等的沟通地位时，沟通者难免会带着一定的情绪进行沟通。但是情绪会掩盖事实，会让人失去理智，会把本围绕"事"的沟通转化为针对"人"的攻击，从而影响组织间沟通的效果，甚至造成关系破裂。

加拿大学者柏恩的研究表明：人的心态由父母（Parent）、成人（Adult）、孩子（Child）三种不同心理状态构成。当与不同的人就不同话题进行交谈时，随着角色的转换或交谈内容的变化，这三种心理状态会交替出现，并在某特定的时段内，由其中一种心理状态占主导优势。

其中"父母"心态以权威和优越感为标志，表现为令人难以容忍的家长作风和命令口吻；"成人"心态以理智和稳重为标志，表现为慎思明断，尊重他人，用商量的语气与人谈话；"孩子"心态则以冲动和变化无常为标志，表现为事无主见，要么感情冲动，要么绝对盲从。

在组织沟通中，作为行为主体沟通者，不处于这种心理状态支配下，就必处于另一种心理状态的支配下。在"成人"心态下处理事情，往往能最大限度地符合事理和逻辑，故最理想的沟通在"成人"心态与"成人"心态间产生。在"父母"心态和"孩子"心态时，人的理智易受情感支配，对客观世界的感受和反应往往更容易受情绪控制，很容易引发冲突，因此需要尽量避免。

（二）换位思考

换位思考是沟通的桥梁。良好的沟通是建立在相互理解的基础上的，即在处理一件事情的时候，人们不仅要从自己的角度，而且要站在对方的立场上，以对方的思维方式或思考角度来考虑问题，找出对方的合理点，进而提出双方都能够接受而且对企业有益的建议和对策，最终解决问题，实现双赢或多赢。这也就是说要进行换位思考。换位思考从"己所不欲，勿施于人"出发，要求沟通者主动进行沟通，它是一种比较有效的沟通方式。

企业在营销活动中，难免会碰到一些顾客的抱怨与投诉。导致抱怨与投诉的因素很多，如企业提供给顾客的产品或服务本身有缺陷、顾客因使用或操作不当而迁怒于企业、由于信息不对称所导致的误会等。无论顾客的抱怨或投诉合理与否，企业必须明白，顾客是企业赖以生存的基石和前提条件，只有通过企业自身的不懈努力以及与他们的密切沟通，认真对待他们的抱怨与投诉，积极进行换位思考，才可以获得他们的理解、信任和支持，最终同他们建立和保持一种情感化的、和谐融洽的关系。

当然企业在与顾客进行换位思考的过程中，要注意一点，即只能要求自己对顾客进行换位思考，而不能要求顾客换位思考。对企业而言，顾客是上帝，企业应该了解顾客的需求，并按照顾客的具体要求提供相应的产品和服务，在特殊问题处理上，应该主动与顾客沟通，给顾客解释，以取得顾客的理解。

（三）构建通畅的外部沟通平台

企业不仅要有适当的内部沟通，还需要建立一个开放的外部沟通平台。企业与顾客或供应商的沟通,有助于其了解公司产品或服务的设计与质量,促使公司满足其不断变动的需求或偏好。当顾客或供应商抱怨和询问有关交货、收款、支付和其他交易活动时,企业的销售部门、客服部门及其他对口部门往往会因为其自身利益而采取一些负面的处理方式。因此,企业有必要结合本企业的特性,构建一个开放的外部沟通平台,明确沟通流程与责任,选择准确的沟通方式,统一与企业外个体或组织进行沟通。

(四)勇敢面对营销危机

营销危机指的是企业在营销活动中遇到的突发、意外或暂时的不可预知的事件。在企业的营销过程中,由于企业本身及外部环境等因素导致的营销危机无处不在。营销危机具有突然性、紧迫性及威胁性等特点。忽视这些危机或不能对危机采取有效的应对措施,都将给企业带来重大的损失,甚至危及企业的生存。因此,企业必须尽可能地通过一些防范措施有效避免营销危机,将危机降到最低。

但是当营销危机已经发生或无法避免时,企业必须勇敢地面对危机,积极、妥善地解决危机。在营销危机处理过程中,进行良好的组织外沟通是处理营销危机的重要举措。其中,与顾客及媒体的沟通尤为关键。

1. 与顾客的沟通

首先,企业要向顾客表达服务意愿。企业要真诚地向顾客表达出服务的意愿,让顾客从心理上接受企业的服务与营销。其次,企业要体谅顾客情感。当出现营销危机时,顾客意见都较大,抵触情绪也很高,企业要尽量照顾到顾客的情感,对顾客表现出真诚的同情心,并主动热情地向顾客解释,表现出诚恳的态度,通过安慰顾客让顾客的情绪稳定下来。再者,与顾客沟通时需讲究沟通的技巧,尽量通过委婉、迂回、诚恳的方式与顾客沟通,而不能与顾客产生新的摩擦或冲突。最后,企业要表示愿意承担责任。在营销危机的沟通中要认真对待和听取顾客的需求,向他们提供详细的信息并解答提出的问题,尽可能弥补顾客蒙受的损失。

2. 与媒体的沟通

在营销危机爆发后,企业应在已建立的媒体关系基础上,进一步加强与媒体的沟通,借助媒体的力量引导营销危机局势的发展,协调各方的关系,尽快解决营销危机。首先,企业应尊重媒体在报道所发生的营销危机时的职责,了解其发稿的最后期限并在认真分析营销危机形势的基础上,及时、礼貌地与媒体沟通,积极配合。其次,企业应为媒体提供信息,并及时予以更新。最后,企业应主动为媒体准备新闻材料草稿,并以易于理解的形式传递给媒体,方便媒体将事实真相传达给公众。除此之外,企业还应尽量避免与媒体在有关问题或看法上相对立,并注意实现所有的承诺和保证;设立新闻办公室,作为召开新闻发布会和媒体索取最新材料的场所;选择合适的发言人作为企业代表,并对发言人进行必要的培训,使其掌握与媒体有效沟通的技巧。

【本章小结】

组织沟通是企业最为常见的管理行为。通过本章的学习,我们简要了解组织内外部沟通的功能,熟悉组织内部沟通的类型及组织外部沟通的功能,掌握组织沟通的概念及形式,并学会在组织沟通实践中的应对策略。

【 **实训题** 】

1. 什么是组织沟通？影响组织沟通的因素有哪些？
2. 组织内部沟通的方式有哪些？
3. 简述组织内部沟通的障碍与对策。
4. 有效组织沟通的特点有哪些？
5. 组织外部沟通的方式有哪些？
6. 简述组织外部沟通的障碍与对策。

第五章　大众沟通

【学习目标】

1. 掌握：大众沟通的概念、特征及功能；
2. 熟悉：舆论产生条件、形成过程，商务沟通对大众流行的影响；
3. 了解：商务沟通对舆论控制的方式及信息受传者在沟通活动中的控制因素。

【开篇案例】

奢侈品微博营销

奢侈品在中国的消费人群在这几年间发生了变化。以前奢侈品在中国的消费人群主要集中在企业家、明星和影视明星等人群当中。除了以上富裕阶层和明星外，一些新增的、越来越多的年轻化消费人群开始成为消费奢侈品的主力。微博、网购、即时通信、手机上网、浏览、看网络视频等逐渐融入商务人士工作、生活的各个环节。

随着工作越来越繁忙，网络越来越发达，商务人士的社交少了朋友间的见面聚会，而多了网上的沟通联络。传统的奢侈品大众营销中消费者的行为一直遵循着模式，也就是通过媒体等促销方式引起消费者的注意，使其发生兴趣、进而产生欲望，通过广告等媒体反复传播加强记忆，最后导致消费产生购买行动。

传统大众传播在传播过程中更多扮演的是自弹自唱，留给顾客的是独白和信息，使得企业与顾客之间缺少了对话，一旦出现危机事件，企业第一时间做出反应的渠道很窄。而且天价的广告费也让众多奢侈品企业瞠目结舌，处在这样一个碎片化、多样化的社会中，一种固定的模式并不适合企业的生存。

然而随着互联网的发展和网络技术的出现，企业营销模式产生了变革。

理论模式已经渐渐地失去了优势，模式渐渐占据了主导地位，它能更贴切地了解消费者的行为。模式是引起消费者注意并使其发生兴趣后，消费者会通过互联网进行信息搜索，通过对比分析后采取购买行为，然后通过网络与他人分享。

在这种消费模式中，消费者不再被动地接受企业的广告和促销，而是主动地搜索与分享，消费者的购买决策逐渐地被朋友、同事的推荐以及网络中的信息所影响，企业也通过这种模式开始依靠消费者对其产品进行传播。而且在这一过程中，通过网络中的一些对话功能，企业与用户之间又开始了新的对话，进行一对一的接触。

第一节　大众沟通概述

1945年11月,联合国教科文组织发布宪章,在其中的第一条里首次使用了"大众传播"(大众沟通)的概念。之后,西方学者对大众沟通的界定进行了许多研究,也产生了许多争论。随着信息科技的发展,大众传播不但改变了外在媒介环境,而且也改变了人们的思维方式和生活方式。

一、大众沟通的概念

大众沟通(mass communication)是指一群人经由一定的大众传播工具(报纸、电台、电视、电影等)向社会大众传送信息的过程,亦称为"大众传播"。大众沟通的信息传播者通常是庞大的组织体,沟通的工具大都是最先进的科技结晶体,而信息受传者则是不知名的及不定量的大众。

> **名人名言**
>
> 当我面对一群人,或是大众传播媒体谈话时,我总是假想自己是和一个人进行推心置腹的谈话。
>
> ——巴伯

二、大众沟通的特征

> **名人名言**
>
> 某些政治和社会瘟疫,只在浅薄的自信和庸俗轻率的气氛里才会传播开来。
>
> ——亨利·凡·戴克

大众沟通具有以下特征。

1. 覆盖面广,受众广泛

当今社会,一个由报刊、广播、电视及互联网组成的大众传播信息巨网使得其传播的信息充分渗透到社会各个阶层与不同领域。随着大众传播受众参与度逐渐激增并深化,传统的传受关系也渐渐演化为平等的双向沟通参与的关系模式,进一步加深了其受众广泛性的特性。

2. 渠道多样,信息量大

同一媒体可以向多个受众传递信息,同一受众也能从多个媒体获得信息,这样的信息沟通模式最终呈现网状结构,拓展了个体所获得的信息空间。另外,大众传媒整合声音、图像及文字等不同传播方式,充分调动受众的听、说、视各个感官功能,达到强化信息的目的。由于互联网的迅速发展,微信、微博、论坛等各种社交软件应运而生,信息传播效率得以提高,其影响力也大大增强。

3. 超越限制，时效性强

不断发展的大众沟通技术保障了大众沟通方式突破原有的时空局限，高效、稳定地将信息实时传递给广大受众。现今，新闻信息能在几分钟之内实时更新，广播电视现场直播使国内外新闻报道与新闻事件几乎同步进行，网络技术的进步与推广更是使得大众沟通的时效性有了质的飞跃。

4. 导向性强，影响巨大

大众传播通过一致、连续、重复且多样的信息传播使受众间相互影响，产生共鸣，最终个体将这些观点内化并整合为自身的价值判断标准和行为准则。舆论约束力与大众从众心理产生积累效应，形成一定舆论氛围，深刻并广泛地影响着社会主流价值观、社会规范及主流文化等。

5. 及时公开，交互趋势

大众传播的迅速且广泛，信息公开。网络媒介的发展使传统媒体的单向传播变为双向传播，表现出从单一传播方向到交互性传播的发展趋势，开通了受众者与传播者之间双向信息沟通渠道。

三、大众沟通的功能

大众沟通是工业化和现代化的产物，大众沟通的演变与发展又使得现代社会更加依赖于大众沟通，它已经渗透到社会生活的每个角落。大众沟通的主要功能表现在以下四个方面。

1. 报道信息

大众沟通可通过传媒向客户或潜在客户提供企业需要公开的各种基本信息，如产品的类型、价格等，便于受众者进行选择和比较。

2. 舆论导向

大众沟通可通过利用受众心理需求或特征主导舆论信息流，促使大众产生消费需求，达到既定商务计划目标。见案例 5-1。

3. 教育大众

大众沟通有利于普及先进的思想观念和科技文化知识，促进意识形态的碰撞交流及社会发展，同时也通过这一过程塑造企业形象，推广企业文化理念。

📞 名人名言

要使社会上一般信息丰富起来，就必须说出某种在本质上异乎社会上原先公共储藏的信息。

——诺伯特·维纳

---

4. 提供娱乐

大众沟通在传递企业信息的同时，可以达到"寓商于乐""寓教于乐"的目的，具有传播技巧且别致创新的商务信息，为受众喜闻乐见，能够整合表达多种社会功能。

案例 5-1

精 准 营 销

2013 年 2 月 23 日,著名法国时尚消费品牌 Dior 的官方微博发布了由好莱坞影星娜塔莉·波特曼主演的《Miss Dior》新片。截至 2013 年 3 月 12 日,Dior 官方微博的"粉丝"数量已经达到 568630 人,而该条微博已被受众转发 3466 次。

该条广告成功完成对这 56 万位"粉丝"的精准营销,同时 3466 位粉丝完成从受众到传播者的转变。这一微博以一传十、十传百的规模迅速扩展,其覆盖面呈几何状增长。微博用户把握着选择主动权,他们可以决定成为其"粉丝"或是完全无视这些信息,他们选择关注该品牌官方微博说明其对这个品牌在微博上发布的信息有了解的兴趣和需求,他们都可能成为日后的潜在消费者及营销信息的传播者。Dior 公司将媒体的市场定位与微博相结合,帮助其较为迅速且精准地实现市场定位微调。

第二节　大众商务沟通与舆论控制

名人名言

创新扩散是创新通过一段时间,经由特定的渠道,在某一社会团体的成员中传播的过程。

——罗杰斯

企业的发展与竞争离不开商务信息良性舆论,因此为了实现组织目标,企业需要为商务信息良性舆论创造条件。

一、舆论的含义与产生条件

1. 舆论的含义

"舆"在我国春秋末期就已出现,当时指的是车。"舆人"指造车的人,后来被赋予抬轿人的意思。后来又出现了"舆人之诵""舆人之谋""舆人之谤"等概念,都是指下层百姓对朝廷旨意的议论。现代对舆论也有特定的界定,即指有意见分歧的情况下出现的多数人意见的总和,是以总体面貌出现的意见。

舆论有三要素:争议,意见,对立。争议是指对大家都关心的人、事、物有不同看法,指对同一对象意见不统一。意见是指多种不同的意见,有多数意见和少数意见之分。对立是指因为有了争议而产生的意见分歧和立场对立。

2. 舆论产生的条件

舆论的产生需要具备以下三个条件。

（1）社会联系

以信息传播为媒介,人类相互交往,传递信息,沟通思想,统一认识。个人、群体、组织、国家,社会关系的网络是舆论产生的重要条件。

（2）社会变动

人类社会的历史是不断变动的历史,这个过程是持续不断的。其间既有社会形态的大变化,又有社会现象的细微变化。如自然环境变动、人口变动、经济变动、文化变动等。其变动是各种因素相互作用所致。而变动总是先以舆论为先导的。另外,社会变动也构成了舆论产生的客观社会基础。

（3）信息传播

信息传播是舆论产生的最重要条件。信息传播是形成舆论的渠道,舆论的形成离不开信息传播。通过信息传播,提供议论、评价的信息,舆论主体通过自己的心理感受和相互沟通交流,形成舆论。

现代社会,大众沟通是舆论形成的重要途径。大众沟通以信息量大、覆盖面广以及信息传播迅速的优势来左右舆论,这是其他传播途径和其他沟通形式所不能替代的。

二、舆论的形成过程与途径

> **名人名言**
>
> 一个人必须知道该说什么,一个人必须知道什么时候说,一个人必须知道对谁说,一个人必须知道怎么说。
>
> ——德鲁克

1. 舆论的形成过程

舆论产生于分散的、彼此没有联系或很少联系的个体之中。这一阶段,个人意见处于自发潜在的状态。这时,社会中的个体会根据自己的个体社会体验,对某一社会现实做出判断、评价,经过人际沟通、组织沟通进行信息交流,使无数个体的意志开始融合,并相互寻找共同点,转化为社会共同意见,成为一种显现状态,从而形成了舆论圈。

舆论圈由共同见识的人构成,它一旦形成,就会不断扩散,辐射出更多的舆论圈。圈与圈之间意见不一致,就形成了对立。不同层次、不同社会环境的舆论圈连成一个整体,各个局部分散的意见转化而为多数人的共同意见占优势起支配作用,舆论便形成了。

因此,舆论形成的标志是社会的公认,舆论获得社会公认,就具有权威性,达到公众愿意接受、信服和遵从的地步。这绝对不是表面的服从和自我忍受,而是公众自觉地接受舆论的支配,服从舆论的选择。

2. 舆论的形成途径

舆论的形成途径主要有以下三种方式。

（1）自下而上:自下而上的舆论途径是指先由下级某个成员造出有关问题的舆论,向上提出意见。

（2）自上而下:自上而下的舆论途径是先由上级就某件事情提出意见,传播给群众,形成舆论。

（3）水平方向:水平方向的舆论途径是横向水平面传播信息,范围有大有小,信息在一个组织或一个团体,在一个阶层或一个省市市民,或一个国家的国民之间传递,最终形成舆论。

三、商务沟通对舆论的控制

大众沟通以其信息量大,覆盖面宽,传播迅速而强有力来控制舆论。尽管这种影响有一定限度,但它对舆论的形成有着其他方式所不能替代的作用。控制舆论的形式多种多样,具体有以下两种方式。

1. 开展沟通活动

大力开展组织沟通实务、大众沟通实务,借助如报刊、广播、电视、网络等信息传播媒介进行宣传。或者直接通过媒体出面讲话,或者召开记者招待会。记者招待会上记者的提问虽然五花八门,但招待会主人是在传播自己的信息,说自己想说的话,表述自己的意见和主张。还可以召开新闻发布会议,政府或政府官员常常借助传播媒介发布新闻信息。从罗斯福开始,美国历届总统都要利用电台或电视台发表讲话,表述意见和主张,再由记者传播开去。近几年兴起的博客、微博、微信公众号等自媒体也成了进行大众沟通的独特方式。

企业也可以根据企业的产品及相关信息直接发布某些消息,或者发布某些背景材料。许多企业首席负责人也常常出面进行讲演,宣传企业信息,进行大众沟通。即使只是吹吹风,同样能起到造成舆论、影响舆论、控制舆论的作用。

2. 制止流言

为了控制舆论,必须制止流言。

(1)流言及其产生原因及传播过程

流言,是指对某一社会事实进行的误解或歪曲的传播过程,即在社会中流传的却没有人声称对此负责的信息。流言不同于无中生有,它有一定事实依据。由于第一传播者尚未辨清这个事实,再加上自己本人的情感因素,以口头方式扩散,经过多次传播后使事实面目全非。

流言不同于谣言,谣言是怀有恶意并有目的的歪曲事实真相,企图达到某种目的的言论。流言并无恶意。

尽管流言没有恶意,也会造成恶劣后果。法国"流言信息研究基金会"前主席卡浦费尔教授认为,流言不等于"未经证实的消息",不能将流言归入虚假或真实之类的概念范畴内讨论。

流言产生的原因很多,人们对自己感到稀奇的事物容易产生流言,大众沟通渠道不畅也会产生流言。就社会而言,主要原因是社会变动、自然灾害、社会危机等,战争、经济衰退等是社会的最大危机。我国由于经济体制转轨,个别不法分子趁机制造假冒伪劣产品,致使个别制造真货的企业遭受损失。

此外,就企业和个人而言,其社会地位上升时,一举一动都会引发流言,并且流言最容易在市井中滋长蔓延,而当一个企业或一个人处于无足轻重的地位时,流言相对会少一些。因此人们"躲进小楼成一统,管它冬夏与春秋"。但企业却不能躲起来,"只埋头拉车,不抬头看路",路会越走越窄,最后产品销路会被堵塞,企业也就因此没有了出路。

流言的类型主要有憎恶型和恐怖型。憎恶型流言源于社会危机、社会偏见、个人偏见;恐怖型流言源于传播者所处的恐怖、动荡不安的社会环境。

（2）对流言的预防和制止

预防和制止流言能够保证安定的社会氛围,信息传播畅通。安定的社会环境靠政府,但也要靠公民的共同努力,人人都有责任创建一个祥和安定的社会氛围。要使信息传播畅通就要使用灵活的沟通手段。

出现流言时,企业应该组织力量研究流言可能产生的原因和后果,以及人们听信流言的动机和心理,然后主动与消费者沟通,经常接收来自于消费者的反馈意见,及时调整企业自身。信息组织者需准确把握分散在大众内部潜在的不满、愤怒、愿望、要求等,将其转化理解为明确的诉求,针对自身工作有的放矢地进行改进,同时及时沟通,充分把握大众需求。

另外,企业应该有常设、有效的宣传组织,推广宣传的同时掌握受众的需求动态。大众信息传播媒介是政府与百姓间沟通的工具,同时也是企业与消费者之间的沟通工具。对那些不利于组织,不利于企业,不利于政府的信息,有关方面最常用的办法是对有关的事件进行封锁,制止不利信息泄漏,以控制舆论。

第三节　商务沟通引导大众流行

电影、电视、出版社等传媒与大众双向沟通,从而塑造并传播流行文化。商务沟通通过引导大众流行,创造并迎合需求,实现组织效益与既定目标。

一、流行的特征和形成

名人名言

擅长于沟通的管理者,也可能擅长于掩饰真正的问题。

——柯利斯·阿格利斯

流行是一种社会现象,不同历史时期造就不同的流行文化。

1. 流行的概念

流行是指在一个时期内,社会上流传广泛,盛行一时的大众心理现象和社会行为。流行的事物、观念、行为方式等不一定是新出现的,有的可以是在以前就出现或已经流行过的,只是在新的一段时间又流行起来。流行所涉及的领域非常广泛,表现形式也多种多样。见案例 5-2。

案例 5-2

伟哥——一个传奇

伟哥,一个医药创新产品,一问世,就被商业周刊评为当年的最佳产品,被大众科学杂志评为当年的主要科技成果,其发明人获得当年的诺贝尔生理医学奖。并迅速在全世界扩散,如今已畅销全球 100 多个国家。在我国台湾省,伟哥一直被媒体所关注。台湾学者徐美苓等人认为,一个热门的医药新闻只能持续几天,伟哥却能在媒体上驰骋多年而热度不减,是相当特殊的现象。

伟哥作为医药新信息透过大众媒体传达性功能障碍疾病的商品信息,并希望潜在患者能够及时得到健康与治疗信息。但医药新闻与一般新闻不同的是,深奥的医学信息和复杂的医学术语可能给记者带来很大的挑战,更使一般受众难以理解。

更重要的是,医学属于关乎人命的特殊知识领域,医学信息有别于其他领域的信息,即在于其直接关系到人的生命。这样医生与记者、患者之间极有可能存在沟通障碍。因此,大众媒体作为主要的医药信息的传播者,在传播过程中务必谨慎,传播内容与表达方式上不得马虎,不能传播错误的医学知识,务必带有科学精神做传播。

(http://www.doc88.com/p-1436669625124.html)

2. 流行的特征

（1）新异性

新异性表现为新近发生的,社会上流传广泛、盛行一时的对某种生活模式的追求和效仿,如斗鸡、赛马、打太极拳、吃喝风、穿皮草、穿牛仔服、喝口服液、做整形手术等等。

（2）连续性和现代性

流行往往具有历史的连续性和现代性特征。例如 20 世纪 90 年代流行 30 年代的式样和色彩,宣泄出浓郁的怀旧情绪。又如清代《儒林外史》揭露的丑恶的腐败现象,现在的腐败分子又不顾党纪国法,重新上演。美好的事物和丑恶的事物都有可能由于历史的延续性和现代性而得以流行。

（3）规模性

由于流行信息传播面广,追随者出于从众、服从、模仿、暗示、流行等等因素,使某种生活模式在无组织性的群体中流行起来。

（4）现实性

流行代表人们在某个时期内的感受和鉴赏力,会有比较一致的审美倾向,如感受和愿望等,受社会环境和文化思潮的影响较深。

3. 流行的形成与变迁

（1）以一定条件为基础

流行是以一定社会政治、经济、文化条件为基础的。原始部落、农业社会和等级社会中,没有现代意义的流行现象,有了经济条件和选择自由时才有可能去追随流行,才有可能在社会时尚中表现自我。

如美国西部最早的淘金者选择牛仔裤,因为它有实用价值,坚固耐磨,穿着随意、方便。后来,西部大开发成为美国人进取精神的例证和骄傲,西部牛仔的青春、活力、粗犷、豪放、开拓和进取深深地感染着每个人,成为人们心中的英雄,而牛仔服也因此成为青春活力和开拓进取精神的象征。人们争着购买牛仔服,无论男女老少,在任何场合,人们都喜欢穿牛仔服。这时,人们穿牛仔服的目的已经不是为了体验美国西部生活,而是为了彰显个性,因此,牛仔服成为流行服装,从美国席卷全球。

20世纪六七十年代,我国无论男女老少都喜欢穿蓝制服或军装。穿蓝制服表示艰苦朴素,与当时政治上提倡的"拒腐蚀,永不沾"相呼应,表示"对资产阶级思想的抵制";穿军装则表现自己的革命态度。

改革开放以来,人们争相展示着自己的个性和风采,色彩斑斓的服饰数款流行。衣着越来越大胆、新潮,是因为社会政治、经济、文化为流行创造了条件。

（2）符合社会心理特征

由于个人受非社会控制的刺激后就会进行模仿,通过模仿、仿效和再现他人的一定外部特征和行为方式,掌握了这种方式,并在思想上给予认同,进而在行为上进行实施,于是逐渐形成一股风潮,参与并传播的人越来越多,在外部特征和行为方式上相同的人也越来越多,流行得以形成。

（3）与大众沟通相关

没有信息的沟通就谈不上流行。街上自由、流畅的生活风貌,博览会、展销会、时装表演、电影、电视、广告,一切传播媒介,都在传播时尚的信息,流行是大众沟通的结果。

二、商务沟通对大众流行的影响

名人名言

每一个人都知道,聆听对沟通来说是重要的。但是极少组织会小心聆听它们的员工以及它们的顾客的心声

——威廉·尼可尔斯

企业商务信息的传播应该以影响大众流行为目标,流行可以刺激消费和生产,提高经济效益。

1. 商务沟通促成流行

企业与大众进行沟通,其商务信息的传播表达了社会情感。饮食、服饰、文娱、体育,都可以借助商务信息的传播表达共同的社会情趣。唱片公司和影视媒介借助各种广告形式推出各种歌曲,是商业行为,同时又表达了人们的社会感悟。

例如,歌曲《一无所有》,声嘶力竭,表达了部分人落魄失意又不甘沉沦的心境,是改革开放途中迷惘而又正在寻找出路的进取的人们的声音;歌曲《十五的月亮》,传统的唱法表现爱人的约会与等待,改编后的唱法唱出军人对爱情生活、亲人、祖国的热爱,也唱出了人们的亲情。这些歌曲因此形成流行,流行促进商品的销售。

大众商务沟通形成社会风气。由于商务信息的传播,有些广告语甚至成了人们的口

头禅,直接影响着人们的购买力。如一则广告中一句简单的"味道好极了"的广告词,已经被人们用于各种场合。有些电影的名字连同其情节早已被人遗忘,而它的主题歌却一直流行。大众商务沟通增加了人与人之间的同质程度,共同的偏好促成新的生活方式形成。人与人之间的认同感、凝聚力,因信息传播而得以增强,新的生活方式,新的价值观,社会生活习惯的变革,都因商务沟通而得以实现。

2. 流行导致生活方式变迁

（1）生活方式的含义和特征

生活方式既是指社会支配我们的基本生活状况,又是我们自己对于生活的选择。

生活方式具有社会性,受社会环境制约,是在一定的社会环境中形成和发展的。生活方式具有历史性,随社会的发展而表现出历史的稳定性及其延续与变迁。一种风俗习惯可以延续若干世代,历经若干年代而不衰变。生活方式具有差异性,不同的国家、不同的民族、不同的阶层、不同的社区、不同的人都有自己固有的生活习惯和偏好。

生活方式具有独立性与综合性。一方面,生活方式表现为人的多方面的角度多层次的生活需要与生活活动。人生理想、生活能力和生活态度都显示出来;另一方面,它又落后或者超前于生产方式的变化,既促进生产方式的变革,又成为生产方式变革的开始和外在反映。

（2）生活方式的分类

生活方式的分类因职业、年龄、社会制度的区别而有所不同。从文化的划分层次看,生活方式分为三个层面:表层,构成生活方式之一的生活资料及其外部特征,如言行举止、服饰、发型等;中层,与文化制度相对应的人们具体的生活方法、生活样式和生活中的行为规范等;深层,与文化的意识层面相对的,人们的精神风貌、生活态度、价值观等。

大众商务沟通从生活方式的分类入手,把商务信息的传播与人们生活方式各个层面的各种因素相连,进行有针对性的宣传鼓动,必然导致消费方式的改变和购买方式的改变。20世纪90年代至21世纪初,大众传播媒介在促进我国经济社会发展发挥了重要的作用。

（3）生活方式变迁的特点

大众沟通导致生活方式变迁。生活方式变迁有以下特点:一是由表及里的变迁。衣着、饮食、住房、娱乐,表面的生活现象逐渐由低层次走向高档。近年来随着我国经济发展,人们由以往的吃饱穿暖逐渐变为追求高层次生活条件,要求漂亮的衣着、营养的饮食、宽敞的住房、高档的用具及形形色色的娱乐活动。二是自发性变迁。在符合社会道德规范以内的生活方式,社会一般不会干预,如服饰的颜色和式样、个人的行为举止,都因自己的经济、文化和社会地位的不同而自发地变迁。这种变迁一方面受国家和传播媒介导向影响,而另一方面,还在于自身的生活状况与素养,两者相结合形成的改变。三是继承性和借鉴性的变迁。加入WTO之后,中国改革开放进入"深水区",国内外的交流日益频繁、深入,通过直接交往和传播媒介的大众沟通,异国、异族的生活方式成为借鉴的对象,本国的生活方式成为继承对象,生活方式定向多元化。

三、沟通与生产和消费

1. 当代物质消费特点与商务沟通的关系

大众沟通所进行的商务信息传播使我们的现代生活更加丰富多元,表现为以下三个方面。

（1）生活空间扩大

随着我国西部大开发战略的实施、城市化进程的加快以及人事制度、户籍制度等的改革、经济体制的转轨,商务信息利用大众传播媒介对受众进行引导,商务信息的沟通促进了生产和消费,更促进了人们的生活方式选择,使人们的生活空间逐渐扩大。城市各行各业的人们根据实际情况频频更换工作,农民则慢慢脱离农村,走南闯北,从事各种副业活动或进入第三产业。人们面对城乡的各种娱乐设施的建设,不再拘泥于家庭生活的小圈子,而是走出去进行假日的观光活动,有了更多的社会交往。

（2）生活观念发生变化

中国长期处于社会主义初级阶段,人们文化水平普遍低下,精神生活一贯贫乏,小农经济。除了改革开放政策之外,还在于大众沟通,是信息传播使得舆论兴起,形成流行,使人们精神消费和物质消费的选择更加多样,也体现了社会的文明与进步。

如今,广播、电视、报刊、网络等各种媒介渠道频频出现的"观念更新""信息技术""知识经济""科技创新"已成为流行语,"艰苦朴素""节俭为荣"已成过去式。高档次、高消费、超前消费、豪华、竞争、攀比,已是生活观念和生活方式变迁后的生活现象。生活观念发生变化表现在人们更加重视精神文化消费、人情消费。影视、音响、歌厅、舞厅、请客、送礼、下馆子,都在成为人们追逐的目标。消费方式很大程度上是商务沟通的结果。

（3）生活快捷多样

随着我国经济的迅猛发展,同时商务信息的传播也鼓励大众消费,人们开始努力赚钱以便享受更好的生活。街道上到处是色彩斑斓的物品,人们购物的场景随处可见。

2. 商务沟通对生产和消费的影响

商务沟通促进消费选择,是社会沟通的中介,社会协调和变革的辅助剂。商务沟通在社会生产和消费中充当着各种角色,起到了良好的作用。

（1）导向作用

商务沟通引导流行形成于每个社会角落,是制造和传播流行信息的工具。通过信息传播,企业和传播媒介向人们介绍多方面的知识,进行社会教育和社会启蒙,给予生活经验,示范生活方式和方法,引导生产和消费的选择,起到了导向作用。见案例5-2。例如中粮集团福临门食品有限公司,通过电视上的美食节目对公司的产品进行宣传,既引导了消费,又宣传了本企业产品,促进了企业的生产及与消费者的沟通。

（2）信使作用

商务沟通充当信使,使人们不断收集信息,促进流行的兴衰更替。消费者对产品信息和生活知识的获取,借助大众传播媒介的商务沟通,即使足不出户,同样能够清楚地了解各种商务信息,同样能够进行购物选择。商务沟通对生产和消费起到了信使的作用,在企业和消费者之间架起了桥梁。

（3）伙伴作用

现代社会大众传播媒介已经成为人们生活不可或缺的伙伴，人们生活中消遣、求知、求购、求职，一切均可利用传播媒介完成。大众沟通中商务信息传播对促进消费选择，对于提高人民生活水平，促进健康、科学的生活方式起着重要作用。

媒介渠道是大众传播的重要渠道。随着信息科技的高速发展，信息传播媒介也不断地推陈出新，给予了用户更加多样化的渠道传播信息。未来的网络大众传播，互联网和传统意义上的 PC 机不再是唯一的渠道主角。移动媒体等多种新兴渠道正在茁壮成长，为信息传播提供更多选择。

第四节　大众商务沟通的受传者

所谓知己知彼，百战不殆。企业要想在商战中占取先机，必然先要充分了解大众商务沟通的对象——受传者。

一、信息受传者概述

1. 信息受传者的概念

信息受传者是各类沟通活动中的信息接收者。例如报刊的读者，电话、电报的接收者，广播的听众，电影、电视的观众，互联网上的网民等。

2. 信息受传者分类

按人口学分，可分为男、女、老、中、青、少年、儿童；按受传者素质分，可分为高级受传者和普通受传者；按受传者对信息的关注程度分，可分为广泛受传者和专门受传音。专门受传者指只接受某种单一信息如足球、象棋、赛马、钓鱼等信息的受传者。

3. 信息受传者的地位和权利

信息传播者应该了解信息受传者的权利和地位，以便有助于沟通活动的顺利进行。

（1）知信权

知信权是指获取信息的权利。联合国《世界人权宣言》中指出：人人有通过任何媒介和国界寻求、接受和传递信息和思想的权利。世界上每个人，作为人格平等的社会个体，作为信息受传者将寻求并获得关于客观世界和人类社会变动的各种信息，这应当被看作是获得最基本人权的重要内容。

一个人如果得不到与自己生产和生活有关的社会信息，就无法对事物进行认知，无法在生活上和工作上做出准确的判断和决策，这将会使自己的生活陷入惊恐不安之中。因此，知信权是人生存的基本权利。

（2）传递信息权

信息受传者并非单方面的信息的被动接收者，人的自有观念使得他们在接收信息时加入自己的主观判断再传播开去。受传者拥有信息，拥有传播信息的愿望和权利。例如近年的观众点播、电话采访、电话连线直播等，都是在为信息受传者发布信息创造条件，同时也是传播者获取信息反馈的重要途径。

全世界在这一权利的实现上是不平衡的。发达国家的跨国公司垄断了发展中国家的信息传播机构，将大量的时间、版面用来报道自己的或自己感兴趣的或对自己有利的信息，而发展中国家的信息却难以及时传播出去，无法与人们进行沟通。这在一定程度上影响了发展中国家的形象和建设。这实际上是对信息受传者知情权和传递信息的权利的一种侵犯。

某校的某学院在网上发布了本院 MBA 教师的信息，其间的一部分信息是属于教师的私人信息，如年龄等，同时上面提供的有些信息还是不准确的，并且在发布前和发布后都没有征得教师的同意，也没有告诉教师。在网上发布，就是向全世界公开。这实际上是对教师隐私权、知信权和传递信息的权利的一种侵犯。

（3）交流权

信息受传者享有充分的信息交流权。社会的进步、民主权利的实施，要求每个人都有权参与社会管理，参与决策过程。每个人都应该拥有通过有效渠道及时表述自己意见、建议的权利。参政、议政的权利也是信息交流权、讨论权。受传者享有这种权利，对提高社会生活质量，对稳定企业的、社会的局面都是有重要意义的。

有的单位，尤其是国有企业，部分领导搞"暗箱操作"，容易导致腐败，不利于调动员工工作积极性。企业传播的商务信息是否有真实性、科学性，信息受传者也有权知道或是议论。

（4）批评权

受传者有权监督并批评信息传播者，批评权指纠正传播者错误行为的权利。社会性的传播机构、专业传播者、非专业信息传播者，都应该对自己传播的信息负责，对信息受传者负责。尤其专业传播机构和传播者，是在代表受传者进行沟通活动，对来自受传者的质询和批评，应该积极地给予真实的回答，并及时纠正自己错误的沟通行为。

二、受传者接受信息的动机

需要产生动机。需要层次理论是由美国心理学家马斯洛提出的，他认为人的需要是逐级递升的，人类的需要层次由低到高依次为生理、安全、归属与爱、尊重、自我实现的需要。

生理需要：包括呼吸、饮食、衣着、休息、性生活。位于需要层次的底层，这是人类最基本的需要，是推动人们行动的最强大的动力；安全需要：包括人身安全、生活稳定以及免遭痛苦、威胁或疾病等的需求；归属与爱的需要：包括渴望成为团体中的一员，希望获得友情、爱情的需要。

马斯洛认为，生理、安全、归属等需要属于人类的低级需要，是一种物质性价值需求。尊重需要与自我实现的需要属于人类的高级需要，是一种精神性价值需求。随着社会的发展和人类的进步,人类需要层次中的高级需要占主导,生理需要这种低级需要逐渐减少,人们遇到的问题也越来越复杂,这使人的信息需要和信息沟通行为更加频繁多样。

广泛多样的富于社会性和发展性的信息需要使人类奋力进行信息沟通以接受未知信息,凭借接收到的各种信息进行社会认知与自我认知,面对自我,完善自我,再通过自我信息沟通以超越自我。由人的需求层次(如图 5-1 所示)决定了信息受传者对信息有如下需要。

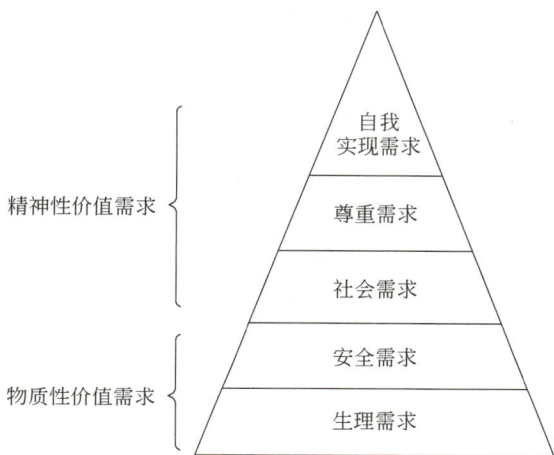

图 5-1　马斯洛需求层次理论

（1）对信息内容的需要。信息受传者要求获得有助于解决问题的特定信息。如信息具有科学性、实用性等。

（2）对信息类型的需要。信息受传者要求获取多种信息,对不同类型的信息如知识、消息、数据或事实资料;口头信息、文字信息、图像信息等都强烈需求。

（3）对信息质量的需要。信息受传者要求信息推确、可靠、完整、全面而不是模糊、错误、零散、片面、虚假的信息。用户对产品的不满意,更多的并非数量,而是质量。

（4）对信息数量的要求。信息受传者要求信息数量适度,易于接受。如果信息受传者接受的信息数量超过了其信息处理和利用能力的限度,就被称为"信息过载"。

三、信息受传者在沟通活动中的控制因素

> **名人名言**
>
> 我们业务量的成长来自现有客户的成长多于新客户的增加。
>
> ——李奥贝纳

1. 信息受传者在沟通活动中的主动控制

我国学者经过长期的观察和研究,发现信息受传者在接受信息时,具有很大的选择性和控制性,即受传者接受信息的过程是从心理上对信息进行自我选择和控制的过程。而受传者选择信息的心理过程涉及三个具体环节。

（1）选择性注意

选择性注意是指受传者接受信息时,会有意无意地注意那些与自己原有观念、态度和价值观相吻合的信息,或自己需要的、关心的信息,而回避与排斥与自己观念不一致或与己无关、自己不感兴趣的信息。其标准核心是相关性和实用性。

（2）选择性理解

选择性理解是信息传播者在信息加工改造过程中的核心环节。理解信息是一个思维过程。理解需要解释和表征。解释是寻求被解信息与解释信息及解释中所包含的信息导致原有信息向纵深发展或与原预期事物相反的信息。解释的过程与受传者心理因素有关。注意对信息受传者的解释和受传者自身对信息的解释。

（3）选择性记忆

选择性记忆是受传者接受信息的心理过程的最后一个环节。经过选择性的注意理解后,留下的信息在大脑信息库中又面临新的选择。无意识记忆有时能够终身不忘,就是由于选择性记忆的结果。选择性记忆包括三个阶段：信息输入→储存→输出。

这三个环节可以看作是信息受传者心理的三层防卫圈,它们依次处于防卫圈的外层、中层、内层。实际上,信息受传者的心理选择过程是防卫与吸收并存。

2. 信息受传者在沟通活动中的被动控制

人是一种社会性动物。人在沟通活动中也免不了会受到群体的影响,在实际中,常见的信息受传者在沟通活动中的被动控制分析如下。

（1）从众心理

从众是指当个体受到群体的影响而怀疑并改变自己的观点、判断并朝着与群体大多数人一致的方向变化。也就是人们常说的"随大流"。

（2）差异心理

由于信息受传者不同的宗教信仰、不同文化教育水平、不同精神生活方式和物质生活方式以及不同生活环境,信息受传者在沟通活动中的被动控制状况也就各不相同。

（3）求新心理

指信息受传者对于新鲜、奇特、异常的沟通信息比较感兴趣的一种心理。表现在：沟通信息传递在时效上要快、内容上要新。表现在未知事物的探求上,越是奥妙莫测的事,越是要去探寻。

四、传播者与受传者的关系

传播者与受传者之间有着共享信息并反馈互动的关系。

1. 信息共享

沟通关系是由一些双方共同感兴趣的符号、信息聚集在一起而形成的。沟通过程是信息传播者与信息受传者分享信息符号、分享信息的过程,传播者与受传者分享那些代表信息并导致彼此了解,从而汇聚到一起的符号。

2. 信息反馈与行为互动

信息反馈具有延迟性、间接性、零散性、积累性的特点。信息沟通过程中,信息传播者的信息传递与受传者的信息接受相互依存,相互影响,形成互动。信息传播者只有尽量提供那些符合受传者需要的信息,才会被受传者接受,才会达到预期的沟通效果。信息传播者与信息受传者双方都是一个信息反馈与行为互动的积极的过程。

【本章小结】

大众沟通是信息技术发展下的又一个主要沟通形式。通过本章的学习,我们简要了解信息受传者在沟通活动中的控制作用,熟悉并理解舆论产生条件、形成过程,掌握大众沟通的内涵以及大众沟通对行为生活方式的影响。

【实训题】

1. 举例说明企业是如何利用最新流行的网络大众沟通媒体向大众传播推广品牌。
2. 想象如果你是某品牌的营销策划人,你会想到哪些企业的品牌推广策略?
3. 依据受众不同,品牌推广策略会不同吗? 请举例说明。

第六章　商务谈判

1. 掌握：商务谈判中应注意的谈判策略与技巧及其原则；
2. 熟悉：商务谈判准备工作中的主要内容；
3. 了解：商务谈判中需要注意的主要礼仪细节。

【开篇案例】

关心对方的利益

美国钢铁大王戴尔·卡内基曾每季度都有 10 天租用纽约一家饭店的舞厅举办系列讲座。有一天，他突然接到这家饭店要求提高 2 倍租金的信。

几天后，他去见饭店经理。他说："收到你的通知，我有些震惊，但是一点也不埋怨你们。如果我处在你们的位置，可能也会写一封类似的通知。作为一个饭店经理，责任是尽可能多为饭店谋取利益。如果不这样，就可能被解雇。"接着，他在纸中间画了一条线左边写"利"，右边写"弊"，在利的一边写下了"舞厅。供租用"。然后说："如果，舞厅空置，那么可以出租供舞会或会议使用，这是非常有利的，因为这些活动带来的利润远比办系列讲座的收入多。如果在一个季度中连续 20 个晚上占有舞厅，这意味着失去一些非常有利可图的生意。"现在让我们考虑一个"弊"。首先，你并不能从我这里获得更多的收入，只会获得的更少，因为我付不起你要求的价钱。其次，我这个讲座吸引了很多有知识、有文化的人来你的饭店。这是个很好的广告，不是吗？实际上，花了 5000 美元在报上登个广告也吸引不了比讲座更多的人来这个饭店。这对于饭店来说是很有价值的。卡内基说："我希望你能仔细考虑一下，权衡利弊，然后告诉我决定。"

第二天，卡内基收到一封信，通知他租金只提高原来的 1.5 倍，而不是 2 倍。

(http://www.360doc.com/content/15/1120/15/29314407_514576835.shtml)

在商务活动中，无论是双赢谈判还是输赢谈判，谈判者都必须明晰双方可以得到的利益和损失，权衡利弊。

第一节　商务谈判概述

商务谈判(business negotiation)是指人们为了协调彼此之间的商务关系，满足各自的商务需求，通过协商对话以争取达成某项商务交易的过程。在商务活动中，买卖双方通过商业谈判,就某项交易进行协商,以求达成交易。

这一过程是商务活动中的重要环节,交易双方最终能否顺利签订合同,主要取决于双方对交易条件磋商的结果。因此,有必要学习和掌握交易磋商的主要形式和磋商的主要程序,有利于买卖双方在平等互利的基础上,通过友好协商达成交易协议。

一、商务谈判的形式

商务谈判的形式有两种,即口头谈判和书面谈判。

1. 口头谈判

口头谈判是谈判双方通过面对面的直接交流,主要指在谈判桌上面对面的谈判,了解对方的诚意和态度,采取相应的对策,并根据进展情况及时调整谈判策略,以达到预期谈判目的。口头谈判主要包括邀请客户来访或组织小组出访、参加各种交易会、洽谈会等,还包括双方通过电话进行洽谈等。口头谈判比较适合谈判内容复杂、涉及问题较多的业务。

2. 书面谈判

书面谈判是双方通过来往函电,包括信件、电报、电传、传真、电子邮件等通信方式进行洽谈商务。随着现代通信技术的发展,书面洽谈越来越简便易行,成本费用也较低廉。采用书面方式磋商时,需遵循简明、清晰、礼貌的基本原则。

二、商务谈判的内容

商务谈判包括货物买卖、技术谈判、贸易、工程、劳务、投资谈判等内容,这些谈判的特点如下。

(一)货物买卖谈判

货物买卖是指针对货物的买卖而进行的谈判。其特点是谈判所涉及的买卖条款比较全面,谈判难度也较小。

在货物买卖谈判中,双方谈判的内容,主要是围绕着合同条款进行的,因此合同中各项条款是交易磋商的核心内容。合同中的各项条款,按照在交易中的性质,可分为"主要交易条件"和"一般交易条件"。

"主要交易条件"包括货物的品名、品质、数量、包装、价格、装运、保险和支付等八项内容,其是合同成立不可缺少的交易条件。"一般交易条件"是指商品的检验、索赔、不可抗力和仲裁四项条款,其主要作用是保障合同的实施,或是预防争议的发生和解决争议。

(二)技术贸易谈判

技术贸易谈判一般是指技术在国与国之间的有偿转让。其特点是具有使用权的转让,技术价格的确定具有不确定性,技术贸易的交易关系具有持续性;技术贸易受政府干预较多的特点。

技术贸易谈判的内容,一般包括技术部分的谈判,商务部分的谈判,法律部分的谈判等。在技术部分的谈判中一般涉及相关技术内容与性能,技术资料的交付,技术咨询和人员培训以及技术考核与验收等内容。而商务部分的谈判往往是有关技术使用的范围价格，支付保证，索赔和罚款的条款内容的谈判。法律部分的谈判常为侵权与保密，不可抗力，仲裁，合同生效等内容的谈判。

（三）投资谈判

投资谈判一般是指举办独资、合资经营企业的谈判。独资经营企业的谈判主要是投资者与东道国政府之间进行的谈判。中外合资企业谈判主要是与政府和企业谈判，信息收集，资信审查。

三、商务谈判的过程

一般来说，商务谈判的过程可以划分为开局阶段，磋商阶段，成交阶段和合同或协议的执行阶段等几个基本阶段。商品交易谈判的程序，可概括为询盘、发盘、还盘和接受四个环节。其中，发盘和接受是达成交易，合同成立必不可少的两个基本环节和必经的法律步骤。通常，在商务谈判的过程应注意以下几方面。

1. 开局阶段

一般来说，开局阶段，首先，要考虑准备的充分程度。俗话说：不打无准备之仗，即要注意给谈判人员留有充分的准备时间，以免到时仓促上阵。其次，要考虑谈判人员的身体和情绪调整。谈判是一项精神高度集中，消耗体力和脑力的工作，要尽量避免在身体不适、情绪不佳时进行谈判。

2. 磋商阶段

这一阶段要注意间隔时间。一般情况下，一场谈判极少是一次磋商就能完成的，大多数的谈判都要经历过多次的磋商洽谈才能达成协议。因此，为了保持旺盛的谈判精力，一般都会安排适当时间的休息，这就是谈判的间隔时间。

这样，往往会对舒缓紧张气氛，为打破僵局发挥促进作用。如，甲乙双方在谈判中出现了互不相让，紧张对峙的局面。双方无奈宣布暂停谈判两天，由东道主安排近郊旅游。在双方友好、轻松的游玩中，通过多次接触，加深了彼此的了解，双方的态度发生了改变。结果，在重新谈判后，双方都积极地做出让步，很快就达成了合作协议。

3. 成交阶段

这阶段应特别注意掌控谈判的最后限期。一般来说，一场谈判都有一个截止时间，而谈判者如何在截止时间内争取获取谈判的成功，是谈判者谈判技能的体现。谈判时间的长短，往往使谈判者决定选择何种谈判的策略。比如，在谈判截止限期前，某谈判方做出让步，达成协议的决定。

四、合同或协议的签订

在商务活动中，经过友好谈判，双方意见达成一致后，通过签订合同或协议宣告双方的合作正式进行。

（一）合同的形式

销售合同的形式，一般情况下有口头形式和书面形式两种。1999 年 10 月 1 日《中华人民共和国合同法》第十条规定："当事人订立合同，有书面形式、口头形式和其他形式。法律、行政法规规定采用书面形式的，应当采用书面形式。"

1. 书面形式

大多数买卖合同，都以书面形式订立，它是合同成立、履行、仲裁、诉讼的依据。

2. 口头形式

采用口头形式订立的合同，又称口头合同或对话合同，即指当事人之间通过当面谈判或通过电话方式达成协议而订立的合同。但是，因无文字依据，空口无凭，一旦发生争议，往往造成举证困难，不易分清责任。

3. 其他形式

其他形式，指上述两种形式之外的订立合同的形式，即以行为方式表示接受而订立的合同。例如，根据当事人之间长期交往中形成的习惯做法，或发盘人在发盘中已经表明受盘人无须发出接受通知，可直接以行为做出接受而订立的合同，均属此种形式。

（二）合同的基本内容

商品销售合同，不论采取何种格式，其基本内容通常包括约首、约尾和基本条款三个组成部分。

1. 约首部分

约首是指合同的序言部分。包括合同名称、缔约双方的名称和地址（要求写全称）、合同编号、签订合同的日期等。

2. 基本条款

这是合同的主要部分。以商品买卖合同为例，应具体列明买卖双方的各项交易条件或条款。如商品的名称、品质（或规格）、数量、价格、包装、交货时间与地点，运输与保险条件，支付方式及检验检疫、索赔、仲裁、不可抗力等。这些条款体现了买卖双方当事人的权利和义务。

3. 约尾部分

约尾是合同的尾部内容。一般包括合同的份数，缔约双方的签字，合同适用的法律和惯例等。

根据合同中"主要交易条件"和"一般交易条件"的内容，"一般交易条件"通常印在合同的背面，只要对方不提出异议，就不需要逐条协商拟定了。因此，一般交易条件又称为合同的"背面条款"或"格式条款"。当然，如果买卖双方中任何一方在洽谈时，对在合同已印制的格式条款内容不能接受，那么此时需要另行起草合同条款以改变印刷条款。不论是"主要交易条件"还是"一般交易条件"都是买卖合同中不可分割的部分，都具有同等的法律效力。

🔖 **拓展视野**

中澳两国上升为全面战略伙伴关系　结束自贸协定谈判

央广网北京 2014 年 11 月 18 日消息，据中国之声《全球华语广播网》报道，当地时间

17日,中国国家主席习近平同澳大利亚总理阿博特举行会谈,一致决定建立中澳全面战略伙伴关系,并宣布实质性结束中澳自由贸易协定谈判。根据谈判结果,五年后,澳大利亚对中国所有产品、中国对澳大利亚绝大多数产品的关税都将降为零。此外,中国还决定在悉尼设立人民币清算银行,澳元和人民币可越过美元直接进行兑换。

中国人民银行与澳大利亚储备银行签署了在澳大利亚建立人民币清算安排的合作备忘录,并且同意将人民币合格境外机构投资者试点地区扩大到澳大利亚,初期投资额度为五百亿元人民币,之后将确定悉尼人民币业务清算行,这一安排标志着中澳两国金融合作迈出了新步伐,有利于中澳两国企业和金融机构使用人民币进行跨境交易,促进双边贸易投资便利化。

中澳自贸协定谈判于 2005 年 4 月启动,迄今已经过 22 轮谈判,双方在谈判过程曾经遭遇过僵局,直到去年双方进入第 19 轮谈判,也没有迹象表明双方将很快签署协议。中澳自贸协定是继中韩自贸协定后,我国与亚太地区重要经济体结束的另一个全面、高水平的自由贸易协定谈判。

(http://news. sina. com. cn/0/2014-11-18/122531163347. shtml)

第二节　商务谈判的过程控制

能否准确把握谈判进程,往往体现了一个谈判者谈判艺术的高低。然而,有些谈判者习惯把谈判看作一个独立的行为,常把与对方的初次见面作为开始,而把签订协议后作为结束。实际上,一个完整的谈判过程要包括准备阶段、接触阶段、实质阶段、协议阶段、执行阶段五个阶段,且各阶段相互之间彼此衔接、不可分割。

一、准备阶段

认真准备每一场商务谈判,打有准备之仗,是进行商务谈判、达成本方利益的关键。对于谈判的主持方而言,每一次谈判都需要精心准备、把控进程,实现我方预期的目的。谈判准备得越周全越充分,谈判场上掌握主动的机会就越多。对于商务谈判中发生的不可预测的变化,或出现一些始料不及的情况时,谈判者也可镇定自若,应对自如。

(一)谈判方自身与对方情况的分析

1. 谈判方自身分析

谈判方在进行商务谈判前的自身分析,主要是指进行谈判的可行性分析。就要综合原材料市场变化、价格、资金需要量、融资条件、风险等各项因素做定性分析,并在此基础上进行定量的动态分析,从而评估出本方将会取得的直接经济效益和社会效益情况或水平。

2. 对谈判方对手分析

"知己知彼,百战不殆。"在对自身情况做全面分析的同时,谈判方还要设法全面了解谈判对手的情况。在商务谈判中,应谨慎行事。

一要对对方公司的发展历史、社会形象、资本与资金状况、企业信誉、经营作风等；产品的品种、质量、数量等方面加以分析研究。

二要了解对方与我方合作的目的是什么？合作愿望是否真诚和迫切？

三要了解谈判对手的人员状况。即了解谈判者人员构成，成员的身份、地位、性格、爱好、经验及主要谈判人员的能力、权限等。如有可能，还要搜集一些更加细致、可靠的情报，如对手的思维习惯、行动方式、心理倾向和自身需求。只有对谈判对手了解得越具体越细致，就越有利于掌握谈判上的主动权。

（二）本方谈判队伍的组织与管理

商务谈判中，谈判小组的每一个成员的选择都应该是十分慎重的。他们不仅要符合一定的素质要求，而且还要能形成各方面互补的结构。一般来说，主要谈判人员要责任心强，心胸开阔，目标坚定；知识全面，精通业务，经验丰富；思维敏捷，善于随机应变，同时又具有较强组织协调能力；具有上通下达的沟通能力；善于发挥团队力量，最终实现预期谈判目标。

谈判团队的其他人员除各有专长外，要从思想上、行动上与整个团队保持一致。俗话说得好，"相互补台好戏连台，相互拆台一起垮台"。一次谈判要达到预期目标，谈判中谈判成员间的互补与合作是至关重要的。

（三）地点选择

商务谈判地点的选择，往往涉及谈判的环境、心理、压力等影响因素，关系到谈判方的利益，因此显得十分重要。恰当的谈判地点往往会有助于谈判方取得谈判中的主动。按谈判地点的不同，可分为主场谈判、客场谈判和中立地谈判三种。

所谓主场谈判，指谈判在谈判的一方所在地进行的。如，将甲乙企业进行的商务谈判安排在甲方境内，甲方就处于主场谈判的位置。选择主场谈判，具有很多有利之处：熟悉的环境会使自己拥有一种安全感；可以能随时与自己的上级、专家顾问及时研究谈判中的问题，商讨对策等。

客场谈判，在商务活动中，谈判者到对方境内去谈判，不仅要旅途劳顿，而且也会因为不适应环境而在谈判中产生紧张心理进而产生压力造成不必要的失误等。中立地谈判是谈判双方选择在第三方地点进行洽商。商务谈判中，除两地商务人员同时在第三地从事商务活动，如参加博览会外，这种方式较为少见。

🔖 名人名言

"与人某事，则须知其习性，以引导之；明其目的，以劝诱之；请其弱点，以威吓之；察其优势，以钳制之。与奸猾之人谋事，唯一刻不忘其所图，方能知其所言；说话宜少，且需出其最不当意之际。于一切艰难的谈判之中，不可存一蹴而就之想，惟徐而图之，以待瓜熟蒂落。"

——弗朗西斯·培根

二、谈判的接触阶段

首次接触性谈判和实质性谈判的侧重点不同。初次接触谈判的重要任务是摸清对方的底细,因此要认真听对方谈话,细心观察对方举止表情,并适当给予回应,这样既可了解对方意图,又可表现出尊重与礼仪。互相留下一个好印象,熟悉了解一下相关的程序和情况,守时并提前预约下次谈判。提前预约这一点非常重要,双方一般会事先规划谈判进度,合理安排谈判工作。

预约的方式也可以是打电话等方式。应该注意的是,准时赴约。迟到是职场的大忌,尤其是第一次赴约,迟到可是万万不可的,也许错过时间就失去了谈判的机会。同时,注重个人仪容和素质。没有人喜欢肮脏邋遢的人,试想哪个采购员愿意看见一个衣冠不整,口气不清新的人站在面前?谈话的兴趣都没有,三言两语就打发掉了。

派去接洽的人一定要清爽整洁,举止礼貌,得体的外在是对别人的尊重,会给人好的心情。再者就是接洽人员的素质,因为是第一次接触,事关以后能否有机会继续合作,所以,接洽人员要思维敏捷,口齿清楚,能进行良好的沟通,为以后的合作争取机会。

三、实质谈判阶段

谈判双方经过全面准备,形成了各自的谈判方案,并通过初步谈判,彼此已对对方有了基本的了解。随着谈判的深入,谈判便进入实质阶段。这个转变过程一般是短暂的,如果双方属于首次合作,或对于一些重大商业合作项目,谈判的双方可能要花费较多时间来深入了解,谈判进程可能会拉长。

谈判实质阶段是整个谈判过程中的重点和高潮。由于源自对各自利益的考虑,谈判双方可能会在一些敏感问题上形成立场上的对峙,甚至使谈判陷入僵局。以商业并购谈判为例,实质阶段就是对并购具体内容达成一致,即对并购价格、支付方式、支付期限、并购善后(人事安排等)等实质性的内容进行磋商。见案例 6-1。

谈判只有到了这个阶段,双方才开始真正地依照本方原有的谈判目标,不断修正各自的谈判终极目标并及时调整谈判策略,使双方的期望逐步趋向认同,以求实现合作意向。在这一阶段,应该注意以下几点。

(一)提高磋商能力

当双方都固执己见,不愿做出更多让步时,谈判就可能陷入了僵局状态。在商务谈判中,这种情况是经常发生的。其实,分歧都源于缺乏深入沟通,即对对方不同价值评判标准、观察与思考问题的角度和方式等了解认识不足。解决这些问题,依照双方目标差距,由一方做出让步十分关键。有效的妥协,并不是无能与软弱的表现;相反,是谈判人员成熟和灵活的表现。

在实施妥协让步要讲究艺术和策略,应注意以下两点。

一是让对方感到我方做出的是一次重大让步,是为争取实现双方合作的主动表示。若能成功地做到,才有可能赢得对方做出相应的让步,为双方最终合作发挥积极作用。但不能让对方理解为我方是迫于对方压力而作出的退让,也不能让对方认为我方的让步是轻率的、仓促的。否则,对方非但不会满足,反而会得寸进尺,这将无助于打破谈判僵局。

二是以替代方案换取对方立场松动。在谈判僵局中,如果一方采用我方愿放弃某一方面的利益为代价,用等值或等量交换的替代方案,常常可以让对方体面地改变某些谈判要求,使谈判得以顺利地进行下去。

（二）提高沟通与说服能力

商业谈判依赖于有效的沟通和说服能力,这一点在谈判的实质阶段表现得尤其重要。谈判的实质阶段,常会出现双方意见分歧过大和各持立场的困难局面。为了消除不必要的误解,让本方的观点为对方所理解和接受,并说服对方放弃其"不合理"要求,就需要提高沟通能力。因此,需注意以下几点。

一要营造和保持融洽的谈判气氛。如用幽默的语言来回答对方的问题,或穿插谈一些题外的轻松话题,松弛一下紧绷着的神经,来缓解尴尬而紧张的气氛等。其实,适时、有效地转移问题的焦点,积极地寻找双方的契合点,一旦找到双方的某一认同点,其实就有了新的谈判空间,也就为双方提供了走出迷局的机会。二要加强自身修养,善于从对方角度看待问题,要换位思考以消除偏见、对立情绪,弥合谈判差距。三要善于倾听对方的意见。在商务谈判中,善于倾听就是仔细听对方说的每句话,可以从中获得大量宝贵信息,以确保正确地理解对方,从而增加谈判的筹码。四要正确表达自己的意见。在实质性谈判中尽量注意表述正确和完整,防止歧义;注意运用表情、语气以及手势来配合内容的表达,为本方陈述提供帮助。五要有效地回答对方的问题。简明地回答对方问题,全面了解对方所提问题含义;谈判人员有较强的认识能力,能抓住事物的本质和问题的核心,把握问题的实质有效回答对方。防止啰嗦,所问非所答。

> **名人名言**
>
> 如果希望成为一个善于谈话的人,那就先做一个愿意倾听的人。
>
> ——戴尔·卡内基

四、协议阶段

按照预先确定的议程,双方完成了所有需要洽商的议题,并就主要内容全面达成了一致意见时,就进入了谈判的协议阶段。需要注意的是,达成交易后,要积极争取由我方起草协议文本,这样可以掌握主动,这一点本章还将做进一步阐述。

协议起草方应在起草协议前,有必要就整个谈判过程、谈判内容做一次整体回顾,以便最后确认双方都达成了哪些一致内容。这种回顾要以双方会谈的书面记录为依据。当双方对主要条款内容无疑义时,双方就此结束谈判。当然,也有在商务谈判后期,对方变卦,使我们处于被动的局面。

五、执行阶段

在协议生效后的实际履约过程中,仍会出现一些新问题引发合作双方投入新的一轮谈判;或者对协议条款进行修订或完善;或者发生了不可抗力事件影响到协议的履行等。只要交易或合作没有完成,谈判就不会停止。只有合作双方最终实现谈判达成的协议的相关内容和条款后,双方谈判的目标得以圆满实现。

案例 6-1

三位日本人与一家美国公司

日本一家航空公司的三位代表,同美国一家企业的一大帮精明人进行谈判。谈判从上午 8 时开始,美国公司的谈判人员首先介绍本公司的产品,他们利用了图表、图案、报表,并用 3 个幻灯放映机将其打在屏幕上,图文并茂,持之有据,以此来表示他们的开价合情合理,产品品质优良超群。这一推销性的介绍过程整整持续了两个半小时。在这两个半小时中,三位日本商人一直安静地坐在谈判桌旁,一言不发。

介绍结束了,美国方面的一位主管充满期待和自负地打开了房间的电灯开关,转身望着那三位不为所动的日本人说:"你们认为如何?"一位日本人礼貌地笑笑,回答说:"我们不明白。"那位主管的脸上顿时失去了血色,吃惊地问道:"你们不明白? 这是什么意思? 你们不明白什么?"另一个日本人也礼貌地笑笑,回答道:"这一切。"那位主管的心脏几乎要停止跳动,他问:"从什么时候开始?"第三个日本人也礼貌地笑笑,回答说:"从电灯关了开始。"

那位主管倚墙而立,松开了昂贵的领带,气馁地呻吟道:"那么我们怎么办?"三个日本人一齐回答:"你们可以重放一次吗?"

作为读者,你希望谁赢?是那帮精明强干、准确充分、打算抗击一切进攻的美国人,还是自称什么都不懂的日本人? 谁再能够有最初的热诚和信心,重复一次持续两个多小时的推销性介绍,并且是冒着对牛弹琴的危险! 结果,美国人士气受挫,要价被压到了最低。

(http://wenda.haosou.com/q/1378477377070971)

第三节　商务谈判的策略与技巧

一、商务谈判的策略

(一)掌握谈判的主动权

商务谈判策略固然重要,但是我们在关注谈判策略的同时,绝不能忽视谈判的制胜关键因素即谈判席背后的实力。谈判席是一个没有硝烟的战场。从一开始就能真正掌握主动的,往往是实力强大的一方。

企业的实力、谈判人员素质、谈判需求迫切程度、谈判准备程度等,都决定着谈判者是否具有谈判的优势或实力。谈判人员的内在素质即文化修养、意志品质、价值观、团队合作精神,以及谈判能力、具有的相关谈判经验、专业知识等能力越来越成为决胜谈判成败的关键力量。

（二）争取谈判的话语权

争取话语权是商业谈判获胜的重要策略,在谈判中主导话语权就意味着掌握着主动权。从谈判一开始就主动出击,可以为我方创造一个良好的开局。事实上,话语权与自身谈判实力大小密切联系。在谈判过程中,优势地位和弱势地位是暂时的,也是动态变化的,弱势的一方通过采取一定的策略也可以赢得谈判的成功。

要争取话语权必须有所准备。为了使谈判过程始终指向谈判目标,使谈判在合理规定的限度内正常进行,必须有谈判资料和信息作为依靠,见案6-2。否则,任何谈判过程都无法有效地加以控制和协调。因此,在实际谈判中通过对方的言行获取信息,及时反馈,使谈判活动得到及时调节、控制,按照规定的谈判目标顺利进行。将相对弱势转化成相对优势,最终获得谈判的双赢和成功。

案例 6-2

日本人为何顺利中标

1960年,日本石油化工设备公司从我国公开发行的《人民画报》上惊奇地发现:北京市公共汽车上的气包不见了!气包不见了,那不就说明中国人现在开发了很大的油田吗?那么,油田在哪里?规模有多大?他们公司是否有利可图?日本人对这一信息展开了深入细致的研究。

大庆油田的位置 1964年7月,《中国画报》封面刊登了大庆油田工人艰苦创业的照片,画面上,工人们身穿大棉袄,正冒着鹅毛大雪,奋战在钻井平台上。据此,日本人得出结论一:大庆油田可能在东三省北部的某地。因为中国其他地方很难下这么大的雪。然后,日本人注意到《人民日报》报道王进喜到了马家窑,豪迈地说:"好大的油海啊,我们要把中国石油落后的帽子扔到太平洋里去!"于是,日本人找到了伪满时期的旧地图,得出结论二:马家窑是位于黑龙江省的一个村子。

接下来,日本人根据《人民中国》的介绍,中国工人阶级发扬"一不怕苦,二不怕死"的精神,肩扛人抬将设备运到现场。他们由此推断结论三:石油钻井离马家窑很近。随后,日本人根据王进喜出席第三届人代会,推断出结论四:大庆出油了。

接着,日本人根据照片中王进喜所握的手柄的架势,推算出油井的直径。根据当年国务院的政府工作报告,由当时的全国石油产量减去原有产量,日本人估算出大庆油田的石油总产量。并下定结论:中国一定要引进技术和设备。根据中国当时的气候和环境,日本人思考开发油田需要的技术和综合利用的设备,并快马加鞭地进行设计。日本人的构想比中国人自己的心思整整提前了4年。当中国以石油的综合利用向外国招标时,美国、英国、德国等方案均未被采纳,而日本石油化工设备公司却顺利中标。

(http://www.docin.com/p-717425825.html)

二、谈判协议文本起草时的注意事项

（一）争取协议的起草权

当谈判经双方协商一致时，我方要争取协议的起草权。以我方为主起草协议，可以使得协议避免因过多修改，并使得协议各项条款能够顺利执行。同时，可也以避免对方利用起草协议的机会在协议中留下"伏笔"，造成我方无法按协议条款履行，而导致我方蒙受损失。

（二）注重权利义务和条款表述的严谨性

1. 追求权利义务的平等

协议条款必须体现双方权利与义务平等的原则。协议条款对双方义务和权利的规定不是偏向于某一方的，而是公正地赋予双方的利益和应尽的义务。但有时在合同中一方有意设有陷阱，而另一方谈判者应当警觉，为了体现合同公正性，就应要求对方列有补救的条文，就是让第三者检验合同文本，以保证合同的有效性。

例如，在上海甲企业与乙企业的合资谈判后，合同草案甲乙双方享有的权利与承担的义务平等。甲乙双方交第三方在对合同草案审议时发现，合资后企业管理方与投资方是由同一个公司控制的，这样管理方与投资方若采用转移资产的办法侵吞合资企业的利润，届时甲乙双方将对此束手无策。为此，甲乙双方谈判者直接与合资后的企业管理方与投资方进行谈判，阐明立场，最后对方接受了甲乙方的观点，在合同条款中做了修改，避免了以后可能出现的一系列纠纷。

2. 条款内容表述的严谨性

在协议条款中用词要准确、专业，涉及法律方面的术语及其表达方式应力求标准、规范。如果无统一标准，则应通过反复磋商，在双方统一意见后，采用双方一致同意的文字描述。如果协议中用词含混不清或模棱两可，以及存在各种漏洞，就会造成今后履行合同时不必要的损失。

例如，有一个公司购买一幢旧楼房准备拆除后改建成新的大楼，整个合同谈判很顺利，买卖双方都签了字。然而，签订合同时，买方人员疏忽大意，没有对住户搬出旧房子的最后期限做出明确的规定，结果买方签订合同并支付了款项后而盖新楼的计划，却因原住户不肯腾房而迟迟不能动工。买主遂要求卖方赔款，卖方不同意。上述案例说明，如果当事人在签订合同时更加严谨些，这个问题应该会避免的。

三、商务谈判的技巧

（一）保持与谈判人员的有效沟通

在商务谈判中，与最终决策者保持良好的沟通有利于谈判成功。如果参加谈判人员与决策者有在信任基础上的良好沟通关系，那么谈判过程可以保持信息沟通及时、准确，决策者的意见反馈可以迅速在谈判中体现，谈判的基本取向也不会存在偏差。

同时，在商务谈判中，谈判队伍内部和谐的人际关系决定了这支队伍的战斗力和凝聚力。而且,谈判人员处理好与其他部门间的人际关系,也有利于推进谈判的进程,提高整个谈判的效率,提升谈判的成功率。

名人名言

有效的沟通取决于沟通者对话题的充分掌握,而非措辞的甜美。

——葛洛夫

(二)重视文化差异

在商务谈判中,因受不同文化的影响,商务谈判风格差异很大。如,西方人往往把复杂的谈判分解为一个个较小的问题,然后再依次解决;而在东方文化中,谈判往往是采取一种通盘考虑的方法。因此,在商务谈判中,针对不同文化背景的商业伙伴,注重文化差异的谈判管理,对于提高谈判效率是十分重要的。

因此在商务谈判中,要注意以下几个方面。

1. 谈判前要了解对方的文化差异和宗教习俗

所有这些准备必须考虑到可能的文化差异。例如,对谈判间布置方面的文化差异对合作有可能会产生影响。如对宗教观念较重的谈判对手,如果房间和饮食安排不当、较随便,可能会引起对方的不安甚至反感。

2. 谈判方式也因文化而异

美国人干脆直爽,直截了当,重视效率。他们习惯于按照合同条款逐项进行讨论,解决一项,推进一项,尽量缩短谈判时间。同美国人谈判,就要避免委婉的表达方式,如有疑问,要逐一地问清楚,以免日后引发双方的利益冲突,甚至使谈判陷入僵局;而日本人工作认真、慎重、礼貌、耐心。他们讲究礼节,彬彬有礼,注重建立和谐的人际关系,重视商品的内在质量。

此外,谈判时限的控制不同文化也有不同。如欧美文化的时间观念很强,对他们来说时间就是金钱。而中东和拉丁美洲文化的时间观念则较弱。因此,在商务谈判中,对谈判时限的控制应有所准备。

(三)注重谈判语言表达的技巧

名人名言

质朴却比巧妙的言辞更能打动我的心。

——莎士比亚

在商务谈判中,一般应在谈判语言表达上遵循以下原则。

1. 开门见山,表明立场

商务谈判涉及的内容往往比较重要,话题也比较复杂。因此,在开始谈判时,谈判者在陈述本方观点时应当,简明扼要,直奔主题,即所谓"开门见山"。但是应当强调的是,谈判者也要表明本方一个基本的立场和态度,如"我方真诚愿意参加本次谈判"或"我方结算方式是与其他合作方合作时所惯用的做法"或"我方希望与贵方在今后的发展中加强合作的态度"等类似的表态,这些话语可以拉近双方的距离,可以取得对方足够的信任与好感。

谈判语言要讲究表达的策略。但是,若让对方觉得我方欲运用某种策略达到某个目的的话,这样说话的效果就会打很大折扣。一般而言,在能坐到谈判桌边来,双方均是有备而来,再巧妙的策略也会被人看出。而且,谈判一方的诚意受到怀疑,哪怕其实你并非别有用意,对方也会报以防备心理或会半信半疑。要避免这种情况,最好的办法是干脆放弃对语言的策略性的运用,以诚相见,平等交流,以理服人,以情动人。

2. 营造友好、坦诚、平等的谈判氛围

谈判气氛,是双方谈判人员之间相互影响、相互作用所共同形成的人际氛围。在谈判活动中,只有尊重对方、理解对方,才能赢得对方的尊重和信任。如何营造谈判气氛对谈判的成功十分重要。谈判双方站在各自的立场为争取各自的利益。然而,如果你总是一副严肃的面孔没有一点活泼的气氛,谈判场所死气沉沉总给人一种压抑的感觉,于是可能会出现协议的谈判日期一推再推情况。

因此,我们应该主动去营造良好的谈判气氛。轻松愉快的气氛能缓解谈判中的紧张情绪增进双方的理解。在良好的氛围下人们更容易被尊重也更容易获得信心和实现谈判成功的愿望也会有所提高。

在营造谈判的氛围上,交谈时要自然,要充满自信。态度要和气,语言表达要得体。要注意必要的文明用语和礼节。例如,谈话距离要适当,不要唾沫四溅;手势不要过多、过大,不要用手指指向别人等。交谈内容一般不要涉及对方不愉快的事情,也不要径直询问对方履历、工资收入、家庭财产、衣饰价格等个人生活问题;与涉及对方反感的问题要表示歉意。

3. 商务谈判中语速,语调控制

在谈判中,语速、语调和音量的控制是十分关键。在交谈中,陈述意见要尽量做到平稳中速,抑扬顿挫。如果说话太快,对方往往难以掌握你说话的意思,难于正确领会和把握你的实际意思。有时还会给对方造成你敷衍了事、完成任务的印象,反而使对方无法做出应有的反应,导致双方沟通受阻。如果说话太慢,吞吞吐吐,欲言又止,容易被对方认为所陈述内容不确定,缺乏自信的感觉。

所以,在商务谈判中应注重表达的效果,了解语速、语调和音量对意思的表达有较大的影响。陈述观点时应具体而生动,避免令人乏味的平铺直叙。说到重点问题时,应加重语气,以提醒对方注意。例如,"我建议我们现在就放弃这一提议"。

这句话中,放弃是重点,要用重音强调。当然,音量当然不能太大,太大有些刺耳。停顿可整理自己的思维,引起对方注意,观察对方的反应,促使对方回话,强迫对方下决定等。但停顿要运用得恰到好处,既不能太长,也不能太短。话筒的位置也很重要,不要直接对着嘴部,要放在嘴的左下角,这样对保持正常说话音量和良好音质。

4. 抓住时机，肯定共识

在谈判中，当发现双方的观点基本一致时，谈判者应迅速抓住时机，肯定这些共同点。如有可能，还要想办法及时补充、发展双方的共同点，引导、鼓励对方增加双方的共识，将谈判推向高潮。赞同、肯定的语言在谈判中常会产生积极的作用。一是交谈一方适时肯定另一方的观点，会使整个谈判气氛变得活跃、和谐起来，使双方走出陌生感和对立感进而产生一致感，并悄然地拉近双方的距离，为促成协议奠定基础。

在此基础上，双方本着求大同存小异，并在互惠互利的基础下达成协议就较为容易。当然，对待对方要态度诚恳，要恰如其分，不可言过其实。当对方赞同或肯定我方的观点时，我方应适当回应，如点头、微笑等进行互动交流。

5. 巧破僵局，掌握主动

商务谈判应在友好、坦诚、平等、互利、合作的基础上进行的，但有时候也可能会因各种复杂的原因致使谈判陷入僵局。一旦出现僵局，谈判人员就应视不同的情况采取不同措施尽快地加以解决。为此，对双方观念差异较大的地方，谈判人员需针对引起僵局的根源，循循善诱、合情合理地让对方理解己方的观点，在此基础上，采取积极灵活的措施化解分歧。例如，甲乙双方为价格争执不下，此时，甲方主动放弃了要求乙方立即支付 50% 的定金要求，改为仅支付 20% 的定金。这样，乙方也就很快接受了甲方的原报价。这种以退为进策略，退是仅仅是形式上退让，但这种让步使乙方能从甲方的退让中得到心理满足，不仅思想上得到放松，而且作为回报，乙方也会满足甲方的价格要求。

一般而言，在谈判中，谁能够率先打破僵局，即便是因本方主动地让步而实现的，但在进入下一个议题前，这一让步会在心理和进程上会使己方赢得主动。

第四节　商务谈判的礼仪与修养

随着我国经济活动的日趋频繁，人们在销售商品，采购原材料，引进技术与设备，洽谈经济与技术合作等项目时，都离不开谈判。而谈判人员礼仪修养的高低是谈判成功与否的重要保障，商务礼仪可以说贯穿于整个谈判的过程之中。因此，在市场经济活动中，有必要遵循一定的礼仪规则和规范。

一、商务谈判中应遵循的礼仪原则

1. 要始终遵循相互尊重和友好的原则

商务礼仪是人们在商务活动中，用以维护企业或个人形象，对交往对象表示友好和尊重的行为规范和惯例。它包括仪表礼仪、仪容礼仪、沟通礼仪、举止礼仪、信函礼仪、电话礼仪、谈判礼仪、宴请礼仪、国际商务礼仪等。随着商业活动越来越全球化，商务礼仪扮演着越来越重要的角色。一个人的言行举止体现着其在社会活动中的身份、地位、社会角色、道德水平和教养的程度，见案例 6-3。

案例 6-3

告吹的数百万元办公用品的生意

某公司新建的办公楼须要添置一系列的办公用品,价值数百万元。公司的总经理已做了决定,向 A 公司采购这批办公用品。此日,A 公司的销售部负责人,要上门访问这位总司理。总经理筹算,等对方来了,就在订单上签字盖章,定下这笔生意。不料对方比预定的时候提前了 2 个小时,总经理没料到对方会提前到访,刚好手边又有事,便请秘书让对方等一会。

这位销售员等了不到半小时,就开始不耐心了,一边整理起材料一边说:"我还是改天再来访问吧。"这时,总经理发现对方在整理材料准备离开时,将自己刚才递上的名片不小心掉在了地上,对方却并没发觉,走时还无意从名片上踩了过去。但这个不大的举动,却令总经理改变了初衷,几乎到手的数百万元办公用品的生意也告吹了。

(http://www.wenda.haosou.com/q/1363755198063076? src=150)

在当今社会,商务礼仪已经成为现代商务活动中必不可少的交流工具,由于竞争的加剧,使企业与企业间所提供的产品和服务差别不大,此时企业的服务和礼仪就成为影响客户选择产品的重要因素;同时礼仪也体现了一个企业的文化氛围和员工的素质,是企业形象的重要标志,对现代企业来说,学习商务礼仪,已成为企业提高美誉度、提高竞争力的重要手段。

在商务谈判中,商务礼仪也是影响谈判的气氛与进程的一个重要因素。跟商务伙伴初次打交道,特别是高层交往,不注意一些细节,令对方感到不受尊重,或者认为双方差距较大,不值得交往。

因此,商务谈判人员要十分注意社交礼仪规范,尊重对方的文化背景和风俗习惯。比如,在对外商务谈判活动中,翻译人员不光要跟随本方主要人员一起活动,及时翻译,同时,除了在谈判场上要恪尽职责外,还应该在谈判场外多做些穿针引线,促进双方沟通、了解,增进彼此友谊、信任的工作。这对于赢得对方尊重与信任,推动谈判顺利进行,会起到积极地推动的作用。

2. 要始终维持和谐谈判气氛的原则

一个良好气氛的营造是和得体的礼仪行为分不开的。从会谈一开始,谈判人员就应特别注意谈吐举止的礼仪修养。态度应热情诚恳,以便先入为主,使对方感到亲切、自然、富有诚意。这样,有助于消除双方的距离感。彼此介绍、寒暄之后,不宜马上进入会谈正题,这时,应选择一些与正题不相干的中性话题比较合适。因为中性话题容易引起双方共鸣,产生一致感。

业务洽谈中,常用的中性话题范围很广,如天气变化,最近的社会热点新闻或热点人物,股市行情,也可以谈谈个人爱好等。另外,谈判者的作风和个性往往会严重地左右会谈的气氛。在国际商务谈判中,作为谈判小组的成员,一个举止文雅、谈吐不俗的翻译会赢得谈判对手的好感,这将有利于增进彼此的信任和交往的愉快。在针锋相对的谈判场合,更需要用轻松的幽默来化解。

谈判不只局限在会议桌旁,越是棘手的谈判,越需要重视私下里的接触,这不但可以弥补会议桌上的不足,甚至可以对谈判的成败产生影响。而这私下的接触正是你充分施展幽默魅力的最佳时机。如果能给对方留下"尽管在谈判中是难缠的对手,但这个人还是令人喜欢的"印象,无形中会在谈判时给你很大的帮助。

名人名言

人无礼则不生,事无礼则不成,国无礼则不宁。

——荀子

3. 要始终遵循平等互利的原则

商务谈判双方的最终目的都是想尽可能地取得符合本方利益。因此,在谈判中,双方应本着互谅互让的原则,说服对方满足本方的要求,同时还要尽量满足对方的利益要求。为了争取本方的利益,双方谈判者免不了会发生异议、争执等,但应注意避免正面冲突。如果只顾本方一时的口舌之快,将对方逼得无路可退的话,这样只会导致谈判破裂,双方都得不到一点利益。真正的商务谈判应以互利互惠,互有所得,实现双赢为目标。

所以,在谈判中,重在让对方理解本方观点和立场。这就要求谈判者以理服人,以情动人。问询时应以礼为重,语言委婉得体,问话内容尽量不要使对方难于回答。一旦发现对方面有难色,或流露不悦神情,就应停止问询并及时调换话题,以免使对手产生防范心理,甚至采取不合作态度。当被对方回答本方提出的问题时,本方人员应注意倾听。如对对方回答不满意,应等对方答完问题后,再行提问。随意打断别人的谈话,不等对方说完就进行批驳,都是不礼貌的行为。被查问一方回答提问时,也应态度坦诚,简洁明了,实事求是地针对对方所问予以回答。

辩论是谈判中不可避免的,关键是要控制情绪,保持冷静。双方代表都希望谈判能朝着有利于本方的方向发展。若不加控制,不同观点的交锋很容易就变成了谈判人员的个人冲突。因此,要求同存异,在辩论时一定要对事不对人,语言不要过激,这也是谈判人员礼仪修养的重要内容。

名人名言

礼仪周全能息事宁人。

——儒贝尔

二、商务谈判需注意的礼仪细节

在商务谈判中一些礼仪细节尤其不可忽视。一般来讲,商务谈判中需关注的细节问题有以下几点。

(一) 商务谈判之前

商务谈判双方接触的第一印象十分重要。本方谈判者作自我介绍时要自然大方,不可傲慢无理。一般被介绍到的人应起立微笑示意等。索要对方名片要客气。如"请教尊姓大名"等。交接名片,要用双手。介绍完毕,主持人可选择双方共同感兴趣的话题进行交谈。

商务谈判之前不光要确定本方谈判人员,还需注意着装是一种无声的语言,它显示一个人的个性、身份、涵养和阅历等多种信息。得体的穿着打扮有助于塑造个人美好外在形象。这就需要注意着装礼仪,即商务人员在工作岗位上的穿着打扮的礼仪规范。着装礼仪要求商务人员的穿着打扮应符合职业特征和行业规范。

所以,商务谈判代表要有良好的综合素质,商务谈判前应整理好自己的仪容仪表,穿着要整洁正式、庄重。男士应刮净胡须,穿西服必须打领带。女士穿着不宜太性感,不宜穿细高跟鞋,应化淡妆。布置好商务谈判会场,采用长方形或椭圆形的商务谈判桌,门右手座位或对面座位为尊,应让给客方。

(二)商务谈判之中

1. 创造良好的商务谈判气氛

商务谈判时,言谈举止要尽可能创造出友好、轻松的良好商务谈判气氛。商务谈判见面之初,介绍与自我介绍是重要的一环。较正式的谈判场合,介绍的礼仪规则是:不分男女老幼,只以社会地位的高低作为衡量标准,遵从社会地位高者有了解对方的优先权的原则。地位高者应主动伸出手来和对方相握,并礼节性地寒暄几句,以表示因为相识而感到高兴。若备有名片,可适时递上。非正式的、较小范围的业务洽谈,介绍则不必拘泥礼节,可以不讲究介绍的规则。如果大家都是同行,就更应以自然、轻松为宜。

较小范围的业务洽谈,双方还可以采取自我介绍的方式。介绍要大方、得体,吐字清楚,说话速度不要太快,以免对方听不清楚。介绍时,目光应始终注视对方,如果对方是两人以上,最好采用环视大家的方式,不要把目光只集中到一个人身上,这样可以体现出对所有人的尊重之情。

2. 商务谈判的举止姿态也对控制商务谈判气氛起着重要作用

谈判者应目光注视对方时,目光应停留于对方双眼至前额的正方的三角区域,这样使对方感到被关注,觉得你诚恳自然。介绍事物或人要手心朝上,手势自然,不宜用手指,以免令人产生轻浮之感。切忌双臂在胸前交叉,那样显得十分傲慢无礼。商务谈判之初的重要任务是摸清对方的底细,因此要认真听对方谈话,细心观察对方举止表情,并适当给予回应,这样既可了解对方意图,又可表现出尊重与礼貌。

若对一方提出的观点产生异议时应坦诚、友好地提出,态度要开诚布公。切忌言辞过激,以免引起对方反感甚至恼怒。但对原则性问题应当力争不让。对方回答陈述观点时不宜随意打断对方,当对方将本方所提问题答完时要向解答者表示谢意。若事关双方利益双方讨价还价时,更要注意保持风度,应心平气和,求大同,存小异,切忌情急而失礼,语言措词应文明礼貌。在人数较多的场所进行一般性交谈时,要适当压低声音,不要干扰他人交谈。如需解决矛盾时,要保持耐心、冷静、灵活处理,可以暂时转移话题,稍作休息后再重新进行,切不可冷场、赌气。

3. 信守承诺

"言必信，行必果"是做人应有的基本教养。商务谈判的实质性阶段，谈判双方主要是价格、付款等问题进行磋商。一方报价要明确无误，恪守信用，不欺蒙对方。在商务谈判中报价不得随意变换，一旦对方接受价格，双方即不再更改。在与开展谈判活动时，不论是谈判，还是拟定协议，都要讲信用、守承诺，不失信于人。这样才能取信于人，加强双方的了解，为今后长期合作打下坚实的基础。

4. 不卑不亢

做人首先需要自信。谈判者要敢于展示个人能力，对待事物要实事求是，也不夸大其词。在谈判时，不能过分谦虚，更不要贬低自我，以免被人误会。

（三）商务谈判之尾

要善于表现本方良好素质和教养。教养体现于细节，细节展现素质。在西方国家的人际交往中，人们讲究女士优先，这要求男子在社交场合中要有良好教养，注意自己的言行举止，尊重妇女，关心妇女，照顾妇女。

例如，在签约仪式上，双方参加商务谈判的全体人员都要出席，共同进入会场，相互致意握手，然后一起入座。签字完毕后，双方应同时起立，交换文本，并相互握手，祝贺合作成功。其他随行人员则应该以热烈的掌声表示喜悦和祝贺。但要特别注意，一般女士没有主动伸手，男士不宜要求与其握手。

【本章小结】

通过本章的学习，我们简要了解商务谈判中需要注意的谈判礼仪，熟悉商务谈判不同阶段的主要内容，掌握并理解商务谈判的内涵及原则，掌握商务谈判的具体步骤及谈判中的策略和语言技巧，帮助谈判者提高商务谈判的把控力。

【实训题】

1. 作为主谈人为什么要强调控制自我？自我控制手法有哪些？
2. 谈判陷于僵局又不想马上让步时，以什么用语进行谈判为宜？
3. 案例分析题。

某饮料厂欲购买美国固体橘汁饮料的生产技术与设备。派往美国的谈判小组包括以下四名核心人员：该厂厂长、该市主管工业的副市长、市经委主任和市财办主任。

问题：

(1) 如此安排谈判人员说明中国人的谈判带有何种色彩？
(2) 如此安排谈判人员理论上会导致什么样的后果？
(3) 如何调整谈判人员？
(4) 进行上述调整的主要理论依据是什么？

第七章　商务网络沟通

【学习目标】

1. 掌握：商务网络沟通的方式、优势，局限性及技巧；
2. 熟悉：商务网络沟通的一般礼仪、电子邮件礼仪、即时通信礼仪；
3. 了解：网络沟通的含义，商务网络沟通与传统商务沟通的异同。

【开篇案例】

博主的力量

某厨房用具公司开发的一种小型微波炉，产品质量不错，但实力有限，一直打不开局面。后来，他们制定了实施互联网营销的策略，在全国范围内寻找到几十个有影响力的家庭主妇博客，这些博主平时经常会把自己生活的心得写在博客上，如烹饪、相夫教子等，她们都有一大批同类的"粉丝"。

这家微波炉企业通过细致的调研后，发现这些博客的粉丝与他们的目标客户完全一致，于是找到这些博主，每人送了一台微波炉，让她们写写使用产品的心得以及利用微波炉烹饪食品的方法。结果，不到一个月，销量就增加了几千台。这家企业投入的仅仅是几十台产品，收到的效果却比投入几十万广告还要好。

现今，使用网络已经成了人们的习惯。人们已经对它产生较大的依赖，在网络上，出现了一大批职业的博客写作者，某些知名的博客每天都有几万甚至几十万的浏览者，他们所写出的信息得到了极大的传播，且博主的意见已经在很大程度上影响着"粉丝"们的思想。企业利用这个网络资源能起到低成本、快传播的目的。

第一节　商务网络沟通概述

沟通是人类组织的基本特征和活动之一，是现实生活中人们必不可少的活动。网络作为一种新兴的传播媒介，已经以飞快的速度延伸到社会的各个层面和角落，推动了信息社会的发展。

网络时代，人的社会关系、交往方式、生活方式、消费方式开始网络化，而且，网络作为人的最新交往工具，极大地拓展了人的交往范围，加深了人的交往程度，改善了人的交往条件，使人交往的主体性在质和量上都有了显著提高。通过网络这一平台，传统的日常沟通方式与商务沟通方式都有很大程度的改变。

一、网络沟通概述

霍华德·莱因戈德（Howard Rheingold）是较早把网络沟通作为独立的对象进行系统观察和研究的人之一。他提出："网络沟通将从三个相互联系的方面对现实生活产生影响。首先，在媒介饱和的年代，网络沟通将重新塑造大学生的个性和情感。其次，网络沟通提供的是多对多模式，因而也将对群体观念和人际关系构成挑战。最后，则是对民主政治社会的影响，网络沟通挑战了权力集团对传播媒介的垄断，并有望使建立在市民参与基础上的民主政治重焕生机。"

关于网络沟通，有观点认为："网络沟通是指企业通过信息内容技术 IT 的计算机网络来实现企业内部的沟通和企业与外部相关关系的沟通活动。主要形式有微信、E-mall、网络电话、网络传真、网络新闻发布。"国内学者提出："网络沟通是指以计算机因特网络为媒介，在两个或两个以上的主题传递、交换或分享任何种类的信息内容的任何过程。"

网络沟通方式可以从技术特点角度去界定，也可以综合考虑参与沟通的用户特征、不同社会情境下的沟通行为以及其他任何与沟通相关的一系列因素去定义。总之，网络沟通区别于电话、书信、面对面交流等传统沟通方式，本质上是人们通过互联网和计算机进行沟通。因此无论怎样界定，网络沟通离不开人类沟通这个中心。综上，网络沟通是指人们通过互联网（包括移动互联网）利用计算机、手机等各类终端进行交互式通信与交流。

随着科技的发展以及计算机网络的普及，网民也在不断增加，能够选择的沟通工具日益增加。除了传统的面谈、电话、短信及几乎消失的书信之外，出现了大量的网络沟通方式。如 QQ、飞信、微信、阿里旺旺，以及网上论坛、微博、网站等。随着科技进步和网络的普及，传统沟通方式已经满足不了人们的心理需求，而网络沟通方式由于经济实惠、方便快捷等原因获得用户的青睐。

互联网沟通工具功能的发展有一定的中国特色，根据相关调查，中国网民对互联网沟通工具功能的利用深度较好。即时通信在中国异常发达，九成的网民都使用这种网络聊天功能，但是在美国和韩国的使用率不到 50%；在美国和韩国电子邮件使用率已经超过了 90%，但在中国只有 55.4% 的网民在用。

二、商务网络沟通

商务工具随着时代和科技的发展不断变迁。早在 1839 年，当电报刚出现的时候，人们就开始了对运用电子手段进行商务活动的讨论。随着电话、传真、电视 等工具的诞生，商务活动中可运用的工具进一步扩充。如通过企业内部网（intranet）、外部网（Extranet）和互联网（intranet）进行的商务活动。

电子商务通常是指在全球各地广泛的商业贸易活动中，在开放的网络环境下，基于浏览器/服务器应用方式，买卖双方无须谋面，就可以进行各种商贸活动，实现消费者的网上购物、商户之间的网上交易和在线电子支付以及各种商务活动、交易活动、金融活动和相关的综合服务活动的一种新型的商业运营模式。近年来，随着计算机及网络技术的迅速普及，电子商务更是获得了迅速发展。除了传统互联网交易，手机网上交易也日渐增多。2014 年，中国网民手机商务应用发展大爆发，手机网购增长 63.5％，远超其他手机应用增长幅度。

商务网络沟通指电子商务过程中使用互联网进行的各项沟通活动。美国著名营销专家罗伯特·劳特朋（Robert F. Lauterbonr）于 1990 年提出的一种现代营销理论——4C 营销理论。4C 营销理论强调以客户（Consumer）为中心进行营销，关注并满足客户在成本（Cost）、便利（Convenience）方面的需求，加强与客户的沟通（Communication）。4C 理论的最后一个 C 就是沟通。可见沟通在商务环境中的重要性。

与日常沟通主要使用口语沟通有所不同，网络沟通主要使用文字进行沟通，属于语言沟通的书面语言沟通，近年来随着网络的普及，在一些即时信息聊天软件中，音频与视频的比例较之前有所增加，但在以商务为目的网络沟通中，还是以文字沟通为主体。

在现今的商务环境中，互联网络使企业与客户的沟通更容易。网络的空间几乎是无限的，企业可以利用文字、声音、影像等多种技术在网上全方位地展示产品，介绍其功能，演示其使用方法，建立征询系统，甚至可以让消费者参与产品的设计，向客户传达企业提供的各种服务。同时，客户可以随时从网上获得这些信息，而且在网上存储、发送信息的费用都远远低于印刷、邮寄或电话的费用。

当前，我国电子商务发展正在进入密集创新和快速扩张的新阶段，服务受到关注。例如，商家需要改善客户服务的质量，进一步提高企业的生产效率，使其在市场中更具竞争力等，都和网络沟通密切相关。

第二节　商务网络沟通的特点

一、商务网络沟通常用方式

互联网的产生将人类沟通的广度和效率都带到了前所未有的高度，而网络沟通工具最主要的功能就是用于互联网交流。当今社会，网络沟通工具就像移动手机终端一样成为我们日常交流和维系社会关系不可或缺的东西。

而在互联网交流中，网络沟通工具出现的初衷就是为人类的沟通和交流提供便利。

目前网络技术发展日新月异，网络沟通方式也层出不穷。根据网络沟通的主体情况，网络沟通方式可分为以下三种："一对一"方式，如 IM 即时通信、电子邮件等；"一对多"方式，如企业网站 FAQ 等；"多对多"方式，如网络社区等。

1. IM 即时信息

即时通信（Instant Messenger，IM）是指一种可以让用户借由互联网（或者移动互联网）进行文字、音频、视频实时流的通信服务。也就是通常所说的在线聊天工具，是一种即时的在线信息沟通方式，可以随时得到对方的回应。2007 年，即时通信以其能实时交流的便捷性兼具丰富的娱乐社交功能超越电子邮箱用户使用率。

2014 年，CNNIC 发布的第 35 次报告显示，2014 年即时通信作为第一大上网应用，在网民中的使用率继续上升，达到 90.6%，成为最受用户青睐的网络沟通方式。目前常用的即时信息工具有国外的 ICQ、MSN 等，以及国内的腾讯公司的 QQ、阿里巴巴的阿里旺旺、网易泡泡等。

现在的即时通信不再是一个单纯的聊天工具，它已经发展成集交流、资讯、娱乐、搜索、电子商务、办公协作和企业客户服务等为一体的综合化信息平台。如阿里旺旺和阿里巴巴网站完美结合，充分利用其拥有百万商业会员的商人资源库，买卖双方可以直接对话、联系，甚至进行商务洽谈。

名人名言

互联网已经从"网民""网友"时代进入"网商"时代，等你看清楚时已经晚了。

——马云

---

2. 电子邮件

电子邮箱是指邮件服务商向用户提供电子邮件收发服务，核心价值在于实现用户之间的信息传递和沟通交流。它是 Internet 应用最广的服务，通过网络的电子邮件系统，用户的文字、图像、声音等信息可以用非常快速的方式与世界上任何一个角落的网络用户联系。同时，用户可以得到大量免费的新闻、专题邮件，并实现轻松的信息搜索。这是任何传统的方式也无法相比的。

正是由于电子邮件的使用简易、投递迅速、收费低廉、易于保存、全球畅通无阻，使得它被广泛地应用，它极大地改变了人们的交流方式。另外，电子邮件还可以进行一对多的邮件传递，同一邮件可一次发送给许多人。电子邮件不仅是互联网世界的通行证，同时也承载了人们工作和社交等重要的沟通需求。

合作接洽与沟通是电子邮箱使用的重要功能，其次是文件资料的传递与共享以及考勤等行政事务处理。电子邮件作为一种延时互动、全天候的交流工具，其有档可循的主题式信息交流方式，在复杂而正式的工作沟通上不可替代。

3. 网络论坛

网络论坛，又名网络社区（Bulletin Board System，BBS），即电子公告板，它最主要的功能是用户可以自由发布主题和回复帖子，不限内容主题，交互性强。

单位或个人在互联网由于共同的兴趣和爱好、互相交流而在互联网上形成的一个互惠互利的群体。社区的本质是人和人的互动关系，而各种互联网服务体现这种互动关系的趋势可以称之为社区化。在商务网络沟通中，商家可通过社区成员间的交流和讨论中逐步宣传推广及营销产品。

4. 博客

博客是英文 Weblog 或 Blog 的译音，又译为网络日志、部落格等。它是按时间顺序以文章的形式在网络上不定期发表内容的一种方式。2005 年，新浪推出博客业务，成为国内首家非专业博客服务网站推出博客业务的服务提供商，在新浪网的带动下，其他门户网站也纷纷开辟了博客业务。

目前，微博（Microblog）也逐渐发展成最重要的网络沟通方式之一，微博是微博客的简称，是一个基于用户关系的信息分享、传播以及获取平台，用户可以通过 Web 以及各种客户端组建个人社区，及时更新信息，并实现即时分享。

5. 企业网站 FAQ

FAQ 是英文 frequently asked questions 的缩写，中文意思就是"常见问题解答"，FAQ 是一种一对多的网络沟通方式。在商务网络通过中，FAQ 是一种常用的在线沟通方式。通过 FAQ 系统，商家可以回答用户平时对企业产品知识、产品使用、售后等的大部分问题，这样不仅方便了用户，也大大减轻了网站工作人员的压力，节省了大量的顾客服务成本。

6. 网络新闻发布

网络新闻是突破传统的新闻传播概念，在视、听、感方面给受众全新的体验。它将无序化的新闻进行有序的整合，并且大大压缩了信息的厚度，让人们在最短的时间内获得最有效的新闻信息。网络新闻的发布可省去平面媒体的印刷、出版，电子媒体的信号传输、采集声音图像等。

7. 网络电话

网络电话（Internet Phone，IP）按照信息产业部新的《电信业务分类目录》，实现 PCtoPhone，具有真正意义的 IP 电话。系统软件运用独特的编程技术，具有强大的 IP 寻址功能，可穿透一切私网和层层防火墙。

无论是在公司的局域网内，还是在学校或网吧的防火墙背后，均可使用网络电话，实现电脑—电脑的自如交流。无论身处何地，双方通话时完全免费；也可通过计算机拨打全国的固定电话和手机，和平时打电话完全一样，输入对方区号和电话号码即可。

8. 网络传真

网络传真也叫电子传真（Internet facsimile，eFax），是基于 PSTN（Public Switched Telephone Network）和互联网络的传真存储转发。它整合了电话网、智能网和互联网技术。原理是通过互联网将文件传送到传真服务器上，由服务器转换成传真机接收的通用图形格式后，再通过 PSTN 发送到全球各地的普通传真机或任何的电子传真号码上。

二、商务网络沟通的优势

与传统的沟通方式相比，网络沟通时效性更强，反馈更为迅速，交流更加灵活，交流范围更加广泛，并在一定程度上弥补了传统沟通交流模式的一些明显缺点。优势主要有以下几点。

1. 及时便捷

网络沟通工具的目的就是提高用户的沟通效率,使沟通的整个过程更快捷,让人与人的心理距离更接近,交流更省心。无论距离有多远,只要有网络,人们就可以通过打字或者语音甚至是视频的方式进行交流沟通,互联网带来的这种变化是惊人的。

近年来,微信集中了短信和电话的优点,可以通过语音的方式向对方传送消息,不要求对方立即回复,节约了双方的时间机会成本,而且还非常快捷、顺畅。

微信一经推出就得了人们的认可。尤其是现在智能手机和平板电脑的普及,让人们使用网络更便捷,不受时间、地域等自然因素的影响,在有网络的地方,就可以使用在快节奏的生活当中,碎片时间得以充分利用。

CNNIC(中国互联网络信息中心)发布的第35次《中国互联网络发展状况统计报告》(以下简称《报告》)显示,2014年即时通信作为第一大上网应用,在网民中的使用率继续上升。

《报告》显示,截至2014年12月,我国网民规模达6.49亿,互联网普及率为47.9%。其中,手机旅行预订以194.6%的年度用户增长率领跑移动商务类应用,O2O市场快速发展,成为引领行业的商务模式。我国互联网在整体环境、互联网应用普及和热点行业发展方面取得长足进步。目前常用的即时信息工具有国外的ICQ、MSN等,以及国内的腾讯公司的QQ、阿里巴巴的阿里旺旺、网易泡泡等。

2. 经济实惠

畅通无阻的交流是用户对沟通工具最基本的要求,如果多种沟通工具在这方面几乎无差异,用户将会考虑价格因素。消费者是理性的,倾向于选择经济实惠的产品。所以,飞信和微信都成为典型的成功案例。

飞信节省了用户的短信费,而微信的语音服务对运营商的通话费用产生了巨大的冲击。不仅快捷高效,而且费用低廉,所以都成为用户的掌中宝。

3. 自我表达及影响力需求

不论是主动发布,还是评论转发,所有信息的分享都是用户自己对于信息的主观意愿表达。基于自我表达之上的,是人们对于信息分享的影响力需求。人们不再只是信息的接受者,同时希望成为主动的发布者和参与者。

在网络论坛中,拥有相同兴趣爱好的人们可以聚集在一起,分享经验,表达感受。人们对产品使用的经验和分享,在一定程度上也推动了电子商务的进程。尤其是一些名人,对广大网民起着比较大影响作用。

4. 轻松愉悦

利用互联网,享受轻松愉悦的网络生活,是人们对于网络的基本需求之一。其中,"轻松"是吸引绝大多数互联网用户开展娱乐活动的先决条件。轻松并不单指内容层面上的轻松,同样包含着生活方式上的轻松,比如操作易于上手,不收费等。尤其是智能手机的普及,手机移动端给人们带来随时随地的网络娱乐和沟通。

5. 信息含量大

网络沟通中,人们可灵活便捷的交流大量视频、图片等信息,弥补了传统的语言和非语言沟通中信息渠道较单一的缺点。并且信息可以储存在计算机或手机当中，让人们通过沟通得到多方信息资源。见案例 7-1。

案例 7-1

火爆电商背后的思考

　　根据中央网信办信息化发展局对重点电子商务平台的监测，2014 年 11 月 11 日，我国网络零售额再创历史新高。初步数据显示，综合性网络零售平台天猫商城当天的网络销售额达到 571 亿元。以品牌特卖为主的唯品会网络销售额达 3.46 亿元。以高端食品为主的顺丰优选网络销售额为 7200 万元。随着其他电商数据的陆续披露，可以看到"双十一"已名副其实地成为中国乃至全球最大规模的商业促销活动。

　　与往年相比，当年的"双十一"网络零售除规模更大外，还有三个突出特点。一是参与企业范围更广。大量线下商户加入由电商发起的"双十一"促销阵营，同时，影响力开始向国外渗透，有一定规模的国外商户和国外商品加入到"双十一"促销。二是移动交易更多。今年，移动端正式成为与 PC 端并驾齐驱的主流渠道。三是更加注重消费者利益保护。政府有关部门在事前采取了一系列行动，督促和帮助电商企业采取有效措施保护消费者利益，各大电商企业在产品质量保障、物流保障、技术保障、售后服务、改善消费者体验等方面较往年显著加大了力度。

　　(http://gb.cri.cn/42071/2014/11/12/3245s4761644.htm)

　　思考：日益火爆的电商伴随而来的客服服务，售后服务，改善消费者体验等方面的问题，与网络沟通的关系如何？可以怎样改善提高？

三、商务网络沟通的局限性

　　网络的便捷传递、高速传达的特性显然是其对人际沟通和人们的生活有积极作用和影响，但网络沟通的方式决定着它也存在着不可避免的局限性。

1. 沟通方式的局限性

　　网络沟通在陌生人沟通尤其是商务沟通中，主要使用语言沟通中的文字沟通，不利于交流信息的准确性和全面性。人际沟通可分为语言沟通和非语言沟通两部分。语言沟通主要是指由具有共同意义的声音和符号，具有系统的沟通思想和感情及话语的组合形成的交谈形式等三者所组成的一种人际沟通方式。

　　在语言沟通中，口语沟通与文字的使用都属于语言沟通的范围。而非语言沟通则主要指人际沟通过程中的肢体动作(如眼神的交流、面部表情、手势、姿态等)和环境因素(如交谈时的灯光、气温、地点、衣着、外貌等)在人际沟通中的作用。这些对人际沟通也具有更为重要的意义。

　　随着网络的发展，视频沟通和音频沟通也越来越普及，但大部分网络，通尤其是商务网络沟通，无法表达出非语言沟通方面的很多其他信息。例如，面部表情，肢体语言等。这是网络沟通与面对面沟通的显著差异所在。

尽管人们交流中会采用一些表示表情、心情的符号，或者使用语音聊天，这也只能是使交谈对方有部分感观察觉，对非语言沟通部分的信息不能完全了解。所以，网络的虚拟化、交流方式的简略化，使得网络沟通信息的准确性大打折扣。

2. 信息的可靠性

由于网络沟通文字表达占有很大比例，而文字表达更容易带有策略性，容易掺杂伪装的一面。人们在网络上可以随心所欲地展现自我，展现个性，但网络的虚拟性使得彼此之间交流信息无法真实了解，或者说无法彼此信任，这样建立起来的人际关系由于缺少双方之间全面、准确信息的互通，容易推卸责任，事后不认可所言，人际关系就显得比较脆弱。信任的建立比较困难，往往要返复多次的沟通才能在网络上建立信任。

人的能力是有限的，而人的交际能力同样是有限的。网络的广泛应用，使得人际交往在时间和空间上都得到了突破。无限的虚拟的网络世界，人们可以随意交友、交流，也正因此导致网络人际关系网的脆弱和盲目。并且在网络商务中，不乏存在卖家夸大其词，或通过虚假图片和效果误导消费者的现象。

3. 网络沟通对现实人际沟通的冲击

不能否认，虚拟的网络世界是丰富多彩的，是吸引人的。花大量的时间在网络世界寻求精神慰藉，缺少现实交流，这必然会影响到现实的人际沟通。现实生活中的人际沟通是面对面的，双方的优缺点很容易显露出来，是要直接面对矛盾的，双方友谊的建立也需要时间的磨砺，有时这种人际沟通就很难建立起来。

网络交友的大为盛行，使很多网民对现实生活中的人际沟通缺乏耐心，造成他们的现实人际关系障碍和社会角色错位，沉溺于网络而不能自拔。

4. 网络信息超负荷

网络沟通成本低、信息量大，同时也导致了信息的超负荷，人们面对大量多样化信息时，判断力受到了干扰，难以辨别和筛选，易出现"盲从"现象。

第三节　商务网络沟通的策略

一、商务网络沟通与传统商务沟通的差异

商务网络沟通与传统商务在语言沟通上的不同，是由于它们的沟通方式不同，以及由此带来的营销理念的转变引起的。传统的沟通模式采用电话查询、售后服务、跟踪调查等，需要沟通的双方必须同时出现。

个体沟通模式是指两个或者更多的人相互之间直接进行沟通的形式，具有使传授双方双向交流、针对性强、直接反应的特点。网络沟通模式兼具了个体沟通模式和传统沟通模式的特点。其特点是，内容深化、随时阅读、客户群体明确、消费行为趋于理性、多种沟通媒介的有机统一等。主要体现在以下几个方面。

1. 沟通方式的不同

传统商务营销主要通过信函、电话、面对面、电视、广播、书刊等方式进行沟通。企业通过它们将营销信息推送给顾客和利益相关者。在沟通过程中，尽管在某些情况下企业

与顾客之间有互动，但他们之间的互动通常非常有限，信息主要是从企业到消费者的单向流动；而网络营销将互联网络作为主要沟通方式，通常是由顾客在网站上搜索信息发起联系，故网络是一种拉式媒介，与传统沟通相比，营销者没有那么多控制权。

另外，在互联网络这个虚拟的世界里，双方都无法知晓对方的表情、语气等交流信号，不能及时得知对方的反映，所以不能像传统交流一样及时调整交流策略。

2. 沟通理念的不同

传统商务中的营销人员在和消费者沟通时，更多地倾向于说服消费者接受自己的观念和企业的产品。但在网络营销中，由于企业的营销理念从原来的以企业为中心转变为真正的以消费者需求为中心，所以企业在和消费者沟通时，主要是从消费者的个性和需求出发，寻找企业的产品、服务与消费者需求之间的差异和共同点，并在适当时候通过改变企业的营销策略来满足消费者的需求。

3. 沟通时空限制的不同

传统营销中企业与消费者之间的沟通具有明显的时空限制，但在网络营销中，企业与消费者在任何时刻、任何地点都可以通过互联网络进行交流，并且这种信息交流是实时进行的。

4. 一对一的沟通在商务网络沟通中得以普及

由于互联网络本身的特性，传统商务因高成本而较少采用的一对一个性化沟通方式得以普及。如淘宝网的阿里旺旺双方可以一对一进行关于产品各方面的沟通。企业可以根据消费者的个性特点，通过电子邮件等方式，进行个性化沟通。

网络营销沟通可使供需双方在互动沟通过程中，更趋向于信息对称，从而实现供方和需方一对一的深层次双向沟通。和传统的以消费者群体为单位进行的沟通相比，这种一对一的个性化沟通效果要好得多。

二、商务网络沟通的技巧

网络商务的进行过程，很大程度上就是卖家与顾客的沟通过程，是卖家与顾客之间信息传递的一个过程，沟通的成功与否在于沟通的内容和沟通的方式。商务网络沟通应该具备现实人际沟通的原则和技巧，如倾听、共情、尊重等。除此之外，还需要留意以下几个方面。

1. 信息应全面

仅有提供单一相关的图片是很不够理想的，当在与客户关于产品问题沟通上，对方会有许多针对产品的疑问提出，无论是在程序时间上都有较大的难度，可在发布产品图片的同时把产品的性能、规格型号、使用方法、功效、使用年限、售后服务、品牌优势……各项信息条理性的详细列出，便于信息的多面传达，也为下一步的沟通做好准备。

2. 注意态度

有的企业对于客户的回复的不及时，不热情。其实网络商务与传统商务的待人之道没有太大的区别，因为不论在网上还是实地，沟通的对象都是人，在网上也要让客户感受到热诚的服务态度。最重要的是利用语言情感沟通，而现实中有 80% 的企业只是把网络当成网络，为沟通而沟通，也就是说你问我答，而且答得漫不经心。

在中国有句古话,得人心者得天下。细想一下,网络沟通又何尝不是这样。据统计,生意成功的因素82%来自情感。由此可见网络营销的最大弊端在于人情因素,在商务网络中,最应该把握的也是人情因素,要知道,任何营销都不是赤裸裸的营销,营销的真谛在于营造销售的氛围。"请问有什么可以帮你吗?""你可以慢慢挑选。""祝您生意兴隆!"往往正是这些简单的话语会给人一种好的印象。

3. 学会表达

"说"就是向客户介绍产品,继而要引发这个客户对产品的兴趣,并且根据他的反应调整推荐产品的方向。任何一种沟通技巧,都不是对所有人一概而论的,针对不同的人应该采用不同的说话技巧。

例如,有的顾客对商品缺乏认识,不了解,这类顾客对商品知识缺乏,对商家依赖性强,对于这样的顾客需要像对待朋友一样去细心解答,多从他的角度考虑去给他推荐,并且告诉他推荐这些商品的原因,对于这样的顾客,解释得越细致越好。有的顾客对商品了解一些,比较主观,易冲动,不太容易信赖他人,面对这样的顾客,这时就要控制情绪,理智耐心地回答,向他展示出丰富的专业知识。

有的顾客会试探性地问问能不能还价,对待这样的顾客既要坚定地告诉他不能还价,同时也要态度和缓地告诉他这样的价格是物有所值的,谢谢他的理解和合作。有的顾客疑心较重,将信将疑,会反复询问"图片和商品是一样的吗?"对于这样的顾客要耐心解释,在肯定是实物拍摄的同时也要提醒他难免会有色差,当他有一定的思想准备,就不会把商品想象得太过完美。还有的顾客非常挑剔,在沟通的时候就可以感觉到,他会反复问:有没有瑕疵?有没有色差?有问题怎么办?怎么找你们?

这个时候就要意识到这是一个完美主义的顾客,除了要实事求是介绍商品,还要实事求是把一些可能存在的问题都介绍给他,告诉他没有东西是十全十美的,如果顾客还坚持要完美的商品,就应该委婉地建议他选择实体店购买需要的商品。所以这里的会"说",并不止对产品的了解和介绍,还要因人制宜,因事制宜。本着真诚热情的态度灵活对待,见案例7-2。

4. 学会提问

除了通过"说"来沟通,商务网络沟通中,可以多尝试"问"。如可以概括式地询问,"您经常上网购物吗?""平时都买哪方面的物品?""一般都什么时候购物呢?"这些信息对客户总体了解。还可以具体询问,比如开放性的提问"平时喜欢什么样风格的衣服?"或配合封闭式的问题。如"喜欢淑女装还是休闲装?""喜欢颜色鲜艳的还是颜色淡一点的?"通过提问可以加强对客户针对性的了解,也可以拉近心理距离,让顾客有亲切感。

5. 少用网络语言

口语化的聊天用语或表情符,如"晕""雷"等。在朋友聊天时可以使用,但是在与客户沟通时,也许不知不觉中就得罪了客户,所以不能随意使用。因客户多种多样,性格各异,有的很开朗,也有的人严肃严谨,所以尽量用文字去表达,充分地利用文字的优势去挖掘心灵深处的情感,让对方感觉到你的真诚与实在。每一个人都愿意与真诚的人交朋友,商务网络沟通亦是如此。

案例 7-2

卖家与买家沟通实例

（1）买家：老板，这个手机有红色的吗？

卖家：没有，厂家没有出过。

买家：哎，我是女孩想要红的，怎么办呢？

卖家：你可以定做。

买家：真的吗，要多少钱？

卖家：一部倒不要多少钱，就是 5000 部起定。

买家：哦，那谢谢了，我再考虑一下。

卖家：好的，考虑好了，带够钱来。

（2）买家：老板这款手机有货吗？

卖家：没有了。

买家：为什么没货啊！

卖家：因为缺货了。

买家：哦！为什么会缺货呢？

卖家：因为断货了。

买家：哎，怎么会断货呀！

卖家：因为没货了。

买家：哦……那什么时候有货啊？

卖家：到货的时候。

（http://www.douban.com/group/topic/3151516/）

思考：你认为卖家的回答有什么不妥之处？如果你是卖家，你会怎么回答呢？

6．尽量使用网络硬件装备

视频与耳麦，在沟通的必要时候及有条件的时候最好利用语音来沟通，语音沟通的好处在于及时、准确的传递信息与情感。说话者的笑意、声音、其声音里的真诚，积极的态度、说话者的精神状态对方都能感受到，增加了信息传递的全面性和感染性。

第四节　商务网络沟通的礼仪

网络礼仪是互联网使用者在网上对其他人应有的礼仪。真实世界中，人与人之间的社交活动尤其是商务活动中，有不少社交礼仪和商务礼仪。在互联网虚拟世界中，也同样有一套约定俗成的规定及礼仪，即网络礼仪，供互联网使用者遵守为了高效的进行网络沟通，了解网络沟通的礼仪是很有必要的。尤其是在商务网络沟通中的信息交流要十分注重网络礼仪，以免引起客户的反感，造成不必要的误会和损失。

一、一般网络礼仪

1. 记住别人的存在

互联网给予来自五湖四海人们一个共同的地方聚集,这是高科技的优点但往往也使得人们面对着计算机屏幕的时候忘了我们是在跟其他人打交道,人们的行为也因此容易变得更粗劣和无礼。因此第一条就是"记住人的存在"。如果你当着面不会说的话在网上也不要说。

2. 网上网下行为一致

在现实生活中大多数人都是遵纪守法,同样地在网上也同样如此。网上的道德和法律与现实生活是相同的,不要以为在网上与电脑交易就可以降低道德标准。

3. 入乡随俗

同样是网站,不同的论坛有不同的规则。在一个论坛可以做的事情在另一个论坛可能不能做。比方说在聊天室随意聊天发布的信息和在一个新闻论坛散布传言是不同的。

4. 尊重别人的时间和带宽

在提问题前,先自己花些时间去搜索和研究。很有可能同样问题以前已经问过多次,现成的答案随手可及。不要以自我为中心,别人为你寻找答案需要消耗时间和资源。

5. 给自己网上留个好印象

因为网络的匿名性质,别人无法从你的外观来判断你,因此你一言一语成为别人对你印象的唯一判断。如果你对某个方面不是很熟悉,找几本书看看再开口。同样地,发帖以前仔细检查语法和用词。不要故意挑衅和使用脏话。

6. 分享你的知识

除了回答问题以外,这还包括当你提了一个有意思的问题而得到很多回答,特别是通过电子邮件得到满意的答复后,你可以写份总结与大家分享。

7. 平心静气地争论

虽然有时候会对某些观点展开争论。但要以理服人,就事论事,切勿人身攻击。

8. 尊重他人的隐私

别人与你用电子邮件或即时聊天记录应该是隐私的一部分。如果你认识某个人用笔名上网,在论坛未经同意将他的真实身份公开,或"人肉"某个人都是不尊重他人的行为。如果不小心看到别人打开计算机上的电子邮件或秘密,也不应该到处广播。

9. 不要滥用权利

管理员版主比其他用户有更多权利,应该珍惜使用这些权利。

10. 宽容

我们都曾经是新手,都会有犯错误的时候。当看到别人写错字,用错词,问一个低级问题或者写篇没必要的长篇大论时,不要在意。如果真的想给某人建议,最好私下提。

二、电子邮件的礼仪

1. 认真撰写电子邮件

在商务交往中,电子邮件也是一种商务文本,应当认真撰写。向他人发送的电子邮件,一定要精心构思,认真撰写。在撰写电子邮件时,尤其要注意下面三点。

（1）邮件的主题要明确 。一个电子邮件,大都只有一个或一类主题,并且往往需要在前注明。若是将其归纳得当,收件人见到它便对整个电子邮件一目了然了。

（2）邮件的语言要流畅。电子邮件要便于阅读,就要以语言流畅为要。尽量别写生僻字、异体字。引用数据、资料时,则最好标明出处,以便收件人核对。

（3）邮件的内容要简洁。网上的时间极为宝贵,所以电子邮件的内容应当简明扼要,越短越好。电子邮件应当避免滥用,不发无意义的邮件。

在现代信息社会中,任何人的时间都是无比珍贵的。对商界人士来讲,这一点就显得更加重要了。所以有人才会说:"在商务交往中要尊重一个人,首先就要懂得替他节省时间。"有鉴于此,若无必要,轻易不要向他人乱发电子邮件。尤其是不要以之与他人谈天说地,或是只为了检验一下自己的电子邮件能否成功地发出。

2. 注意称呼，避免冒昧

当与不熟悉的人通信时,请使用恰当的语气,用适当的称呼和敬语。

3. 注意邮件正文拼写和语法的正确，避免使用不规范的问题和表情符号

使用简单易懂的主题行以准确传达电子邮件的要点。还应当注意编码问题。编码的问题是由于中文文字自身的特点加上一些其他的原因,我国的内地、台湾省、港澳地区,以及世界上其他国家的华人,目前使用着互不相同的中文编码系统。

因此,当一位商务人士使用中国内地的编码系统向生活在除中国内地之外的其他一切国家和地区里的中国人发出电子邮件时,由于双方所采用的中文编码系统有所不同,对方很有可能只会收到一封由乱字符所组成的天书。因此,在使用中文向除了中国内地之外的其他国家和地区的华人发出电子邮件时,必须同时用英文注明自己所使用的中文编码系统,以保证对方可以收到自己的邮件。

4. 礼貌回复

如担心邮件容易丢失,可以小心查问,但不是无理猜测并暗责对方。一般而言,收到他人的重要电子邮件后,即刻回复对方一下,是必不可少的。在自己做到及时回复邮件的同时,不要对他人回复信件的时效性做过分期许,网络沟通中,同样要注意包容理解。

5. 不要随意转发电子邮件

不要随意转发电子邮件,尤其是不要随意转发带附件的电子邮件,除非你认为此邮件对于别人的确有价值。在病毒泛滥的今天,除非附件是必需的,否则应该避免。在正文中应当包含附件的简要介绍,邮件要使用纯文本或易于阅读的字体,不要使用花哨的装饰,最好不用使用带广告的电子邮箱。

6. 给不认识的人发送邮件

在给不认识的人发送邮件时,请先介绍一下自己的详细信息,要么在签名中注明自己的身份,没有人乐意和自己不明底细的人讨论问题。

7. 商务邮件的修辞

修辞是撰写商务电子邮件最困难的部分。如果用平常说话的语气,很容易被视为无礼,这是因为眼见为凭,文字用看的往往比用听更容易被放大检验。因此,撰写商务电邮前,不妨想到此时是面对着对方,而不是面对键盘与屏幕,这样可以让语气温暖

一点。

　　但要记得，书写时要比口语对话正式一点。设想对方看了你的信之后可能有的观点，也就是要在别人的思考里思考。了解对方和你一样都是大忙人，讲重点即可。多一点体贴，想办法让你的电邮看起来简短扼要，有亲和力但不失礼。邮件结构上，一般第一段与最后一段是重点。

8. 公布自己的工作邮件

　　如果对方公布了自己的工作邮件，那么工作上的联系请不要发送到对方的私人信箱。

三、即时通信软件沟通的礼仪

　　（1）不要随便要求别人加你为好友，除非有正当理由。应当了解到，别人加不加你为好友是别人的权利。

　　（2）在别人状态为忙碌的时候，不要打扰。如果是正式的谈话，不要用"忙吗""打扰一下"等开始一段对话，而是把对话的重点简明扼要的压缩在一句话中。

　　（3）如果谈工作，尽量把要说的话压缩在 10 句以内。一般来说，即使通信软件并不适合谈正式工作。

　　（4）不要随意给别人发送链接，或者不加说明的链接。随意发送链接是一种很粗鲁无礼的行为，属于强制推送内容给对方，而且容易让别人感染上病毒。

拓展视野

中国的第一封电子邮件

　　1987 年 9 月，CANET（中国学术网）在北京计算机应用技术研究所内正式建成中国第一个国际互联网电子邮件节点，并于 9 月 14 日发出了中国第一封电子邮件："Across the Great Wall we can reach every corner in the world.（越过长城，走向世界）"揭开了中国人使用互联网的序幕。这封电子邮件是通过意大利公用分组网ITAPAC 设在北京的 PAD 机，经由意大利 ITAPAC 和德国 DATEX-P 分组网，实现了和德国卡尔斯鲁厄大学的连接，通信速率最初为 300bps。

　　德国大学的服务器顺利收到这封邮件，并转发到国际互联网上，中国互联网在国际上的第一个声音就此发出。几天后收到了来自法国、美国等国家的祝贺邮件。第一个回信的是一位美国计算机教授，还有海外华人华侨、留学生发来的贺信。至此中国可以与世界通过电子邮件进行沟通和交流了！

　　（http://baike. baidu. com/link? url＝ASD6ks5do5o2QcwXSLoJwQClqZz-PLjkT-psR_ZJlFQT-cSrpBco-4Xm3uJEKxoewroPOkGn3D6mUNg0MrkUpfbJvYXqS0sgl-KbkyD2zJ3WD1kgtdWxKIoib6-hd3KL2lshhBhWvQc3dp5nAR49-VLBT7C7TF-anJicdkXjW-H－c1nlp4lvKXeAiRsZCsbU9E)

四、博客和网络论坛的礼仪

　　（1）尊重别人的劳动，不要随意转载。如果转载，需要注明原作者或出处。

　　（2）不要随意否定他人，否定对方知识层次。不要自诩高人一筹，不要使用侮辱性质的词句。

（3）不要随意进行人格判断或价值判断。不要断章取义，不要留下一句"楼主火星，鉴定完毕"等鉴定师语言，不要抓住对方一句话发挥，要认真阅读后发言。

（4）说出理由，不是说出脏话。尊重别人就是尊重自己。

【本章小结】

随着电子商务的普及，商务网络沟通的重要性越发凸显。通过本章的学习，我们了解网络沟通的含义，商务网络沟通与传统商务沟通的异同，熟悉商务网络沟通的一般礼仪，掌握商务网络沟通的原则和技巧，掌握商务网络沟通的优势和局限性。

【实训题】

1. 学生举例说明网络表情符号。

2. 结合本人网络沟通的实际经验，说明网络沟通的技巧和注意事项。

3. 如果你是一名客服，利用之前学到的沟通技巧，如何通过网络沟通，得知某客户喜欢的汽车类型和喜爱程度？

4. 给你的同学发一封电子邮件，主要内容是介绍某样你喜欢的商品，然后询问你的同学看了邮件后的感受。

5. 沟通技能测试。

【评价标准】

非常不同意/不符合（1分）	不同意/不符合（2分）
比较不同意/不符合（3分）	比较同意/符合（4分）
同意/符合（5分）	非常同意/符合（6分）

【测试问题】

（1）我能根据不同对象的特点提供合适的建议或指导。

（2）当我劝告他人时，更注重帮助他们反思自身存在的问题。

（3）当我给他人提供反馈意见，甚至逆耳的意见时，能坚持诚实的态度。

（4）当我与他人讨论问题时，始终能就事论事，而非针对个人。

（5）当我批评或指出他人的不足时，能以客观的标准和预先的期望为基础。

（6）当我纠正某人的行为后，我们的关系能够得到加强。

（7）当我与他人沟通时，我会激发出对方的自我价值和自尊意识。

（8）即使我不赞同，我也能对他人观点表现出诚挚的兴趣。

（9）我不会对比我权利小或拥有信息少的人表现出高人一等的姿态。

（10）在与自己有不同观点的人讨论时，我将努力找出双方的某些共同观点。

（11）我的反馈是明确而直接指向问题关键的，避免泛泛而谈或含糊不清。

（12）我能以平等的方式与对方沟通，避免在交谈中让对方感到被动。

（13）我以"我认为"而不是"他们认为"的方式表示对自己观点负责。

（14）讨论问题时我更关注自己对问题的理解，而不是直接提建议。

（15）我有意识地与同事和朋友进行定期或不定期的，私人会谈。

【自我评价】

80～90　你具有优秀的沟通技能。

70～79　你略高于平均水平，有些地方需要提高。

70 以下　你需要严格训练你的沟通技巧。

第八章　商务写作技能

1. 掌握：商务写作的基本要求与主要文种的基本写作方法；
2. 熟悉：商务写作的语言特点；
3. 了解：商务文书的概念、特点、分类及作用。

【开篇案例】

依合同约定

2014 年年初，某百货商店某床上用品公司携带一批床上用品的样品来签订买卖合同。该床上用品公司遂携带部分样品来到百货商店所在地，在协商过程中，床上用品公司称该样品的材料为甲类纤维，百货商店认为该批床具做工、面料都不错，于是决定与床上用品公司签订买卖合同。

双方在合同中约定：床上用品公司向百货商店提供以甲类纤维为材料的床上用品1000 套，共计价款为 30 万元。买卖方式为依样品买卖，即由百货商店封存床上用品公司提供的样品，到货后按样品验收。到货后，如经检验产品与样品一致，百货商店一次性付款。

合同签定后，床上用品公司按照约定及时发送了货物，百货商店在收到货物后，经检验与样品相符，遂全额付清了货款。但在销售过程中，有顾客反映所买的床上用品的面料不是甲类纤维，要求退货，致使该批货物的销量受到影响。百货商店将材料送到检验部门化验，认定这批床上用品的材料为丙类纤维，于是将床上用品公司告上法庭，认为其在商品买卖过程中存在欺诈行为，要求退货。

法院经查证，床上用品公司购买的材料确实是甲类纤维，有购买发票为证，且合同中约定了按样品验收，提供的产品与样品也是相符的，不存在欺诈行为。

事件结束后，床上用品公司的负责人十分感慨，在这次经济活动前，他们对合同的作用还没有特别深刻的认识。这件事之后，清醒地认识到，在经济活动中合同是双方当事人开展经济活动的重要依据，当事人双方受其约束、严格履行。因此，写好经济合同就是维护当事人合法权益的根本保证。

商务写作(business writing)是一种书面沟通方式，是沟通渠道中必不可少的一种。随着经济改革的深入发展，商务活动成为当前各种社会活动的基础，很多商务沟通借助商务文书的形式开展，商务文书写作已成为当前应用文写作中的一个热点问题。

第一节　商务写作概述

一、商务文书概念

商务的概念是伴随时代进步而演变出来的,它有广义与狭义之分。广义的商务概念是指一切与买卖商品服务相关的商业事务;狭义的商务概念仅指商业或贸易。商务活动是以商务流通为核心的,在现代市场经济环境中所从事的各类有关资源、知识、信息交易等商业性活动的总称。

商务文书是商务活动中的公务文书,是涉及商务活动与商务工作,按照严格的、既定的生效程序和规范的格式或惯用形式制定的具有传递信息和记录作用的载体。

商务文书是随着我国社会主义市场经济的建立与发展逐步得到了广泛的普及与应用,形成了自己的体系与特点。商务文书通过全面资料的收集,可以在商务活动中实现传递信息、报告情况,分析问题,研究对策,预测形势,促进商品交换的功能。

商务文书的写作就是商务文书的撰写与制作过程。

二、商务文书的特点

1. 政策性

商务文书是服务于商务经济活动的,其内容关系到国家、集体和个人的利益,事关重大。因此,商务文书的撰写应依据相关的法律、法规,在写作中必须以国家经济政策为出发点,与国家经济政策的核心内涵统一协调。

2. 实用性

商务文书是一类很具实用性的应用文,它是以社会生活实际需求出发,为解决商务活动中沟通、交流、商洽、谈判等事务而形成的文字,有十分明确的实用目的,这是其本质所在。

3. 目的性

商务文书是用以阐明经济活动的规律,提高经营管理水平,提高经济效益的实用文书,它的目的性表现相当明确。不同的商务文书具有不同的具体而明确的写作目标,如一份严谨有效的经济合同,可以提高经济收益,避免经济损失;一份市场预测分析报告,可以使领导部门作出正确的决策。

4. 严肃性

商务文书的运行活跃了市场经济,促进经济体制改革,推动着社会主义市场经济的发展,它的内容涉及经济事务,体现着国家经济方针、政策,关系着当事人的经济利益,因此商务文书行文一定要庄重严肃。

商务文书的语言必须本着真实可靠、确凿无误的原则,要符合客观实际,严格措辞,求真务实,体现其行文事关重大,撰写要严肃负责。

5. 多样性

商务文书的表现手法灵活多样,可以运用记叙、议论和说明的表达方式,也可以运用文字、数字、图表来具体呈现。如一篇经济论文可能多是文字阐述；一篇市场分析报告通过数字、图表的运用更加生动；经济合同现已形成了相对固定的范本形式，写作时只要将相应的内容逐项填上就行，只有少量的文字说明。

三、商务文书的作用

名人名言

一封好的商务信函，可以让你得到一次面试的机会，帮助你摆脱困境，或者为你带来财富。

——马尔克姆·福布斯

1. 沟通与协商

大多数商务活动的开展需要凭借商务文书去推动和衔接。商务文书写作与其他类别的文书写作的目的是一样的，都是为了与别人进行某种形式的沟通交流或协作商洽。通过商务文书的往来进行信息传递，商洽合作事项，情感沟通与交流。

2. 凭证与依据

商务文书是商务活动中的重要的往来文字，可以起到不同程度的凭证与依据的作用。口说无凭，有书为证，一经形成确认，即成为重要文字证据，一旦日后双方产生分歧或异议，可以查考相关商务文书得到正确依据，甚至具备相应法律责任。

3. 领导与指导

商务活动是领导组织部门实现管理职能，引导、推动或安排下属部门完成经营管理目标的一种活动。组织部门的指挥意图一般是通过商务文书的往来进行传递，从而把组织目标落实到各个部门，并及时排除组织机构运行中的各种障碍。商务文书的往来是上情下传与下情上达的过程，从而实现组织部门的领导与指导的相关职能。

4. 约束与规范

要维护商务活动的正常运转，必须依靠特定的规范与准则，约束人们的语言与行为。商务文书一旦撰写完成，双方认可，正式行文后就产生约束力，规范相关部门与人员的行为。

四、商务文书的分类

商务文书的分类可以根据不同的标准进行，比较多见按其形式进行分类。

1. 固定格式商务文书

固定格式的商务文书是指有规范书写格式要求的一类文书，从结构到文字都有比较严格的规定，按不同文种要求也存在一定区别。这类文书在日常商务活动中使用比较频繁，常见的固定格式的商务文书主要有，经济合同、商品说明书、经济活动分析报告、市场预测报告、意向书等。

2. 非固定格式商务文书

非固定格式的商务文书在日常工作中的应用更为广泛。这类文书写作时要求比较宽松,可以根据写作目的的需要进行灵活撰写,其中最为大家所熟悉的就是随着计算机和网络一起兴起的电子商务信函,其写作内容比较广泛,可以涉及商务合作、沟通情况、联络情感等。

第二节　商务写作的语言特点

商务文书的写作与其他文字形式有着很显著的不同,这与其写作的目的有着极大的关系。商务文书的语言具有简明、准确、规范、专业、朴实、庄重、双向和礼貌等特点。

一、行文简明

商务文书切忌长篇赘述,应通过简明扼要的文字表达清晰明确的意思,正所谓"句中无余字,篇内无赘语"。"简明"可以说是商务文书语言首要特点。写作时,应开门见山,没有必要写太多繁琐的客套话,选择一些虽短但意义确切的词语,可以给人留下良好的印象,并可省去对方逐字推敲词义的麻烦和时间。

二、表达准确

商务文书的表达要准确,所谓"准确"。就是要求商务文书要做到"一字入公文,九牛拔不出"。在意思清楚的前提下,商务文书写作应追求尽量用一段话,一句话甚至是一个词将核心意思表达出来,力求严谨、清晰、准确地文字表达。

> **名人名言**
>
> 公文不一定要好文章,但必须写得一清二楚、十分明确、字稳词妥、通体通顺,让人家不折不扣的了解说的内容是什么。
>
> ——叶圣陶

三、语言规范

随着社会经济发展,商务活动日益频繁,商务文书的语言使用已越来越规范化。语言的规范化体现在两方面:一方面用字要规范,要使用标准规范的简化字,不用口语词、方言词、土俗俚语,涉及数字、专业名词、缩略语、计量单位、外文字母应符合国际或国家标准。另一方面,规范还体现在语法的规范上,句子成分要完整,词语搭配得当,词序有条理,此外,还要规范使用标点符号。

四、用词专业

在商务活动中,商务文书的写作关系着双方之间的商务沟通是否顺畅,商务活动能否顺利合作,贸易合同是否成立。因此,商务文书的写作需要用专业的词汇、句子、固定短语来书写。尤其是涉及达到贸易术语、商务组织、支付方式、法律等的专有词汇的表达。

五、文字朴实

商务文书写作应选择朴实的文字，通俗易懂，不渲染，千万不要刻意地堆砌辞藻，卖弄文字。商务文书价值在于实用，用直截了当、明白显露的文字表达真情实感，这样才能传递最正确、真实的含义。

名人名言

有真意、去粉饰、少做作、勿卖弄。

——鲁迅

六、态度庄重

商务文书涉及的事项是认真严肃的，往往与经济利益相关，庄重严谨的表达是基本要求。因此，撰写时要把握文书整体风格，即使是用于情感交流也不要过于诙谐幽默，太多的玩笑会影响商务文书的严肃性。

七、礼貌诚恳

商务文书是双方间的文字交谈。礼貌、诚恳、委婉的表达方式给对方一种被尊敬的感觉，同时在撰写具体内容时要体会对方感受，可以给对方留下良好的印象，既有利于促进友谊，营造尊重、合作的气氛，使对方愿意与我们达成协议，从而能最终促成交易，带来利润。

第三节 商务写作的基本方法

一、明确写作主旨

文章的主旨就是指商务文书的中心思想，是写作者所要表达的中心意思。任何文章的撰写主题都是关键，决定全文的成败。开始撰写前应该具有一个明确的目的，即对方看到该商务文书后产生写作者所希望的行动或感受，这就是文章的统帅，其他因素必须服从它的需要。

商务文书写作要注意一文一事的要求。主旨要集中，鲜明，一篇文章只论述一个事件，解决一个问题，支持一个思想。

在写作前，首先要整理自己的思路，明确想要通过本篇文字解决什么问题，从而确定想要表达的中心思想，并用简洁的语言准确地将其高度概括出来，置于文章的最前面，之后文章中出现的所有文字都是用来支撑此主旨思想的。

确立写作主旨要以国家政策、法律为根本，以事实为依据，坚持实事求是，坚持可行性和实效性并存。

二、搭建良好结构

明确了商务文书的写作主旨后，还需要搭建一个良好的结构，通过章节、段落形成清晰的结构层次。搭建文章的结构一定要服从文章主旨需要，文章的主题决定材料的取舍和结构的安排。

搭建文章结构还需要反映客观事物规律，结构正确反映客观事物的共性与个性，表现其内在运动规律，文章的层次才能够越明确清晰。文章的结构一定要完整而严密。一般由开头、主体、结尾三部分组成。此外，还需要注意不同的文种结构要求略有不同，其结构安排应根据文种不同相应调整。

搭建文章结构还需要注意内容层次安排的问题，层次体现了写作者的思路展开次序和内容的逻辑顺序。一篇文章总要逐个层次地表述，层层剥茧，逐步深化主题。一般安排层次要考虑逻辑排序问题，可以有四种方式：演绎顺序、时间顺序、结构顺序、重要性顺序。在具体写作过程中可根据写作目的和材料的选择，选择适当的逻辑排顺方式。

拓展视野

金字塔写作原理

金字塔写作原理是麦肯锡公司的七大秘密之一。《金字塔写作原理》这本书的作者是巴巴拉·明托，她是哈佛大学商学院第一批女性学员之一，同时也是麦肯锡咨询顾问中的第一位女性。1973年离开麦肯锡公司，著有《金字塔写作原理》，该书成为西方写作标准。

《金字塔写作原理》用于改变文章的结构，并且主要用于商务环境的写作，运用金字塔写作可以：减少完成最终一稿通常所需的时间并增加文章的条理性。

(http://baike.so.com/doc/1372381-1450637.html)

三、筛选组织材料

筛选组织材料是写好商务文书的基础。丰富的素材是撰写商务文书的基本材料，需要围绕写作者的主旨来大量收集，再根据写作需要进行严格选择，巧妙使用用以支撑整体内容。

四、选择适当文字

如果说主旨、结构以及材料构成了商务文书的骨骼，那么行文使用的文字语言就是对其进行填充的丰富的血肉。

选择朴实庄重，规范准确、专业简练的文字才能达到正确表达的目标。

第四节 几种具有代表性的商务文书写作案例

一、市场预测报告

（一）市场预测报告的概念

市场预测报告是以一定的经济理论为基础，以市场的历史和现状为出发点，根据掌握的有关市场的信息和资料，借助科学方法对市场未来发展趋势进行研究分析，将预测对象、预测区域、预测结果用文字表述出来的具有预见性的书面报告。

市场预测报告应在市场调查的基础上，收集相关材料，用科学的方法估计和预测未来市场的趋势，从而为有关部门提供信息，改善经营管理，迎合市场需求，提高经济效益。

（二）市场预测报告的特点

1. 市场预见性

市场预测报告是对市场未来的发展趋势作出预见性的判断，在深入分析市场既往历史和现状的基础上，进行合理分析判断，缩小市场需求的不确定性，使预测结果和未来的实际情况的偏差概率达到最小。

2. 手段科学性

市场预测报告以周密的调查研究为基础，充分搜集各种真实可靠的数据资料，借助科学的预测理论、预测方法和研究手段，找出预测对象的客观规律，有效地指导人们的商务实践活动。

3. 内容针对性

市场预测报告的内容针对性很强，每一份报告只针对某一具体的经济活动或某一产品的发展前景进行编撰。市场预测报告选定的预测对象越明确，其对现实的指导意义就越大。

（三）市场预测报告的分类

1. 按预测的范围分类

（1）宏观市场预测报告

针对较大的范围市场或整体现象所作的综合预测，常常是有关国民经济乃至世界范围内全局性、整体性的、综合性经济问题的全面性的预测报告。

（2）微观市场预测报告

针对某一部门或某一经济实体对特定市场商品供需变化情况，新产品开发前景等所作出的分析研究预测报告。

2. 按预测的时间分类

（1）长期预测报告

一般将针对超过五年期限的经济前景的预测报告称作长期预测报告。

（2）中期预测报告

一般将针对二至五年时间内经济发展前景的预测报告称作中期预测报告。

（3）短期预测

一般将针对一年内经济发展情况的预测报告称作短期预测报告。

3. 按预测的方法分类

（1）定量预测报告

定量预测报告有两种：一种是数字预测法预测报告，它是针对某一产品或商品已有的大量数据进行分析研究，用统计数字表达，从而发现这一产品或商品的发展趋势编写而成的报告；另一种是经济计量法预测报告，它是根据各种因素的制约关系用数学方法加以预测撰写而成的报告。

（2）定性预测报告

定性预测报告是对影响需求量的各种因素，如价格、质量、消费者等进行调查分析，在研究的基础上预测市场的需求量而写成的报告，见案例 8-1。

（四）市场预测报告的写作格式

1. 标题

（1）公文式：由发文机关＋事由＋文种组成。

（2）新闻报道式：以主题思想形成关键文字构成标题。

新闻报道式标题又分单标题和双标题两种，双标题是指既有正题，又有副题，正题揭示市场分析报告的主题，副标题以公文式方法撰写，交待市场预测报告的基本信息。

2. 前言

前言部分应简短扼要，写作内容可以有如下三种选择：说明预测的主旨，或概括介绍全文的主要内容，也可以阐述预测的结果，引起读者的注意。

3. 正文

正文是市场预测报告的主体部分，包括现状、预测、建议三个部分。

（1）现状部分

从收集到的材料中选择有代表性的资料、数据来说明经济活动的历史和现状，现状部分的撰写为预测提供了依据。

（2）预测部分

借助科学方法，利用资料数据进行定性分析和定量分析，从而预测经济活动的趋势和规律。这部分内容是市场预测报告的重点所在，应该在调查研究或科学实验取得资料数据的基础上，对材料进行认真分析研究，从中发现规律。

（3）建议部分

根据预测分析的结果，提出切合实际的具体建议，为组织部门的决策提供有价值的、值得参考的建议，这也是撰写市场预测报告的最终目的。

4. 结尾

市场预测报告的结尾可以归纳预测结论，提出展望；也可以重申观点，加深认识。

案例 8-1

平安集团关于开办平安快餐店的市场预测报告

随着高校的大规模扩招,高校学生数量大幅度增长,人均生活空间日益降低、传统的大学生食堂已不能满足大学生餐饮需要。快餐行业在学校周边迅速发展壮大,平安集团拟于某学校周边开办平安快餐店,特此完成如下市场预测报告。

一、现状

平安快餐店环境分析。

地理环境。平安快餐店处于金鹰美食城内,距离柳州职业技术学院 100 米左右。柳职业技术学院有将近一万名学生,且附近居民区集中。

店面环境。店面规模小,消费场所局限,无宽敞的地方让消费者在店面进餐,装修简单,但店面干净整洁。店面两旁分别是快餐店,店面对面是砂锅饭店面。附近还有不少快餐店和面食店,客源量很多,这大大增加了平安快餐店的消费额。

竞争环境。平安快餐店周边有很多快餐店和面食店,竞争非常激烈。其中桂林砂锅饭、波记烧卤饭、广香源烧卤饭、佳和快餐、好又快快餐等是最大的竞争者,其余的快餐店对其影响较小。

二、预测

随着我校的大规模扩招,我校学生数量大幅度增长,而且连年扩张使得这一数量继续增加。随着大学生消费水平的逐步提高,我校周边市场潜在的爆发力日益增强。因此,我校周边的饮食业是有一定的潜力的。

大学生的自我意识加强了,有他们自己的性格、志向、兴趣等。随着经济水平的提高,大学生个人消费观有所改变,出现了不同的消费热潮,而且要求在消费中反映他们的个性,他们在饮食方面不仅仅满足于吃饱就行,而是希望吃到美味可口的食物。

平安快餐店可能遇到的问题:(略)

三、建议(略)

年　月　日

二、商务意向书

(一) 商务意向书的概念

商务意向书是组织或个人对为某项业务出具的非正式函件。它是进一步正式签订协议的基础,是"协议书"或"合同"的先导。虽然它不具备合约的约束力,但表明签署人的严肃态度,是双方经过认真讨论签署的初步文件。见案例 8-2。

(二) 商务意向书的特点

1. 灵活性

意向书比较灵活,在协商过程中,当事人各方均可按各自的意图和目的提出意见,并在正式签订协议、合同前可随时变更或补充，最终达成协议。

2. 简略性

意向书文字比较简略，是双方对初步形成意见的简要文字概括。

（三）商务意向书的写作格式

1. 标题

（1）商洽的项目名称＋文种组成。

（2）只标明文种，即《意向书》。

2. 正文

（1）导语

写明合作各方当事人组织或单位的全称，双方接触的简要情况，磋商后达成的意向性意见。一般用"本着××原则，兴建××项目"作为导语的结束，承启下文。

（2）主体

意向书的主体部分一般分条款写明达成的意向性意见，写作时可参照合同或协议的条款排列。

（3）结尾

意向书结尾一般会标明"未尽事宜，在签订正式合同或协议书时再予以补充"，以便留有余地。

3. 尾部

商务意向书的尾部要注明签订意向书各方组织或单位的名称、代表人姓名并应加盖公章或私章，最后还要标明签订日期。

案例 8-2

建筑工程施工合同（节选）

发包方： （以下简称甲方）

承包方： （以下简称乙方）

依据《中华人民共和国合同法》《中华人民共和国建筑法》及有关行政法规，遵循平等、互利、合理的原则，就有关事项经双方协商，达成一致，特订立本合同，供双方共同遵守履行。

第一条 工程概况

一、工程名称：资兴长远房地产远景花园。

二、工程地点：资兴市天桥中天公司原址。

三、结构类型：框架结构、电梯。

四、质量标准：合格工程。

五、建筑面积：11 万平方米。

六、承包范围：设计图纸内的桩基础工程、土建工程、安装工程、小区给排水、道路工程图纸以外的经甲方认可的附属工程及双方文字约定的内容均在本合同承包范围内,系总承包工程。

第二条　双方诚信

甲、乙双方为确保合同诚信,特作以下承诺。

乙方承诺:乙方为表达信誉,在签订本专用条款后一周内自愿向甲方交纳本工程项目履约保证金人民币 壹仟贰佰万元整(¥12 000 000.00 元)。

甲方承诺:(1)收到乙方信誉金后,甲方承诺在 100 天之内搞好项目三通一平,并通知乙方进场开工桩基础工程。若甲方在 100 天后仍不能使桩基础开工,每月按信誉金总额 25‰的月息支付补偿金给乙方,不足一个月按一个月计算。

(2)信誉金退付方法:桩基础工程完工,土建工程开始后 7 天内信誉金 80％退回乙方;如在桩基础工程施工过程中,遇到不可预见的非乙方原因造成工期延长,保证金交款时间已满六个月,退 80％保证金,其余土建工程(即承台开始施工)时 7 天内退完。

(3)本工程需履行招标程序所需的有关资料及手续和办理由乙方提供,乙方按程序依照本合同规定的条件中标。

第三条　价款结算与审定(略)

第四条　施工准备(略)

第五条　工期(略)

第六条　工程质量(略)

第七条　建筑材科,设备的供应(略)

第八条　工程价款的支付(略)

第九条　施工与设计变更(略)

第十条　纠纷解决办法(略)

第十一条　附件

一、本合同一式六份,甲、乙双方各执三份。

二、本合同自双方法人代表签字,加盖公章即生效。

三、本合同签订后,未尽事宜经双方协商一致后签订补充协议作为本合同的补充合同,与本合同具有同等法律效力。

发包人(盖章):　　　　　　　　　　承包人(盖章):

法人代表(签字):　　　　　　　　　法人代表(签字):

委托代理人(签字):　　　　　　　　委托代理人(签字):

电话:　　　　　　　　　　　　　　电话:

　　　年　月　日　　　　　　　　　　　年　月　日

(http://www.d0c88.com/p-062160793132.html)

三、商务信函

(一)商务信函的概念

商务信函是商务活动中交流信息、联系业务、洽谈贸易、磋商和处理问题的信件,可以通过邮寄、电子邮件、传真、电报等方式进行信息传递。

（二）商务信函的特点

1. 联络性

商务信函的写作目的就在于联络双方的情感，开发新的合作可能，洽谈的合作事宜，是双方沟通的桥梁。

2. 简洁性

商务信函注重效率，简洁明快的文字是它的重要特点，要开门见山，言简意赅。

3. 凭据性

商务信函是双方就商务活动进行的文字交流，可以成为双方商务往来的凭据。

4. 适度口语化

商务信函的文字与其他书面文字有一定区别，可以保持适度的口语化，更便于理解和沟通。

（三）商务信函的分类

商务信函可以按其具体业务项目或内容分为联络函、咨询函、推销函、订购函、理赔函、致歉函、谈判函、调解函等。见案例8-3。

也可按行文对象分为对上级主管部门、对客户或协作单位、兄弟部门等，其中以客户或协作单位为行文对象的信函是商务活动中最常见的形式。

（四）商务信函的写作格式

1. 称谓

称谓是写信人对受信人的尊称，主要依据相互间的隶属关系、亲疏关系、尊卑关系、长幼关系等而定。一般都用"敬语＋称呼"的形式组成。要顶格写，后面加冒号。

2. 启词

启词是信函的起首语，可有多种表示法。可以是问候式也可以表达思念的，也可以是赞颂式、承前式。

公务书信的启词还可用"兹介绍""兹定于""据了解""据查实"等一系列公文用语提领全文。写在称谓下面另起一行，前空两格

3. 正文

正文是商务信函的主体，是该信函能否达到写信人理想效果的关键。一般采用一文一事的写作方法。正文要清楚、明了、简洁，并注意情感分寸，在启词下面另起一行空两格。

4. 结束语

正文结束时，可写几句应酬性的语言作为全文的结尾，也可用公务书信的常用结语，如"特此函达""特此说明""特此函询""肃此奉达""特此鸣谢""务请函复"等。

5. 签署

商务信函以写信人全名进行签署以示尊重。不应只签个姓氏或习惯称呼。如果信函通过打印完成，即使已经打印了姓名，仍应再以手书签署一遍。这既表信用，亦示诚意。

6. 日期

商务信函一般在署名的下一行或同一行偏右下方位置标明日期。日期必须准确,表现出写信人的负责态度。而万一记错日期,也许会因此而误事。

案例 8-3

中国科学院××研究所关于建立全面协作关系的函

××大学:

近年来,我所与贵校双方在一些科学研究项目上互相支持,取得了一定的成绩,建立了良好的协作基础。为了巩固成果,建议我们双方今后能进一步在学术思想、科学研究、人员培训、仪器设备等方面建立全面的交流协作关系,特提出如下意见。

一、定期举行所、校之间学术讨论与学术交流。(略)

二、根据所、校各自的科研发展方向和特点,对双方共同感兴趣的课题进行协作。(略)

三、根据所、校各自人员配备情况,校方在可能的条件下对研究所方研究生、科研人员的培训予以帮助。(略)

四、双方科研教学所需要高、精、尖仪器设备,在可能的条件下,予对方提供利用。(略)

五、加强图书资料和情报的交流。

以上各项,如同意,建议互派科研主管人员就有关内容进一步磋商,达成协议,以利工作。

特此函达,盼复。

中国科学院××研究所(盖章)

××年×月×日

(http://www.d0c88.com/p-062160793132.html)

四、商品说明书

(一)商品说明书的概念

商品说明书又叫"产品说明书"或"使用说明书"。它是对商品的性质、结构、功能、使用方法、保养维修等作简要说明的材料。商品说明书一般采用说明的表达方法对事物进行解说、介绍,使人获得某种知识并产生直接与说明对象接触的行为与愿望。因此,商品说明书可以产生指导消费的作用。见案例 8-4。

商品说明书在介绍、说明有关商品的各种性质,使广大消费者增加了解,获得有关商品的知识,以便合理购买和正确使用或保养。从某种意义上讲,商品说明书也具备了商品广告的功能。它对有关商品各种性质的介绍与说明本身就带有宣传的性质,从而激发消费者的购买兴趣。

（二）商品说明书的特点

1. 科学性

商品说明书介绍的对象本身就具有科学性,商品一般是运用科学原理、科学方法,按照严格的生产程序生产出来的。商品说明书是以此为依据对商品的各种情况进行介绍和说明,向广大消费者传播相关科学知识,传授科学使用方法。因此,商品说明书具有科学性。

2. 实用性

商品说明书不仅要为消费者介绍有关商品的性质、构造、成分、功能等科学知识,更重要的是要教人如何使用,为消费者说明有关商品的使用、保养或维修的方法,以收到切实有益的效果。因此,商品说明书应该是具有实用性的。

3. 简明性

商品说明书要把有关商品的各种情况说清楚。它的对象是广大的文化层次不同的消费者,语言要具有广泛的适用性,要浅显、明白,通俗易懂。有些商品说明书,除文字说明外,还配以图表或照片,更具直观性,便于购买者理解。说明的文字一般很简短,长篇哆嗦的文字会削弱要表达的中心意思,甚至造成歧义。因此,商品说明书的语言应该是简明扼要的。

4. 客观性

商品说明书的写作目的在于向消费者介绍商品的基本信息,消费者通过阅读说明书了解有关商品的一切信息。因此,说明书的内容必须是真实客观的,不能夸大其词,误导消费者。

（三）商品说明书的分类

商品说明书按说明对象、内容分为以下几类。

（1）物质产品说明书。说明某种产品的形状、功能、工艺、结构、价格、用法等。

（2）精神产品说明书。着重说明该产品的含义、创造特征、表现形式及其创造价值等。文学作品、影视情节、建筑、雕塑、音乐、美术作品创作说明等。

（3）自然景观说明书。说明某处山水风光、人文景观的形成与特色。

（4）地域、单位说明书。重在介绍某地、某单位的基本面貌、发展概况。

（四）商品说明书的写作格式

1. 标题

商品说明书的标题灵活多样,可以直接写商品说明书五个字作为标题,也可以以被说明的对象名称作为标题,或者将两者结合形成标题。

2. 正文

商品说明书的正文一般采用条款式的结构,即分条列项逐一说明商品的构成原理、技术性能指标、适用范围、使用方法、注意事项、保养和维修等。上述内容根据用户的需要、商品种类的不同,可增可减。

正文除常用的条款以外,还有条款与图表结合的形式。如"构成原理、技术性能指标"可用图表说明。正文的内容因物而异,因需要有别,形式也不拘一格。

商品说明书正文部分文字安排要特别注意结构层次,一般有四种方式。一是可以按照事物发展的先后顺序组织材料;二是按照事物的空间方位分清内外、远近、上下等关系分层说明;三是按照事物的特征归类,分别说明各方面特征;四是按照事物全局与局部,先总后分,先概括后具体进行说明。

3. 落款

商品说明书落款的内容和形式也要视具体情况而定。一般在正文的尾部或正文后的右下方,写明商品生产厂家、地址、电话号码、电挂号码、邮编号码等,以便与广大消费者联系。也可以加上批号、生产日期、有效期、质检员姓名或代号,以表示对消费者负责。

最后注明撰写单位和时间,也可省略不写。

案例 8-4

恒压供水控制器产品说明书

一、产品功能

恒压供水控制器通过液晶屏显示和键盘电路设置相关参数,可以实现对水泵的无级调速,依据用水量及水压转速保持水压恒定。

本手册针对初次使用本产品的客户,在安装、使用及维护等方面给予具体指导,请在使用前仔细阅读本手册。

二、主要特点

恒压供水控制器由液晶屏显示当前水泵的待机压力、供水压力、水压;由键盘电路完成相关的设置。根据功能要求显示不同的数值。同时有按键去抖功能,避免错碰键。更人性化地实现了人机交互。

（1）支持无级调速。

（2）过载保护。

（3）能够保持水压恒定。

（4）具有启停功能。

三、技术参数（略）

四、安全注意事项（略）

(http://www.doc88.com/p-062160793132.html)

五、商业广告

（一）商业广告的概念

广告的概念有广义与狭义之分,广义的广告有广而告之的意思,涉及内容范围很广泛。凡是以说服的方式,包括口头、文字、图画等形式进行商品和劳务销售、服务的公开宣传,都可称之为广告。个人或单位均可使用,是一种通过传播媒体向公众宣传自身的播扬手段。

狭义的广告是以扩大销售为目的，通过报纸、杂志、电影、电视等媒介，向广大消费者报道商业信息的一种应用文体，即商业广告。其内容包涵具体的产品经营和非产品的服务性经营。

商业广告的主体为广告策划者、广告经营者、广告发布者；广大公众是广告的受体；大众传媒是广告的载体。

（二）商业广告的特点

1. 信息丰富

商业广告是交流传递商业信息最迅速、最有效的手段之一。它在商品生产、经营和消费之间起着桥梁作用，有利于沟通商品生产者、经营者和消费者之间信息。通过广告设计，将丰富的产品或商品信息充分展示，消费者通过商业广告的宣传获得产品或商品的相关信息，从而更充分全面地了解产品。

2. 引导消费

商业广告是指导消费者的好参谋。它为消费者提供大量可供选择的商品信息，介绍各种商品的性能、特点、质量、功用以及购销渠道、联系方式等。指导消费者正确判断和选购商品，满足广大消费者日益增长的物质文化生活的需要。

商业广告的引导性是其核心价值的体现，产品生产者或经营者在商业广告上投入大量的资金，其原因也是看重了商业广告引导消费的作用，从而帮助生产者扩大市场，增加生产，提高生产效益；帮助经营者扩大商品流通，加速资金周转，提高营销效益。

3. 促进竞争

商业广告也是促进竞争的一种手段。随着科研领域的不断扩大，科学技术的不断发展，生产工艺的不断更新，国内国际商品市场的不断变化，各种新商品层出不穷，竞争日趋激烈。广告将各种商业信息传递给生产者和消费者，必然促使各生产者加强科研、革新技术、提高质量、开发新产品、扩大市场，使其产品受到消费者的欢迎，商业广告也就很自然地起到了促进竞争的作用。

4. 艺术加工

商业广告源自设计，有些设计美观大方，有些设计精巧炫目，有些设计奇特巧妙。商业广告就是通过一定程度的艺术加工，美化，使得消费者对商品产生充分地想往，从而引起消费行为。好的商业广告既给消费者提供信息，更使人们得到高尚的艺术欣赏和美的享受。

5. 内容真实

商业广告的基本内容应真实客观，尽管在其设计过程中会进行一定程度的艺术加工，但其基本信息一定是真实可信的，虚假的信息可能会误导消费者，产生不良后果。商业广告基本内容的真实性是生产者、经营者对消费者负责的表现与要求。

（三）商业广告的分类

1．按传播载体分类

按商业广告传播载体的不同可分成，报刊广告、音响广告、电视广告、牌匾广告、灯光广告、交通广告、橱窗广告、展销广告、馈赠广告。

（1）报刊广告。刊印在报纸、杂志上的广告。

（2）音响广告。通过电台广播和收音机传播的广告。

（3）电视广告。通过电视传播的广告。

（4）牌匾广告。设置在企业、公司、店铺门前或墙上，以及广场、街道等建筑物上的以牌匾为载体的广告。

（5）灯光广告。通过装置霓虹灯、灯箱来招示或招引顾客的广告。

（6）交通广告。设置在车、船内外和旅客候等场所的广告。

（7）橱窗广告。装置在橱窗、亭廊里的广告

（8）展销广告。通过展销会、陈列商品实物样品进行宣传的广告。

（9）馈赠广告。通过邮寄传递或直接赠送商品实物样品、样本、挂历、台历、说明书等做宣传的广告。

2．按制作与传播形式分类

按制作与传播形式可将商业广告分成，口头广告、文字广告、图像直观广告、表格广告、表演广告、综合性广告。

3．按内容分类

按商业广告涉及的内容来划分可将其分成，产品广告、企业形象广告、文化广告。

（四）商业广告的写作格式

商业广告的种类繁多、内容各异、形式多样，没有统一的内容和固定的格式。这里仅就文字广告的写作格式进行说明，文字广告一般包括标题、正文、结尾三个部分。见案例8-5。

1．标题

标题是广告的主旨或基本内容的集中表现，应力求简明、新颖、生动、醒目，有趣味性、吸引力。广告的标题从揭示主旨或基本内容的方式来划分，可分为直接标题、间接标题和复合标题。

（1）直接标题

直接将商品的名称、特点、用途、产地等重要情况告诉人们。直接标题有时过于平淡，缺乏吸引力，应设法写得生动些，增强感染力。

（2）间接标题

用委婉迂回的手法暗示广告的主旨或基本内容，富于情趣，耐人寻味；从而吸引人们细看正文。

（3）复合标题

把直接标题与间接标题结合起来，互相关照，使标题既清楚明白，又新颖风趣。

2. 正文

正文是商业广告的核心部分,这部分内容应对标题所揭示的主旨或概括的基本内容作出简要而又具体的说明,包括商品名称、性能、品种、商标、规格、型号、用途、特点、结构、使用和保养方法、经营范围和经营项目、收购或销售方式、时间、地点、接洽办法、对用户所负的责任等,这些内容并非要面面俱到,根据具体情况进行筛选。

从结构上来看,正文一般为三段式。

(1) 开头

紧接标题,对标题概括商品内容或提出的问题作扼要的解说,引领下文。

开头的形式多样,写法灵活,可与标题直接对应相关,解释、说明标题全意或部分词意,也紧接标题叙述,可重复强调标题全句或部分,可导语式写法概括全文,可自我介绍生产厂家情况等。

有时广告正文短小精悍,开头部分也可省略不写。

(2) 中心段

主要是说明有关商品信息的特殊细节和事实依据,用最有说服力的材料来宣传本商品的质量、功用方面的优点。这部分内容是消费者了解认识产品的主要依据。

(3) 结束语

主要是用简洁有力的语言激发消费者的购买心理、敦促消费者采取购买行动。

从表现手法上来看,正文部分可以有如下几种写作方式。

(1) 直陈法。直接介绍有关商品情况。其优点是朴实自然,直截了当,清楚明白,给人诚信务实之感,而无矫揉造作之嫌。

(2) 对话法。用人物之间的对话来介绍有关商品的情况,其优点是如同拉家常,解说寓于谈话中。形式活泼,平易近人,给人亲切感。

(3) 引证法。引用获得的荣誉称号、专家的鉴定、名人的赞誉、用户的反映来证明有关商品质量的可靠性,其优点是能增强消费者的信任感。

(4) 幽默法。用幽默风趣的语言文字在谈笑风生中介绍有关商品或宣传有关商业服务情况,其优点是引人入胜、趣味盎然、加深印象、经久不忘。

商业广告正文部分的撰写还有一个关键的问题就是创意,创意可以说是广告的灵魂,是一个广告的好坏与成败的关键。广告创意最重要的原则是首先要把握市场趋势,顺应市场趋势才能融入市场,为市场所接受。第二,创意要抓住特点,宣传产品的特点,与众不同才更能引人入胜。第三,要紧扣消费心理,关注并满足消费者的心理需求,才能引导消费者的消费行为。第四,要理解文化差异,根据受众的文化背景进行广告创作才能引发大众的共鸣,产生良好的广告效果。

3. 结尾

写明产品的经销单位、地址、联系人、电话号码等。

案例 8-5

韩国三星集团企业形象广告(广告语)

世界上现存的少量蓝鲸不是"人"的对手,人类仅在 21 世纪以来就随随便便地从地球上消灭了800条蓝鲸的生命。

像其他所有海洋动物一样，蓝鲸需要依靠清洁的海水生存。

三星集团已经设计并正在制造一种双层船身、双层底板结构的油轮，这种结构防止了石油溢出。

为美国和欧洲的主要石油公司制造的这种油轮，证明了技术可以使人类成为动物的保护者而不是食肉动物。

三星，为生命服务的技术。

（http://www.d0c88.com/p-062160793132.html）

六、经济活动分析报告

（一）经济活动分析报告的概念

经济活动分析报告，是一种以经济理论和经济政策为指导，以各种经济活动资料为依据，运用科学的经济分析方法，对某一部门或某一单位的一定时期经济活动进行分析而写成的书面报告。

经济活动分析报告以经济理论、国家经济方针、政策为指导，依据各种经济活动资料，运用科学的分析方法，对一个部门或一个单位在一定时期或某一项经济活动的情况进行的全面的总结、系统地分析和正确的评价。

（二）经济活动分析报告的特点

1. 分析性

分析性是经济活动分析报告最主要的特点，经济活动分析报告要将分析对象相关的大量数据进行定量、定性分析，研究查找相互关系，并且还会根据需要从不同的侧面、角度对宏观和微观的、全面和局部的、有利和不利的因素进行深入的分析和比较说明，力求综合地反映出一个时期以来的经济、金融等活动总体情况。

2. 针对性

针对性是确保经济活动分析信息价值的前提条件。撰写经济活动分析报告首先要明确一个分析对象，确定要分析什么，怎样进行分析，然后紧紧围绕分析主题，有的放矢地从错综复杂的经济现象中抓住主要问题进行分析，针对性越强的报告越具有价值。

3. 准确性

经济活动分析必须准确客观地揭示经济现象的变化过程及规律，总结经验，找出问题，提出建议。可以说准确性是确保经济活动分析信息价值的决定性因素，一定要从事物发展变化中分析问题，透过现象看本质，从经验中找不足，准确、全面、深刻地认识事物，使感性认识上升到理性认识，使分析结果得出科学的判断和客观的结论。

经济活动分析报告是以经济数据作为分析的主要依据，并用数字表述事物数量的变化过程及规律。所以，必须认真地去审查、鉴别和筛选经济数据，保证采用的数据必须准确、客观、具有代表性，去伪存真，去粗取精，从数据源上把好关，为再生数据的准确性奠定基础,提高分析的质量。

4. 逻辑性

经济活动分析是一种从感性到理性的认识活动,它体现了逻辑与分析之间的密切关系。所以,在掌握大量数据和情况的基础上,坚持实事求是的原则,应用判断、推理的逻辑方法,进行合乎事实的逻辑分析,才能如实反应客观事物的内在联系,使分析结论正确反映经济现象的变化规律。

(三)经济活动分析报告的分类

1. 按时间分类

按经济活动分析报告完成的时间分类,可分成定期经济活动分析报告和不定期经济活动分析报告。定期经济活动分析报告是按上级主管部门规定的时间,如每月、每季或每年必须如期编制的分析报告;不定期经济活动分析报告是上级主管部门或本单位根据某种需要临时编制的分析报告。

2. 按形式分类

按形式的不同可分成文章式、表格式和文章表格结合式分析报告。文章式经济活动分析报告指全用文字分条列项来表述;表格式经济活动分析报,指用一份或多份表格形式来填报;文章表格结合式经济活动分析报告是有些内容用文字表述,有些内容用表格填写,将文字与表格二者结合。

3. 如按内容和性质分类

按经济活动分析报告的内容和性质的不同可分为专题性分析报告和综合性分析报告。专题性分析报告是就某一专项经济活动进行分析而写成的报告;综合性分析报告是就某一部门或某一单位的整体经济活动进行全面、综合分析而写成的报告。

此外,经济活动分析报告还可按部门分类,有财政部门、税务部门、银行部门、统计部门、审计部门等多部门的分析报告。

(四)经济活动分析报告的写作格式

1. 标题

经济活动分析报告的标题一般由"单位名称＋时限＋内容＋文种"组成。也可以将时限写在单位名称前面。有的经济活动分析报告主题比较鲜明的还可以采用论文式的标题,以中心观点形成报告标题。

2. 正文

经济活动分析报告的正文,一般由导语、主体、结尾组成。

(1)导语

导语又叫前言、引言,它是正文的开头部分,导语部分语言一定要简练、概括,内容涵盖丰富。可以选择交待分析目的、背景、内容和范围;也可交待分析的时限、对象;还可以交待分析对象的概况并评价,方法灵活多样。

(2)主体

主体是正文的重点部分,也是经济活动分析报告的核心部分。这部分要交待具体情

139
第八章 商务写作技能

况,要进行理论分析,最后要得到明确结论,并且还要体现出通过运用科学方法进行的分析与研究。

具体情况就是分析对象的客观实际,要从分析目的出发,具备充足的典型事例和确凿数据。这是分析的基础,支撑观点、得出结论的依据。

理论分析是根据分析对象的实际,分析其取得的成绩或存在的问题,并找出其原因,总结经验、规律或教训。

明确结论就是要明确表达看法,得出正确的结论,不能只罗列现象而不置可否。

在主体中还要体现科学方法的运用,根据分析对象的特点、分析的目的、材料的内容和性质,恰当地运用各种科学分析方法,力求分析的科学性、逻辑性,以增强说服力。

（3）结尾

这是正文的最后一部分,一般根据主体部分所反映的问题,提出改进意见、建议或措施。

经济活动分析报告三个部分的基本结构体现了"提出问题—分析问题—解决问题"的思路。正文的内容比较多,为了使文章的条理清楚,体现其逻辑性,在完成导语后,中间往往用小标题或序码分成若干部分来写,每个部分根据实际情况,还可以分条撰写,注意层次要清晰,重点要突出。

3. 落款

落款部分要署名并标注完成日期。

这部分内容可以有两种形式:一是撰写单位名称或个人姓名,可在标题正下方,结尾不再署名,只写具体日期;二是标题下设署名,可在正文结尾后的右下方署名,写日期。注意标题中的单位名称有时并不是撰写单位,而是另一个部门,署名方式分别按上述两种情况写。见案例8-6。

案例 8-6

房地产公司 2011 年 11 月份经济活动分析报告（节选）

2011 年 11 月份,房地产公司实现主营业务收入 229 万元,完成年度总预算的 4.58%;本年累计完成收入 1617 万元,完成年度预算 5000 万元的 32.34%。11 月份实现利润 29 万元,环比增加利润 29 万元;本年累计完成利润 61 万元,完成年度调整预算利润 120 万元的 50.83%,同比增加利润 57 万元。

一、主要经济指标完成情况

（1）收入完成情况:11 月份实现收入 229 万元,上月为 23 万元,上年当月为 33 万元;本年累计完成收入 1617 万元,上年同期为 834 万元。

本月收入 229 万元是根据汕头三期实际测定的完工进度采用完工百分比法确认的结算收入,较 9 月份结算收入 23 万元增加 206 万元。汕头三期施工进度统计至 11 月底,桩基部分完成工程量的 60%,发生费用大约 500 万元。

（2）利润指标完成情况:11 月份实现利润总额为 29 万元,上月为 0 万元,上年同期为 0 万元;本年累计实现利润 61 万元,上年同期为 4 万元。

（3）主营业务成本情况：11 月份营业成本为 147 万元，上月为 0 万元，上年当月为 0 万元；本年累计营业成本为 1028 万元，上年同期为 596 万元。

（4）管理费用情况：11 月份管理费用支出 32.25 万元，上月 3 万元，上年当月 1.32 万元；本年累计管理费用支出 174.25 万元，上年同期为 144.32 万元。

11 月份生产经营情况较为平稳，各项数据指标也较平稳正常。

二、存在的问题

（1）人员结构不合理。

（2）缺乏新的经济增长点。

（3）秋长镇闲置土地存在被政府盘整收回的可能。

三、下一步采取的措施

（1）力争完成公司下达的年度经营任务目标。

（2）尽快盘活秋长镇闲置土地。

（3）推进惠州西区项目前期报建工作。

房地产公司

2011 年 11 月 4 日

(http://wenku.baidu.com/new/ed6b5dee6294dd88d0d26bbb.html)

【本章小结】

商务文书是商务活动中的公务文书，是商务工作中必不可少的一部分。通过本章的学习，简要了解商务文书的内涵、特点及分类，熟悉商务文书的语言特点，掌握并理解商务写作中的基本要求，学会运用商务写作的基本写作方法。

【实训题】

1. 假设你供职于一家电子产品生产企业，下一季度企业将有新产品上市。作为本次产品广告的策划人，撰写完成本次新上市产品的广告文案？

2. 以某职业技术学院和所在地科技园区合作创建大学创业服务中心为主题，拟写双方初步合作意向书。

3. 以某商品为对象，根据要求撰写商品说明书。

4. 通过网络查找某项目建议书，试分析其写作特点。

第九章　商务沟通实训实例

【学习目标】

1. 掌握：各类沟通技术的原则与原理；
2. 熟悉：商务沟通的知识与原理，有效的商务沟通方法与技巧；
3. 了解：企业内外的沟通环境以及商务沟通时的心态。

第一节　项目1——前台接待

一、知识准备

（一）有效沟通的方法与技巧

1. 有效沟通的要求

（1）及时。及时沟通是指沟通双方要在尽可能短的时间内进行沟通，并使信息发生效用。为此要做以下几点。

① 传送及时。在信息传递过程中，尽量减少中间环节，用最短的时间传递；

② 反馈及时。接收者接到信息后，应及时反馈，这有利于发送者修正信息；

③ 利用及时。双方要及时利用信息，避免信息过期失效。

（2）全面。要求发送者在发出信息时完整全面。

（3）准确。准确的信息，可充分反映发送者的意愿，使接收者正确理解信息。

2. 有效沟通的原则

有效沟通应遵循以下几个原则。

（1）目的明确和事先计划原则。在沟通之前要了解沟通对象，熟悉沟通内容，并对沟通的时间、地点做好充分的准备。

（2）信息明确的原则。在沟通过程中，应该告知对方沟通的目的，准确传递沟通的内容。

（3）及时的原则。对于沟通对象的询问、请求、问候等相关信息应该及时回复。

（4）合理使用非正式沟通的原则。应正确处理正式沟通与非正式沟通的关系，合理利用非正式沟通的正向功能，弥补正式沟通之不足。

（5）组织结构完整性的原则。在进行管理沟通时，应注意沟通的完整性。根据统一指挥原则，上级领导不能越级直接发布命令进行管理。否则会使中间的管理者处于尴尬境地。

3. 有效沟通的方法

（1）创造良好的沟通环境

① 沟通中少用评价语言、判断性语言，多用描述性语言，既介绍情况，又探询沟通情况。

② 沟通表示愿意合作，与对方共同找出问题，一起寻找解决方案，决不能企图控制和改造对方。

③ 坦诚相待，设身处地为对方着想。

④ 认同对方的问题和处境。

⑤ 平等待人，谦虚谨慎。

⑥ 不急于表态。保持灵活和实事求是的态度，鼓励对方反馈，耐心听取对方的说明和解释。

（2）学会有效地聆听

① 少讲多听，不要打断对方的讲话。

② 交谈轻松、舒适，消除拘谨不安情绪。

③ 表示有交谈兴趣，不要表现出冷淡或不耐烦。

④ 尽可能排除外界干扰。

⑤ 站在对方立场上考虑问题，表现出对对方的同情。

⑥ 要有耐心，不要经常插话，打断别人的谈话。

⑦ 要控制情绪，保持冷静。

⑧ 不要妄加评论和争论。

⑨ 提出问题，以显示自己充分聆听和求得了解的心境。

（3）强化沟通能力

强化沟通能力的关键点在于，一是传达有效信息；二是上下言行一致；三是提高组织信任度。

（4）增强语言文字的感染力

在沟通过程中应尽量使用通俗易懂的语言，使用接收者最易理解的语言。管理者应在不断的实践中提高语言及文字表达能力，多锻炼，平时多向别人学习，体会别人得体、风趣的谈话中的高明之处，提高自己的表达能力。

（5）"韧"性沟通

沟通时，往往不能通过一次沟通就达到目的，需要经过多次反复地沟通，这就要沟通者在沟通中培养"韧"性。对于沟通对象，要有"锲而不舍"的精神，抓住沟通中的每次机会、每一细节，进行反复沟通、深入沟通，直到达到沟通目的。

（6）重视沟通细节的处理

沟通的细节包括声调、语气、节奏、面部表情、身体姿势和轻微动作等。一方面，沟通者应给予对方合适的表情、动作和态度，并与所要传达的信息内容相配合。如轻松的交谈应面带笑容；真实的立场态度应该显示出严肃庄重的样子；在对方陷于忧思时应减缓语速。不同的坐姿、站法、手势也潜在地反映着一个人的个性、气质和态度。

另一方面，沟通者需要给予对方的口头语言和身体语言以灵活机动的反应，以满足沟通对象的需要。

4．有效沟通的策略

（1）使用恰当的沟通方式

面对不同的沟通对象，或面临不同的情形，应该采取不同的沟通方式，这样方能事半功倍。

（2）考虑接收者的观点和立场

有效的沟通者必须具有"同理心"，能够换位思考，站在接收者的立场，以接收者的观点和视角来考虑问题。

（3）充分利用反馈机制

进行沟通时，要避免出现"只传递信息，没有反馈"的状况。

（4）以行动强化语言

中国人历来倡导"言行一致"，说明意图只是沟通的开始，转化为行动才能真正提高沟通的效果，达到沟通的目的。

（5）避免一味说教

有效沟通是彼此之间的人际交往与心灵交流。如果用说教的方式与人交往就违背了这个原则。

（二）有效的拒绝方法与技巧

学会拒绝是一项重要技能。如果被繁重的要求和任务压得喘不过气来，那就要学会拒绝，以提高单项工作效率及正确率。以下是七种常见的拒绝的策略。

（1）说明不同意的理由

拒绝他人的同时应该告知对方拒绝的理由，以争取对方的理解。例如："我愿意帮您，但是我现在正在忙着写一本书。你能不能过一个月左右再来找我？"再比如，"我很想帮您，但领导让我写一个报告，李先生在这方面比较擅长，您是否可以去问问他是否可以帮您？"

（2）清楚你曾做出的承诺

列出自己承诺的事情和任务清单以便兑现承诺。

（3）用不表态的方式表达拒绝的态度

面对他人的请求，可以采取不回答的方式拒绝，即沉默。

（4）礼貌，但要坚决

优柔寡断会让对方抱有期望，再一次地提出请求直到你点头答应为止，这是因为请求方觉得事情还有商量的余地。因此，要拒绝的，就得让别人清楚地知道你不会再改变主意了。在拒绝他人时，切忌使用粗鲁的态度，实际上一句简单的"不，我现在实在无能为力"已经足够了。

（5）抢先一步拒绝

在发现对方有求助苗头时就可以表示拒绝。例如，无故提着礼物前来看望的熟人、平时不来往的热情同事都可能是求助者，可以直接拒绝见面以避免面对尴尬的局面。

二、项目实务

（一）公司前台访客或来电登记

访客或来电登记表,见表 9-1;公司前台访客或来电登记示例表见表 9-2。

表 9-1　公司前台访客或来电登记表

序号	日期	时间	访　客		访 问 对 象			备注
			姓名	单位	姓名	部门	事由	
1								
2								
3								
4								
5								
6								
7								
8								
9								

表 9-2　公司前台访客或来电登记示例表

序号	日　期	时间	访　客		访 问 对 象			备注
			姓名	单　位	姓名	部门	事由	
1	2012.10.31	16:00	夏飞	北京地坛家具有限公司	王芳	办公室	商务谈判	
2	2012.11.01	9:05	周蓝	山东映红科技有限公司	刘铭	销售部	渠道合作	访客 3 人
3								
4								

表格填写说明。

序号:填写阿拉伯数字,从 1 开始填写,按时间顺序填写一直到下班时间。

日期:填写访客来访准确日期,包括年月日。

访客姓名:填写访客的姓名、称呼,或职务。

访客单位:填写完整的公司名称。

访问对象姓名:填写接待人员的姓名或职务。

访问对象部门:填写接待人员所在的部门或单位。

事由:填写访客来访的原因或目的。

备注:特别说明表格中没有体现或者需要着重说明的内容。

（二）前台接待要求

(1)负责前台服务热线的接听和电话转接,做好来电咨询工作,重要事项认真记录并传达给相关人员，不遗漏、延误。

（2）负责来访客户的接待、基本咨询和引见，严格执行公司的接待服务规范，保持良好的礼节礼貌。

（3）对客户的投诉电话，及时填写登记表，并于第一时间传达到客户服务团队，定期将客户投诉记录汇总给相关领导。

（4）负责公司前台或咨询接待室的卫生清洁及桌椅摆放，并保持整洁干净。

（5）接受行政经理工作安排并协助人事文员作好行政部其他工作。

（三）前台接待服务规范

1. 客人来访

客户或来访者进门，前台马上起身接待，并致以问候或欢迎辞。如站着则先于客人问话而致以问候或欢迎辞。

如果来访者是一个人，问候标准语如下："先生，您好！"或"先生，早上好！""小姐，您好！"或"小姐，早上好！""您好！欢迎来到××公司。"

来者是二人，标准问候语则为："二位先生好！""二位小姐好""先生、小姐，你们好！"

来者为三人以上，标准问候语则为："各位好！"或"各位早上好！""各位下午好""大家好！"或"大家早上好！""大家下午好！"

对已知道客户或来访者姓名的，标准问候语如下："×先生好！""×小姐好！"

对已是第二次或二次以上来公司的客户、来访者，在沿用"单个人问候标准语"并看到客户点头或听到客户说"你好"之后，还可选用如下标准问候语："先生，我记得您前不久（以前）来过我们公司，今天光临，再次表示欢迎！"

（1）引导客户或来访者到咨询厅就座，递上茶水，送上公司营销宣传资料。

（2）当场解答或电话通知相关业务接待人员出现，介绍时先介绍主人，后介绍客人。

（3）引领客户或来访者接触相关人员，行走时走在客户或来访者侧前位置，并随时用手示意。途中与同事相遇，点头行礼，表示致意。

（4）进入房间，要先轻轻敲门，听到回应再进。进入后，回手关门。

（5）介绍双方，退出。如相关人员抽不开身回应，则安抚客户或来访者稍等，退出。

2. 客人来电

（1）听到铃响，至少在第三声电话铃响前拿起话筒。

（2）听话时先问候，并自报公司、部门。标准语如下，"您好，××公司！"或"您好，这里是××公司！"

对方讲述时留心听并记下要点，未听清时，及时告诉对方。随后根据对方的初次问话，迅速判断出他有何需求？做出标准回话。

3. 形象要求

当值前台为女性，需要穿职业套装，化淡妆。男性，则需要穿西装，打领带。

（四）示范案例

前台接待示范案例见案例 9-1。

酒店总台接待

某酒店总台一位前台小姐正在给 915 房间的客人办理离店手续。闲聊中,那位客人旁顾左右,捋下手指上的一枚戒指,偷偷塞到小姐手里低声道:"我下星期还要来长住一个时期,请多多关照。"

小姐略一愣,旋即,镇定自若地捏着戒指翻来覆去地玩赏一会儿,然后笑着对客人说道:"先生,这枚戒指式样很新颖,好漂亮啊,谢谢你让我见识了这么个好东西,不过您可要藏好,丢了很难找到。"

随着轻轻的说话声,戒指自然而然地回到了客人手中。客人显得略有尴尬。

小姐顺势转了话题:"欢迎您光顾我店,先生如有什么需要我帮忙,请尽管吩咐。您下次来我店,就是我店的常客,理应享受优惠,不必客气。"

客人正好下了台阶,忙不迭说:"谢谢啦,谢谢啦。"客人转身上电梯回房。

这时另一个前台小姐说:"915 房的预订客人即将到达,而 915 房的客人还未走,其他同类房也已客满,如何通知在房的客人迅速离店,而又不使客人觉得我们在催促他,从而感到不快呢。"

小姐眉头一皱,又拨打电话。

"陈先生吗,我是总台的服务员,您能否告诉我打算什么时候离店,以便及时给您安排好行李员和出租车。"

915 房间,陈先生:"哈哈,我懂你的意思啦,安排一辆的士吧。"

(http://bd.hbrc.com/news/view_1567806.html)

点评:

服务需要委婉的语言,而委婉的语言是一门艺术,需要刻意追求与琢磨才能到位。

宾馆酒店的软件提高,需要做方方面面的工作,而最基本的,最直接的就是服务工作中的语言。有道是:一句话惹人哭,一句话逗人笑。处理得当,锦上添花,处理不当,则前功尽弃。

问题:

(1) 如果你是前台小姐,遇到不讲理的顾客应该怎么解决?

(2) 如果你是前台小姐,遇到恶意拖延并委婉劝说无效时该怎么解决?

(3) 如何委婉坚决地拒绝顾客的无理要求?

实训情景 9-1

实训目标:让学员体验作为酒店前台接待顾客的情境。

实训内容:情景模拟,学员两国一对模拟前台和顾客进行入住前对话。

实训设施:场景布置,商品陈列,卖场布局。

实训步骤:两位学员分别扮演酒店前台和客人,做办理入住手续的基本对话。

第二节　项目 2——柜台接待

一、知识准备

（一）有效倾听的技巧

倾听在沟通中有着不可忽视的作用，是一种需要不断修炼的艺术。因此，为了达到良好的沟通效果，推销人员就必须不断修炼倾听的技巧。有效倾听的技巧如下。

（1）集中精力，专心倾听

这是有效倾听的基础，也是实现良好沟通的关键。要想做到这一点，推销人员应该在与客户沟通之前做好多方面的准备。如身体准备、心理准备、态度准备以及情绪准备等。疲惫的身体、无精打采的神态以及消极的情绪等都可能使倾听归于失败。

（2）不随意打断客户谈话

随意打断客户谈话会打击客户说话的热情和积极性，如果客户当时的情绪不佳，而谈话又被打断，无疑是火上浇油。所以，当客户的谈话热情高涨时可以给予必要的、简单的回应，如"噢""对""是吗""好的"等。除此之外，最好不要随意插话或接话，更不要不顾客户喜好另起话题。例如："等一下，我们公司的产品绝对比你提到的那种产品好得多……""您说的这个问题我以前也遇到过，只不过我当时……"

（3）不轻易反驳客户观点

客户在谈话过程中表达的某些观点可能有失偏颇，不要轻易反驳，可以采取提问等方式改变客户谈话的重点，引导客户谈论更能促进销售的话题。例如：在做保险推销时可以这样说"既然您如此厌恶保险，那您是如何安排孩子们今后的教育问题的？""您很诚恳，我特别想知道您认为什么样的理财服务才能令您满意？"

（4）了解倾听的礼仪

在倾听过程中，要尽可能地保持一定的礼仪，表达对客户的尊重。通常在倾听过程中需要讲究的礼仪如下。

① 保持视线接触，不东张西望。

② 身体前倾，表情诚恳，耐心聆听客户把话讲完。

③ 真正做到全神贯注。

④ 不要只做样子，心思分散。

⑤ 表示对客户意见感兴趣。

⑥ 重点问题用笔记录下来。

⑦ 插话时请求客户允许，使用礼貌用语。

（5）及时总结和归纳客户观点

归纳和总结，一方面可以向客户传达一直在认真倾听的信息；另一方面，也有助于保证没有误解或歪曲客户的意见，更有效地找到解决问题的方法。例如："您的意思是要在合同签订之后的 20 天内发货，并且再得到 5％的优惠吗？""如果我没理解错，您更喜欢弧线形外的深色汽车，性能和质量也要一流，对吗？"

（二）提升人际沟通的基本策略

有效沟通的四个基本法则。沟通失败的根本原因在于，缺乏对沟通实质和目的的了解。所以非常有必要了解彼得？德鲁克提出的有效沟通的四个基本法则。

法则一：基于接收者的认知沟通。

禅宗曾提出过一个问题，"若林中树倒时无人听见，会有声响吗？"答曰"没有"。树倒了，确实会产生声波，但除非有人感知到了，否则，就是没有声响。沟通只在有接受者时才会发生。

沟通时必须考虑对方的经验。接受者的认知取决于他的教育背景，过去的经历以及他的情绪。如果沟通者没有意识到这些问题，沟通将会是无效的。另外，晦涩的语句就意味着杂乱的思路。所以，需要修正的不是语句，而是语句背后想要表达的看法。

有效的沟通取决于接受者如何去理解。例如经理告诉助手："请尽快处理这件事，好吗？"助手会根据老板的语气、表达方式和身体语言来判断，这究竟是命令还是请求。德鲁克说："人无法只靠一句话来沟通，总是得靠整个人来沟通。"

所以，无论使用什么样的渠道，沟通的第一个问题必须是，"这一信息是否在接受者的接收范围之内？他能否收得到？他如何理解？"

法则二：基于接收者的期望沟通。

在进行沟通之前，了解接受者的期待是什么显得尤为重要。只有这样，才能达到良好的沟通效果。

如果一位经理安排下属主管去管理某个生产车间，如果这位主管是一位积极进取的年轻人，经理就应该告诉他管理生产车间更能锻炼和反映他的能力，今后还可能会得到进一步的提升；相反，如果这位主管只是得过且过，经理就应该告诉主管，由于公司的业务重组他必须去车间，否则只有离开公司。

法则三：基于接收者的价值取向沟通。

所有的沟通都具有目的性。例如发布命令，指导，批评或款待。沟通总是会产生要求，它总是要求接受者完成某事或相信某种理念。

如果沟通能够符合接受者的渴望、价值与目的，它就具有说服力。假如沟通违背了接受者的渴望、价值与动机时，可能不会被接受，或者是受到抗拒。

法则四：用目标管理有效沟通。

德鲁克认为，目标管理提供了有效沟通的一种解决办法。在目标管理中，老板和下属讨论目标，计划，对象，问题和解决方案。由于双方都着眼于完成目标，这就有了一个共同的基础，彼此能够更好地了解对方。德鲁克提出的四个问题，可以用来自我检测，看看你是否能在沟通时去运用上述法则和方法。一个人必须知道说什么；一个人必须知道什么时候说；一个人必须知道对谁说；一个人必须知道怎么说。

二、项目实务

（一）柜台接待要求

（1）具有良好的亲和力，口齿清楚，沟通表达能力强。

（2）学习力强，熟悉产品知识，协助顾客购买公司产品及时回复顾客对产品信息的咨询，并提供相应的指导。务必以顾客为中心，让每个顾客的购买都轻松愉快。

（3）善于人际关系的协调和沟通，性格开朗，思维敏捷。

（4）工作认真、踏实、积极、努力，责任心强、纪律性强、时间观念强。

（二）柜台接待职责

（1）完成销售任务。

（2）维护客户关系，传播品牌精神。

（3）接待客户并处理相关投诉。

（三）柜台接待技能

FAB 法则内容。

（1）特性（Feature）。

（2）优势（Advantage）。

（3）益处（Benefit）。

FAB 法则示例，见表 9-3。

表 9-3　FAB 表格

公　司	产　家	打印机产家
产品	汽车	打印机
F(属性)	采用 TSI 发动机技术	环保节能
A(作用)	平均每百公里油耗 6 升	打印耗电 460W 以下
B(益处)	省钱	节电省钱

（四）示范案例

柜台接待示范案例见案例 9-2。

案例 9-2

顾客的投诉

某专柜一天顾客拿着一双断面靴子来柜台投诉，要求换货。营业员查看后是属于质量问题，但是顾客没有购物凭证，另外顾客是用现金付款，电脑里找不到任何销货依据，无法确定购买时间。所以营业员说没小票不处理。一直争执不下。专柜业务主管只同意购买新款优惠的解决方法。最后顾客在柜台大吵，如果不处理我就把这双鞋子给任何一个进店的顾客看，看你要不要做生意？

（http://www.chinadmd.com/file/aautcutzovvxsxizexeeeau6_2.html）

问题：

（1）如果今天你是当班课长你会怎么处理此事？

（2）案例中的店员犯了什么沟通错误？

> **实训情景 9-2**
>
> 实训目标：让学生体验作为柜台销售人员，如何了解顾客需求，并针对顾客需求推荐产品的最主要卖点去迎合顾客需求，从而快速达成交易。其次，根据顾客购买情况，考虑如何增加客户的客单价。最后，如何建立牢固的客服关系，建立个人服务品牌。

第三节　项目3——远程接待

一、知识准备

（一）沟通类型

1. 根据信息载体划分

根据信息载体的异同，沟通可分为言语沟通（verbal communication），非言语沟通（nonverbal communication）。

2. 根据途径的异同划分

正式沟通（formal communication），非正式沟通（informal communication），下向沟通（downwards communication），上向沟通（upwards communication），横向沟通（sideways communication），斜向沟通（diagonal communication）。沟通分类，如图 9-1 所示。

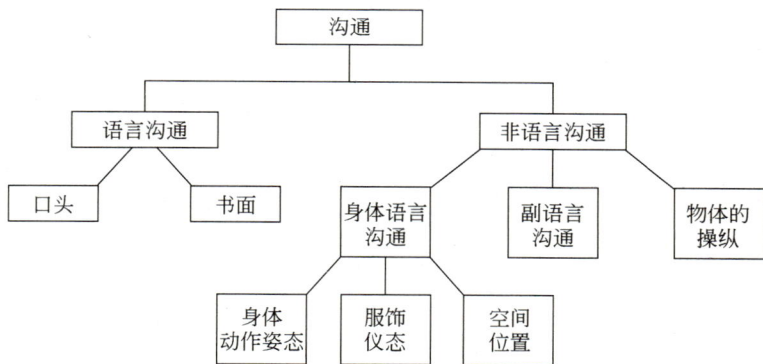

图 9-1　沟通分类框架图

（二）电话沟通

1. 接电话前的准备

如果口中正咀嚼东西，不要立即接听电话。若正嬉笑或争执，一定要等情绪平稳后再接电话。

2. 快速介绍自己

电话沟通，必须快速介绍自己，具体的方法如下。

打电话。如果使用本人的电话或公司的直线电话与对方通话，只报自己的姓名和职务即可。如果接听公司直线电话，只报出公司的名称。接听公司内部电话，只需通报部门名称和自己的姓名，不需报公司名称。

接电话。直接打进的，除了报部门名称和自己的姓名外，还需要报公司名称。讲电话的声音不要过大，话筒离口的距离不要过近或过远。

3. 代听电话

若是代听电话，一定要主动问客户是否需要留言。接听让人久等的电话，要向来电者致歉。电话来时正和来客交谈，应该告诉对方有客人在，待会给他回电。工作时朋友来电，应扼要迅速地结束电话。接到投诉电话，千万不能与对方争吵。

4. 电话营销有效沟通的实战技巧

电话营销有效沟通的实战技巧。

（1）准备

心理准备，我们所拨打的这通电话很可能人生的转折。必须认真、负责、和坚持的对待。

内容准备，在拨打电话之前，要把所要表达的内容准备好，最好是先列出几条在手边的纸张上，以免对方接电话后，自己由于紧张或者是兴奋而忘了自己的讲话内容。另外和电话另一端的对方沟通时要表达意思的每一句话该如何说，都应该有所准备必要的话，提前演练到最佳。

在电话沟通时，注意两点。第一，注意语气变化，态度真诚。第二，言语要富有条理性，不可语无伦次前后反复，让对方产生反感或啰嗦。

（2）时机

打电话时一定要掌握一定的时机，要避免在吃饭的时间里与顾客联系，如果把电话打过去了，也要礼貌的征询顾客是否有时间或方便接听。如"您好，王经理，我是×××公司的×××，这个时候打电话给您，没有打搅您吧?"如果对方有约会或恰巧要外出，或刚好有客人在的时候，应该很有礼貌的与其说清楚再次通话的时间，然后再挂上电话。

如果老板或要找的人不在，需向接电话人索要联系方法"请问×××先生/小姐的手机是多少? 他/她上次打电话/来公司时只留了这个电话，谢谢你的帮助"。

（3）接通电话

① 拨打业务电话，在电话接通后，业务人员要先问好，并自报家门，确认对方的身份后，再谈正事。例如："您好，我是×××公司，请问××老板/经理在吗? ××老板/经理，您好，我是×××公司的×××，关于……"

② 讲话时要简洁明了。由于电话需要支付费用，容易占线等特性，因此，无论是打出电话或是接听电话，交谈都应简明扼要，除了必要的寒暄也客套之外，一定要少说与业务无关的话题。

③ 挂断前的礼貌。打完电话之后，业务人员一定要记住向顾客致谢，"感谢您用这么长时间听我介绍，希望能给你带来满意，谢谢，再见。"一定要顾客先挂断电话，业务人员才能轻轻挂下电话，以示对顾客的尊重。

（4）接听电话的艺术

接听时一定要注意，不能一问三不知，或敷衍了事推诿顾客，更不能用不耐烦的口气来对待每一位打过电话的顾客。

① 电话接通

电话接通后，接电话者要自报家门："您好！这里是全程管理公司业务部"或"您好，我是××，很高兴为您服务"应杜绝直接询问"喂，喂你找谁呀；你是谁呀？"除此之外，还应及时接听电话。

② 记录电话内容

在电话机旁最好摆放一些纸和笔，这样可以一边听电话一边随手将重点记录下来，电话结束后，就重点内容妥善处理或报告给上级主管。

③ 重复重点

接听电话时应核对重要信息。例如，顾客打来电话订货，产品名称或编号、价格、发货时间等。不仅要记录重要信息，还应该得利向对方复述一遍，以确定无误。

④ 让顾客等候的处理方法

如果通话过程中，需要对方等待，接听者必须说："对不起，请您稍等一下"之后要说出让他等候的理由，以免因等候而焦急。再次接听电话时必须向对方道歉："对不起，让您久等了。"如果让对方等待时间较长接听人应告示知理由，并请他先挂掉电话待处理完后再拨电话过去。

⑤ 电话对方声音小时的处理方法

如果对方语音太小，接听者可直接说："对不起，请您声音大一点好吗？"我听不太清楚您讲话。绝不能大声喊："喂喂大声点"。

⑥ 电话找人时的处理方法

如果遇到找其他人的电话，应迅速把电话转给被找者。如果被找者不在，应对对方说："对不起，某某现在出去了，我是××，如果方便，可不可以让我帮你转达呢？"也可以请对方留下电话号码，等被找人回来，立即通知他给对方回电话。

无论是拨打电话，还是接听电话，都可以反映出一个人或公司的形象。电话是公司对外交流的一个窗口。一个好的拨打电、接听电话过程，传递给对方的是一个好的印象，反之亦然。

（5）8秒吸引客户的电话营销技巧

① 当对方接电话时，问一声"是×总吗？"，核实其身份。

② 接着是寒暄："跟您通话十分荣幸。"或者"谢谢您接听我的电话。"要让对方觉得自己有急事找他。

③ 接下来直接陈述自己的来意。用词应简明扼要，且要涉及对方所关注的业务问题，同时证明自己有能力解决它。

④ 报出姓名。只有当道出意图，建立了良好信誉之后，才可以说出自己的姓名。

⑤ 提出问题。在电话的最后几秒钟，向高管提一个问题。问题应该将对话引向下一个明确的目标，并且提出一个时限。例如，"×总，在本月底之前，怎样才能最快地知道，我们的方案是否得到你和你的团队更多的关注？"

⑥ 在陈述意图时不能让对方觉得自己是一名在试图完成推销指标的推销员,而应该表现得像是"一位懂得如何及何时与他建立业务关系的志同道合的领军人物"。

（6）客服人员有效的提问 8 大技巧

① 针对问题沟通。即针对要解决的问题进行沟通。例如,中国移动或者中国联通10086、10010 服务热线,面对客户投诉"开机的时候,手机坏了"。或者"始终信号不好,接收不到,或者手机屏幕什么显示都没有"。这个时候,客户服务人员可能会问:"那您今天早晨开机的时候,您的屏幕是什么样子的?"这个问题就是针对性的问题的沟通。

② 选择性沟通。选择性问题也算是封闭式问题的一种,就是客户只能回答"是"或者"不是"。这种提问用来澄清事实和发现问题,主要的目的是澄清事实。比如,朋友打来电话问"你在开会?"回答只能选"是"或者"不是"。

③ 了解性问题。是指用来了解客户信息的一些提问,在了解信息时,要注意有的客户会比较反感提这些问题。比如,咨询:"您什么时候买的""您的发票是什么时候开的?""当时发票抬头开的是什么?""当时是谁接待的?"等。客户觉得像在查户口。作为客户服务人员,提这些问题的目的是为了了解更多的信息。

④ 澄清性问题。是指正确地了解客户所说的问题是什么。北京有一家手机专卖店"中复电讯",经常收到关于手机质量差的电话,这时客服人员,首选应是澄清问题。这时可以问:"您说的通话效果很差,能详细地描述一下吗？ 是一种什么样的差"。了解客户投诉的真正的原因是什么,事态有多严重,这叫澄清性问题。

⑤ 征询性问题。是指对于问题的提问,常常以问号结尾。例如,"您看?"告知客户一个初步解决方案后,要让客户做决定时就可以用征询性提问。比如,客户抱怨产品有质量问题,听完他的陈述,就可以这样表达:"您方便的话,可以把您的产品拿过来,可能需要在这放一段时间。这就是我的解决方案"。

⑥ 服务性问题。也是客户服务中非常专业的一种提问。在客户服务过程结束时用的。例如,"您看还有什么需要我为您做的吗?"

⑦ 开放式问题是用来引导客户讲述事实的。如:"您能说说当时的具体情况吗？ 您能回忆一下当时的具体情况吗?"

⑧ 封闭式问题。就是对客户的问题做一个重点的复述,常用语沟通的结束部分。当客户描述完问题以后,可以说:"您的意思是想重新更换产品,是这样的吗?"这是一个关闭性的问题。

（7）电话访问应对前台接待员技巧

应对前台的电话营销技巧 7 条。

① 克服心理障碍。无论电话的另一方的政治地位或学识比自己高多少,都应该以尊重、平等的态度进行沟通,避免产生自卑心理。

② 注意语气。打电话的语气要礼貌且温和。例如,"早安,请问张先生在吗?"不应该以"我是××公司的××人"做开场语,如果接电话的人说出他自己的名字,就说:"李小姐,请问张先生在吗?"

③ 将接待人员变成朋友。例如,"早安！我是××,我想跟张先生谈谈,请问您是哪

一位?"接电话的人说:"我是他的秘书,李小姐。"可以说:"假如你是我,而你必须跟张先生谈谈,你要怎么办呢?"

④ 避免直接回答对方盘问。接电话时可能被问到几个问题:你是谁?你是哪家公司?有什么事情?如果不想告知对方这样回答:我很想告诉你,但是这件事情很重要,我必须直接跟他说。

⑤ 摆高姿态强渡难关。"你跟陌生人讲电话都是这样的吗?你老板交代你要这样吗?""你帮我转电话之前,还想知道关于我个人什么事?""你为什么不让我跟你的老板说话?""你不转通电话,公司将会因此而失去赚钱的机会,你愿意冒这个风险吗?""既然你不愿意接电话,能不能告诉我你的名字?如果贵公司还有人打电话来询问,我就可以告诉他,我曾经跟谁谈过了。"

⑥ 别把自己的名字跟电话号码留给接电话的人。如果买方不在或是没空,再找机会试试"我想我可以再打电话过来,什么时间比较恰当?"

⑦ 语音信箱。可以通过语音信箱给对方留言:先留下你的名字和电话号码,然后在重要事项讲一半时切断电话,好像是电话线突然中断一样。

(三)在线沟通

1. 态度

罗曼·皮尔说过:态度决定一切。对于企业或者网店来说,客户服务的态度可以直接影响最终的成交率。

(1)销售前的服务态度。销售前应当尽量站在顾客的角度考虑,比如在顾客找客服时可以提醒买家"不要冲动购物,买需要的宝贝就可以了,不然会浪费。"

(2)销售中的服务态度。售中服务阶段是在顾客确定购买之后,收到商品之前的这一个阶段。这段时间客户往往比较关心商品,可能会比较急躁,这是要仔细认证的回答客户的问题,这段时间的服务会影响客户对本次交易的评价。

(3)销售后的服务态度。售后问题主要是应对顾客对商品或者服务产生的不满。当遇到售后问题时就需要进行客观的探讨、积极的解决、努力的改进并坦然面对,好的售后服务可以提高客户的忠诚度。

2. 在线沟通技巧

(1)问候。当客户遇到问题需要咨询时,应在第一时间向客户回答"您好!"再加一个友善的表情,虽然网络上不能看到真实的表情,但言语之间是可以感受得到自己的诚意与服务。

(2)不要随意打扰客户。网上交流的时间不要太长,商务交流不等于聊天。商务交流的语言态度,措辞等应该是非常认真和严肃的。同时在沟通的过程中,有一些敏感的话题。

(3)接待咨询。为了更高效便捷地为客户提供服务,要根据日常工作经验搜集和设计好一些专用的沟通话语,并预先将其设定为固定的快捷短语备用。好的快捷短语集结了日常工作中涉及频率较高的,经验证实有效而可行的问题回复方式。快捷回复的设置能够优化沟通技巧和沟通效果,可以缩短顾客的等待时间。

（4）异议处理。在通过沟通和推荐产品之后，客户可能会产生一些异议，相对应的应对策略，见表 9-4。

表 9-4　异议处理的应对策略

异　　议	方　法　对　策
顾客犹豫是否要买	询问法。通常情况下，顾客对产品感兴趣，但可能有难言之隐不拍板，再就是推脱之词。所以要利用询问法将原因弄清楚
	假设法。假设马上成交，顾客可以得到什么好处，假如不马上成交，有可能会失去一些到手的利益
顾客觉得太贵	比较法。与同类产品或与同价值的其他物品进行比较。让客户明白在自己店买最实惠
	拆散法。将产品的几个组成部件拆开来，一部分一部分来解说，每一部分都不贵，合起来就更加便宜了
	平均法。将产品价格分摊到每月、每周、每天，尤其对一些高档服装销售最有效
顾客讨价还价	底牌法。告诉顾客这个价位是产品目前在全国最低的价位，已经到了底。通过亮出底牌，让顾客觉得这种价格在情理之中，买得不亏
	直接法。告诉顾客在这个世界上很少有机会花很少钱买到最高品质的产品，这是一个真理，让顾客不要存有这种侥幸心理

二、项目实务

（一）远程接待岗位要求

（1）良好的沟通及应变能力。客服工作相比其他岗位工作在沟通及应变能力上对从业人员提出了更高的要求。客服人员在接受用户投诉时需要运用一定的沟通技巧，积极应变，化解矛盾争端，解决冲突与对抗，从投诉流失中吸取教训，维护企业形象并及时为用户解决问题。

（2）良好的心理素质。客户服务人员直接接触用户，为其提供咨询服务、接受用户投诉等等，特殊的工作性质决定了客户工作人员要有一定的忍耐性，宽容对待用户的不满，能够承受压力，具备良好的心理素质。

（3）熟练掌握业务知识。了解产品及用户需求。熟练掌握业务知识是客服工作人员的基本素质之一，只有真正的了解企业文化，了解产品及用户的需求所在，熟练掌握业务知识才能够积极应对客户。

（4）高度的责任感和荣誉感。客服工作是企业形象对外展示的窗口，客服工作的质量，客服工作人员的素质直接影响着企业的形象。这就需要企业的客服工作人员具备高度的职业道德，做好本职工作，维护企业的形象。

客户服务工作的好与坏代表着一个企业的文化修养、整体形象和综合素质，与企业利益直接挂钩；能否赢得价值客户，不仅是企业的产品质量，产品标准，产品价格等方面的问题，客户服务也是一个关键环节。

（二）远程接待的基本方法

（1）用心聆听。聆听是一门艺术，从中可以发现客户的真正需求，从而获得处理投诉的重要信息。

（2）道歉。如果自己没有错，就没有理由惊慌，是自己的过失就得勇于面对。

（3）仔细询问。引导用户说出问题的重点，有的放矢。

（4）表示同情。如果对方知道自己的确关心他的问题，也了解他的心情，怒气便会消减一半，找出双方一起同意的观点，表明自己是理解他的。

（5）记录问题。好记性不如烂笔头，把客户反映的重点问题记录下来。

（6）解决问题。探询客户希望解决的办法，一旦找到方法，还应征询客户的同意，如客户不接受自己的办法，询问他有什么提议或希望解决的方法，不论自己是否有权决定，让客户随时了解自己工作的进程。如自己无法解决，可推荐其他合适的人，但要主动地代为联络。

（7）礼貌地结束。当这件不愉快的事情解决之后，应该问：请问您觉得这样处理可以了吗？您还有别的问题吗？如果没有，就多谢对方提出的问题。

（三）示范案例

远程接待示范案例见案例9-3。

案例 9-3

应对脾气急躁的客户

A公司的一个客户打进电话，抱怨说最初通过网络申请的密码丢失，密码提示问题也已经忘记。A公司根据目前的解决只能通过密码提示问题找回丢失的密码，没有其他办法。

A公司打进电话的客户特征描述。情绪激动，脾气暴躁，急于找回密码。打进电话时语气急速，生硬，不友好；在问题解释过程中，客户没有耐心。

座席：这里是A公司客户服务中心，请问您有什么问题？

客户：我在网上密码忘记了（或被盗了），找回了很多次都没成功？

座席：这位先生，请问您贵姓？

客户：我姓张。

座席：张先生，请问您找回密码是通过我们网站提交密码提问进行找回的吗？

客户：是的，我是一年前注册的，现在谁还能记住密码提示问题？

座席：密码找回是通过密码提示问题找回的。

客户：你的意思就是我就找不回密码了。

座席：张先生，我很理解您此时的心情，如果我遇到您这种情况，我也会像您一样着急。我们这么做的目的也是为了保护客户利益。

客户：保护我的利益就要帮我找回呀！我都使用一年多了，好不容易才提升到现在这样的级别，我就这样认了吗？

座席：张先生，和您谈话中，可以看出您一定是××方面的高手，在网上经常发生密码和信息被盗的现象，就像现实生活中小偷偷走了我们的钱包一样，要找回一定需要相应的线索。而密码找回也是通过提供密码提示问题这一线索找回的。希望您能理解。

客户：还有没有其他的办法？

座席：我很希望能够给您更多的帮助。目前密码找回只能通过密码提示问题，如果公司有其他的方案，会第一时间通知您，请您多多包涵。

客户：谢谢！（结束电话）

(http://blog.sina.com.cn/s/blog_6de5ef370100pylv.html)

问题：

(1) 案例中座席有哪些可取之处，又有哪些不足？

(2) 若你是座席，你会如何处理张先生的问题？

实训情景 9-3

实训目标：让学生体验作为电话客服中心接线员面对顾客步步紧逼情况下如何应对，如何更好地如何采用更合适的沟通方式、更合适的时机、更合适的地点向下属传递决策活动的目的与要求。如何利用组织信息系统，了解下属需求并站在对方的立场上进行有效沟通。

第四节　项目4——部门内部沟通

一、知识准备

（一）会议沟通

1. 什么是会议沟通

会议沟通是一种成本较高的沟通方式，沟通的时间一般比较长，常用于解决较重大、较复杂的问题。

2. 哪些情境适合会议沟通

如下的几种情境宜采用会议沟通的方式进行。

(1) 需要统一思想或行动时（如项目建设思路的讨论、项目计划的讨论等）。

(2) 需要当事人清楚、认可和接受时（如项目考核制度发布前的讨论，项目考勤制度发布前的讨论等）。

(3) 传达重要信息时（如项目里程碑总结活动，项目总结活动等）。

(4) 澄清一些谣传信息，而这些谣传信息将对团队产生较大影响时。

(5) 讨论复杂问题的解决方案时（如针对复杂的技术问题，讨论已收集到的解决方案等)。

3. 如何进行会议沟通

(1) 会议沟通模式。

(2) 明确会议目的。

(3) 确定与会者构成。

(4) 明确与会者角色职责。

(5) 会议的组织准备工作。

(6) 会议议程。

(7) 会议记录。

4. 会议的安排测试

召开会议前就应该安排好会议的议题、议程、与会者名单以及现场的布置等,否则会议很难保证顺利进行。因此,会议的安排应注意以下内容。

(1) 制定议程安排

① 充分考虑会议议程,写出条款式的议程安排。

② 确定会议的召开时间和结束时间,并和有关部门协调。

③ 整理有关议题,并根据其重要程度排出讨论顺序。

④ 把会议安排提前交给与会者当中。

(2) 挑选与会者

① 首要原则是少而精。

② 信息型会议,应该通知所有需要了解信息的人都参加。

③ 决策型会议,需要邀请能对问题的解决有所贡献,对决策有影响的权威人士,以及能对执行决策做出承诺的人参加。

④ 对那些未在会议邀请之列的关键人士做出说明。

(3) 会议室布置

① 现场会议室一般比较方便而且费用低廉,因而是首选地点。但是如果设计公司的对外关系或者与会人数较多,则可以考虑租用酒店或者展览中心。

② 与会者的身体舒适需求不能忽略,应该注意会议室的空调温度、桌椅舒适度、灯光和通风设备等。

③ 根据沟通需要来选择适当的桌椅排列方式。信息型会议的与会者应该面向房间的前方,而决策型会议的与会者应该面向彼此,适宜采用圆桌型的现场布置。

对照表9-5,检查会议是否安排到位。

表9-5　会议检查表

检 查 项 目	具体工作负责人	检 查 结 果
会议沟通目标		
会议议程安排		
参会人员安排		
会议事务安排		

5．会议准备技巧测试

会议开场的要诀如下。

（1）准时开会

不准时开会只能加剧与会者的焦躁情绪，同时也令与会者对会议主持者的工作效率和领导能力产生怀疑。

（2）向每个人表示欢迎

面对的是一队新的成员，可以让他们向大家做自我介绍。如果彼此已经见过面了，也要确保把客人和新人介绍给大家。

（3）制定或者重温会议的基本规则

可以使用"不允许跑题""聆听每个人的发言""每个人的发言不能超过 5 分钟"等类似的规定。如果准则是与会者共同制定而不是主持人强加的，则会议的效果要好一些。可以向与会者询问："你们同意这些规定吗？"要得到每一个人的肯定答复，而不要想当然的把沉默当成没有异议。

（4）分配记录员和记时员的职责

对于一些例行会议而言，可以由所有人轮流担当这些责任。当然也要考虑个别情况，如果有些人速记能力比较差，则不适合做记录员，则不能勉强。

6．会议主持人的沟通技巧

在会议主持过程中常见的问题大致分为两类，开放式的问题和封闭式的问题。例如，"小王，你同意这个观点吗？"这就是一个封闭式的问题。也可以询问："小王，你对这个问题怎么看？"这就是一个开放式的问题。

作为一个有效的主持人，应该善于运用各种提问方式。问题类型见表 9-6。

表 9-6　问题类型表

问题类型	问题特点
棱镜型	把别人提出的问题反问所有人
环型	向所有人提出问题，然后轮流回答
广播型	向所有提出问题，然后等待回答
定向型	向所有人提出问题，然后指定一人回答

7．结束的会议

在会议结束时应该重新回顾一下目标，达成的共识和成果。

（1）会议的主要决定和行动方案。

（2）回顾会议的议程，表明已经完成的事项和待完成的事项。

文本框：给出方向文本框；给予反馈文本框；封闭式文本框；开放式文本框。

（3）给每位与会者一点时间说最后一句话。

（4）就下次会议的日期地点等事项达成一致意见。

（5）对会议进行评估，在一种积极的气氛中结束会议。可以对每一位与会者表示祝贺，表达赞赏，然后大声说：谢谢各位。以此结束会议。

（二）邮件沟通

电子邮件有很多用途，用于联系贸易业务、亲朋好友之间的通信等，但是作为工作场合的业务沟通，电子邮件提供了很多的便利，同时也带来了很多风险。在所有的沟通方式中，电子邮件是最难控制的，最容易达到不想传递的对象。如何在企业里使用好邮件，相信也是大家经常感到比较困惑的问题，下面是企业和部门内部规范的一些邮件沟通技巧，相信这些技巧对于其他企业也同样适用。

1. 邮件格式

（1）邮件一定要注明标题，不少人是以标题来决定是否继续详读信件的内容。此外，邮件标题应尽量写得具描述性，或是与内容相关的主旨大意，让人一望即知，以便对方快速了解与记忆。

（2）如果不是经常交流的对象，记得写邮件抬头称呼对方，以示礼貌，并引起主要收件人的关注。

（3）收件人尽量用中文姓名全称，避免只显示个人邮箱账号。

2. 哪些事情需要发送邮件

（1）正式工作报告。

（2）难以简单用口头表达说明清楚的事项。

（3）知识推荐和信息传递。

（4）没有见面交流条件的其他交流内容。

总之：可以用口头交流解决的，尽量不使用邮件。

3. 邮件发送对象

（1）寻求跨门支持的邮件，一般主送给寻求支持的人，抄送给他的直接上级；同时抄送本部门的直接上级；这样往往可以获得支持部门的更好的支持。

（2）项目通报类的邮件，主送给项目小组成员，抄送给项目小组成员的直接上级、项目主要领导。

（3）工作计划的发送对象，经理人的工作计划主送工作计划的下达对象，抄送给直接上级、间接上级、部门内部相关经理人。为保持部门内部计划对外的一致性，部门内部计划原则上只有一个计划可以跨部门传达，特殊情况可以根据需要处理。

选择邮件发送对象的时候避免以下现象。

（1）在对外沟通中，非重要的一般性的沟通，避免为了知会的需要将邮件抄送给包括直接和间接经理。

（2）避免将同一个主题的讨论内容多次反复发给全部收件人、抄送人，应用见面直接交流代替。

（3）避免将细节性的讨论意见发送给公司高级管理人员，特别是可以判断高级管理人员不能深入了解的业务细节。

4. 邮件沟通支持

（1）如果遇到在邮件发送时对内容、措辞、发送人有任何疑问，可以向直接上级寻求沟通支持。

（2）如果在沟通中发生意见分歧，沟通双方首先应换位思考，尽量用见面沟通或电话沟通解决分歧。

（3）充分发挥个人的主动性，避免将一般性的沟通工作交给上级去做（这样降低了沟通效率）。

5. 邮件内容

（1）如果带有附件，尽量在邮件正文对附件内容进行总结，避免收件人打开附件才能知悉沟通事项。

（2）控制邮件正文字数，确保邮件正文层次清晰、内容明确，避免长篇大论。

6. 沟通确认和反馈

（1）对重要沟通事项，在发送邮件后最好电话提醒对方引起关注。

（2）重要会议通知在会前向与会人员提醒开会时间。

（3）如果重要邮件发出去后石沉大海，不一定是对方不重视，尝试再次提醒。

每个人都会遇到沟通无效的情况，没有有效的沟通，很多工作将寸步难行，希望以上分享可以让大家沟通更轻松，工作更上一层楼！也欢迎大家分享个人的工作沟通体会。

二、项目实务

（一）向上沟通要求

1. 摆正位置与心态

沟通者是领导的参谋而不是领导的上司。作为下属提醒领导，一定要注意角色，不能错位。领导即使出现问题也是领导。作为下级，提醒一定要具体到内容和方式，提醒到可供考虑的选择，让领导做选择题。而且一定要做到极致，让领导觉得自己不仅有忠心，而且办事非常到位，非常让人放心。

2. 汇报工作要有几套备用的解决方案

和上司一块讨论问题时，要先谈整体情况，再谈具体细节。从基本问题开始，提醒上司目标是什么、自己目前已经做到哪一步了，希望得到上司哪方面的帮助。提出问题并提供解决方案或者解决问题的思路和建议，这是职场最受欢迎的下属。

（二）向上沟通方式

与上级领导沟通方式包括：报告、面谈、会议、电话、文书、提案、意见、问卷调查、意见箱、抱怨表、报表等。

（三）向上沟通基本原则

（1）尊重第一、勇气第二。

（2）建议性与描述性对话，不要带情绪，不发牢骚，不畏难。

（3）让上司做选择题。

（4）让上司做好人。

（5）不同层级的角色，考虑问题的角度不同。

（四）示范案例

与领导沟通的示范案例见案例 9-4。

> ### 案例 9-4
>
> #### 与老员工沟通
>
> 　　郑文斌是一名很优秀的从学校刚毕业两年的年轻有为的新员工,专业知识学的很好,处理事情也有条有理,得到上司的重视赏识,在一个合适的机会他升到了公司的市场部经理,上任约有一年多。
>
> 　　他平时给员工的感觉是没有什么架子,一直以儒雅的形象对人。但在前几天举办的一次展会上,他发现了问题:有的年头长的主管不听他的指令,并且年老主管手下的员工也不听;他也试着和老主管沟通,但沟通的时候都挺好,做起来却还是不听。郑文斌感到了失落,也很困惑不知道应该采取哪种方式才能重新树立其在员工中的威信?
>
> 　　(http://www.racergift.com/doc/76a59831eefdc8d376ee3280.html)

问题:

(1) 为何老员工会不买新员工的账?

(2) 如果你是郑文斌,你该如何与老员工沟通?

(3) 如果沟通不起作用,该如何解决?

> ### 实训情景 9-4
>
> 　　实训目标:让学生体验作为部门负责人如何采用更合适的沟通方式、更合适的时机、更合适的地点向上司提出本部门的困难及支援请求,并作出有说服力的说明。如何利用组织信息系统,了解上司并站在对方的立场上进行有效沟通。
>
> 　　实训内容:下属找上司请求支援或征求上司的支持。情景模拟,记录报。

第五节　项目5——跨部门沟通（横向沟通）

一、知识准备

（一）与同事沟通的原则

1. 和谐原则

气量、涵养、帮助、体贴。

2. 轻松原则

轻松幽默的交往氛围。

3. 谨慎原则

说话要有度。

4. 礼貌原则

要尊重同事，虚心向同事请教。男女同事之间交往更应注意礼节。

（二）与同事有效沟通的技巧

1. 以大局为重，多补台少拆台

对于同事的缺点如果平日里不当面指出，而与外单位人员接触时，就很容易对同事品头论足、挑毛病，甚至恶意攻击，影响同事的外在形象，长久下去，对自身形象也不利。同事之间由于工作关系而走在一起，就要有集体意识，以大局为重，形成利益共同体。特别是在与外单位人接触时，要形成"团队形象"的观念，多补台少拆台，不要为自身小利而害集体大利，最好"家丑不外扬"。

2. 对待分歧，要求大同存小异

同事之间由于经历、立场等方面的差异，对同一个问题，往往会产生不同的看法，引起一些争论，一不小心就容易伤和气。因此，与同事有意见分歧时，一是不要过分争论。客观上，人接受新观点需要一个过程，主观上往往还伴有"好面子""好争强夺胜"心理，彼此之间谁也难服谁，此时如果过分争论，就容易激化矛盾而影响团结；二是不要一味"以和为贵"。即使涉及原则性问题也不坚持、不争论，而是随波逐流，刻意掩盖矛盾。

面对问题，特别是在发生分歧时要努力寻找共同点，争取求大同存小异。实在不能一致时，不妨冷处理，表明"我不能接受你们的观点，我保留我的意见"，让争论淡化，又不失自己的立场。

3. 对待升迁、功利，要保持平常心，不要嫉妒

有些同事平时一团和气，然而遇到利益之争，就当"利"不让。或在背后互相说坏话，或嫉妒心发作，说风凉话。这样既不光明正大，又于己于人都不利。因此，对待升迁、功利要时刻保持一颗平常心。

4. 与同事、上司交往时，保持适当距离

在一个单位，如果几个人交往过于频繁，容易形成表面上的小圈子，容易让别的同事产生猜疑心理，让人产生"是不是他们又在谈论别人是非"的想法。因此，在与上司、同事交往时，要保持适当距离，避免形成小圈子。

5. 在发生矛盾时，要宽容忍让，学会道歉

同事之间经常会出现一些摩擦，如果不及时妥善处理，就会形成大矛盾。俗话讲，冤家宜解不宜结。在与同事发生矛盾时，要主动忍让，从自身找原因，换位为他人多想想，避免矛盾激化。如果已经形成矛盾，自己又的确不对，要放下面子，学会道歉，以诚心感人。退一步海阔天空，如有一方主动打破僵局，就会发现彼此之间并没有什么大不了的隔阂。

二、项目实务

（一）横向沟通的要求

（1）多了解其他部门的业务运作情况。

（2）多学习其他部门的业务知识。

（3）站在整体利益的立场考虑问题。

（4）对本部门要求严一些，对其他部门要求松一些。

（5）从自己做起，从现在做起。

（二）横向沟通的方式

横向沟通的方式包括：面谈、会议、电话、文书、传阅、备忘录、报表等。

（三）示范案例

横向沟通的示范案例见案例 9-5。

案例 9-5

难定的舱位

某物流 L 公司的市场部经理向操作部经理申请预订了一周的客户舱位，却一直没有批下来，让市场部经理辛苦谈妥的客户非常着急。但由于近期的舱位一直很紧张，操作部经理也是左右为难，于是求助于分公司总经理。

总经理获知后紧锁眉头：她非常清楚充足的舱位对于一个做市场跑客户的销售人员的重要性，关于"舱位"的问题她和总部沟通多次，却始终没有解决。而没有舱位而丧失客户的情况，在分公司已经不是第一次出现了。

由于问题无法得到解决，市场经理竟然向分公司总经理发出"最后通牒"——如果公司再无法保证其舱位，他就带着这个大客户去别的公司发展。市场部经理的威信一向很高，一旦他离职，市场部的其他几位得力干将将会跟随而去，这对希望今后在中国市场有所发展的 L 公司来说是绝不能容忍的。

总经理对市场部经理的愤怒表示理解，因为 L 公司还有一项规定：市场部门员工的客户只有出货量达到规定指标时才能享受公司内部的合约价格。这让市场部员工感觉非常不满。一般来说，有经验的客户与某家物流工作合作时都是遵循着"从少到多"的原则，开始的时候只给物流公司很少的货物以测试其服务水平，而这个时期往往是抓住客户的关键时期，但是 L 公司的制度似乎背道而驰，加上旺季的时候舱位基本没有保证，让做市场的销售人员非常不安，因此，L 公司经常出现销售人员工作未满试用期就主动离职的情况。

对此，分公司总经理曾多次与总部协商，建议调整内部政策，但收效甚微。正当总经理打算就此问题和市场部经理好好谈一谈时，却发现办公桌上赫然出现了市场部经理的辞职信。

问题：

（1）市场部经理的离职，说明该公司存在哪些问题？

（2）作为分公司总经理，该怎么处理市场部经理的问题？

（3）如果你是市场部经理，会怎么与操作部经理以及分公司总经理沟通？

实训情景 9-5

实训目标：让学生体验作为部门负责人如何采用更合适的沟通方式，更合适的时机，更合适的地点向其他部门负责人进行有效的横向沟通。如何利用组织信息系统，了解其他部门的需求并站在对方的立场上进行有效沟通。

第六节　项目 6——全组织沟通（向下沟通）

一、知识准备

（一）商务沟通的管理职能

1. 传递信息

一个企业要想顺利地成功地开展工作，首先必须获得各种有关环境变化的信息。企业对外的信息沟通可以获得有关外部环境的各种信息和情报资料，如国家的经济战略目标、方针、政策及国内外同类企业的现状和发展趋势，消费市场的动态，社会一般价值观念的趋向等，这样才能确定正确的目标和科学的战略决策，以期在不断变化的环境中求得生存和发展。

企业内部的沟通可以了解员工的意见倾向、价值观和劳动成果，他们的积极性和需要，各部门之间的人际关系、管理效率等。为及时控制、指挥整个组织的运转，实行科学有效的管理提供信息。

同时，企业内部各部门、人员之间必须进行有效的沟通，以获得其所需要的信息。难以想象，如果制造部门不能及时地获得研发部门和市场部门的信息，会造成什么样的后果。此外，企业出台的任何决策，都需要凭借书面的或是口头的，正式或是非正式的沟通方式和渠道传递给适宜的对象。

2. 满足员工的心理需要，改善人际关系

无论是在人们的日常生活还是工作中，人们相互沟通思想和感情是一种重要的心理需要。沟通可以解除人们内心的紧张和怨恨，使人们感到精神舒畅，而且在互相沟通中使双方产生共鸣和同情，增进彼此的了解，改善相互之间的关系。

如果一个企业信息沟通渠道堵塞、员工间的意见难以沟通，将使人们产生心理压抑，心中郁闷。这样，不仅影响员工心理健康，还会严重影响企业的工作。因此，管理者必须保证企业内部上下、左右各种沟通渠道的畅通，以利于提高企业内部员工士气，增进人际关系和谐，为企业的顺利发展创造"人和"的条件。

3. 调动员工积极参与管理和决策

在企业管理工作中，管理者的知识、经验及观念往往影响着员工的知觉、思维和态度，进而改变他们的行为。当管理者要进行改革时，他的首要任务是通过信息沟通和情感转变职工原有的抵触态度，改变其行为，这样才能实现他们之间的良好合作，搞好企业的管

理工作。

因此充分地沟通可以促进管理者改进管理，又可激励员工的工作热情和参与管理的积极性，使员工提高信心，积极主动地为本企业和本部门的发展献计献策，增强主人翁责任感，从而增强企业内部的凝聚力，使管理工作更富有成效，企业蓬勃发展。

4. 增强企业的创新能力

在有效的沟通中，沟通者积极讨论，相互启发，共同思考，大胆探索，往往能迸发出有神奇创意的思维火花。专家座谈法就是明显的例子。惠普公司要求工程师们将手中的工作显示在台式机上，供别人品评，以便于大家一起出谋划策，共同解决问题。

（二）高效沟通的标准

（1）清晰。信息接收者可以不用猜测而领会信息发送者的意图。

（2）完整。可以回答信息接收者的问题，为信息接受者提供所传递信息中必须的相关内容。

（3）准确。信息表达准确无误。从标点、拼写、语法、措辞到句子结构均无错误。

（4）节省读者的时间。文章的风格、组材、版面设计能帮助读者尽快地读懂并采取相关行动。语言传递的信息应注意言简意赅。

（5）传达友善的信息。管理者应注意在沟通过程中树立自己及其所代表的组织的良好形象和信誉。充分尊重对方，从而真正在沟通过程中与对方建立良好的友谊。

（三）高效沟通的方法

1. 选择有效的信息发送方式（HOW）

有效的信息发送方式在沟通中十分重要，这就要针对沟通对象和目的的不同选择不同的发送方式。信息发送方式很多，比如会议、电话、亲笔信件、电子邮件、面谈等。如果是一般的说明情况的信息沟通，通过信件、电话、邮件就可以解决；如果是为了交流感情和增加信任，则应该在合适的时间、地点面谈为好。

2. 选择合适的信息发送时机（WHEN）

何时约见客户，何时发出致谢函，何时向老板汇报，何时与下属谈心，要讲究"天时、地利、人和"，这一点非常重要。

3. 确定信息内容（WHAT）

信息的内容是沟通的实质，不存在没有任何内容的沟通。因此，在沟通开始前，应该对信息的内容做些适当准备，哪些该说，说到什么程度，哪些不该说。信息的内容应该清晰简洁，用词准确，避免模糊不清或容易引起误解的表述。专业术语在基本确认对方能够理解的情况下方可使用。同时还应该注意的是信息的载体，比如语音、语调、肢体语言的不同运用，就会给对方形成不同的感受，进而影响沟通质量。

4. 明确信息发送对象（WHO）

（1）谁是信息的发送对象。

（2）获得沟通对象的注意。

（3）了解沟通对象的观念。

（4）了解沟通对象的需求。

（5）了解沟通对象的情绪。

5. 确定信息发送的场合（WHERE）

在正式场合还是非正式场合，比如销售部经理要求财务部改善服务流程和服务态度的建议，就不宜在会议场合提出，而应在平时与财务部经理进行"私下"沟通，否则会被人误解为"发难"或"告状"。而与客户前期预热洽谈阶段，则不一定要在办公室这样的正式场合，在休闲的茶社、咖啡厅等地方则比较合适。

二、项目实务

（一）向下沟通的要求

（1）多了解其他部门的业务运作情况。

（2）多学习其他部门的业务知识。

（3）站在整体利益的立场考虑问题。

（4）对本部门要求严一些，对其他部门要求松一些。

（5）从自己做起，从现在做起。

（二）向下沟通的方式

命令、说明、面谈、会议、演说、电话、训话、讲习、广播、通告、公告、文书、传阅、备忘录、海报、备忘录、年度报告等。

（三）向下沟通的基本原则

（1）刚柔并济与红黑脸。

（2）严格要求，打成一片。

（3）建立信任与开放度。

（4）放手授权与责任。

（四）向下沟通的类型

1. 发号施令型

发号施令型语言可以分为四种，根据上级使用的频率排列如下。

（1）命令

例如，"这里轮不到你说话，你的任务就是好好听我说！""不许辩解，没有任何借口！""怎么这么啰嗦，按照我说的去做就行了！"

在这样的沟通中，员工的感受、需求或问题被忽视，其特点是上级单方面发出的语言信息，员工的情感或需求没有得到尊重，因此员工有可能对上级产生怨恨、恼怒和敌对的情绪，比如顶撞、抗拒、故意考验上级决心、发脾气等。

（2）威胁

例如，"如果你们这次再完不成指标，我就要扣你们全年奖金！""如果你再不改，叫你死得很难看!"

这种语言与命令很相似,只是再加上告诉员工不服从的后果是什么。这种沟通使员工感到恐惧和屈从,也可能引起员工的敌意。

(3)强加于人

例如,"昨天为什么没有完成任务?是不是没有照我的话去做?""你知道如何来安排工作程序吗?让我来告诉你……""今天找你来,是与你讨论这次工作失误的事情。经过对你的分析,发现你存在的问题是粗心。你说是吗?记住:下次要细心!好,我的话讲完了,你可以回去了!"其实,这个员工工作失误未必是因为粗心,也许还有更多的原因。上级找这个员工来谈话,目的是为了帮助员工找到这次失误的原因,提高工作效率,但因为没互动和交流,导致了他们之间的谈话毫无效果。

(4)过度忠告

例如,"如果我是你,肯定不会像你这么做。以后给我记住:一定要先找本地的给客户,再找外地的客户。"

这样的语言信息是在向员工证明:上级不信赖他们自身解决问题的能力。其后果往往会使员工对上级产生依赖心理,削弱他们独立判断的能力和创造力。过度忠告也意味着上级的一种自我优越感,容易引起追求独立的员工反感。有时这种语言信息还会使员工感到被误解,甚至这样想:"如果你真正了解我,就不会给我出这种又馊又笨的主意,说不定外地的是个大客户呢。"

发号施令型语言是上级平时使用得最多的一种语言。许多上级认为它是见效最快的语言。它的优点是上级可以快速解决员工存在的一些问题,而缺点是使用过度就会失效。根本原因在于:第一,容易造成员工反感。这种语言的后面常常隐藏着这样的意思:"你太笨了""你太差劲了""你要听我的""我是权威"等。这让员工听后很反感,随之出现逆反心理或顶撞情绪。有经验的上级会发现,当一个员工长时间接受这样的语言后,会变得烦躁、自卑,或对以后类似的语言漠然。第二,容易使员工顺从,却不容易产生积极的行为。第三,它所表达的信息仅涉及员工而不涉及上级本身。由于员工不知道他的行为对上级有什么影响,只知道上级要求他对某些行为进行改变。在这种单方面的沟通渠道中,员工也会单方面地对上级作不正确的推测。例如,"这位上级偏心,心胸狭隘,脾气坏,专门拿我们出气,对我们要求过高"等。员工有了这样的负面心态,就不会从正面来接受上级原本良好的用意了。

2. 傲慢无礼型

傲慢无礼型语言可以分为以下三种。

(1)训诫

例如,"你是个学会计学的大学毕业生啊,应该知道报表上这些数字代表什么?否则你得回学校里去重修了!""你应该很清楚,在上级面前应该怎样说话!"

这种语言表达了一种预先设定好的立场,使员工感受到与上级之间地位的不平等,感受到上级在运用上级权威,导致员工容易对上级产生防卫心理。当上级运用这种语言模式的时候,常会使用这些短语:"你应该""如果你听从我的劝告,你就会""你必须"等。这类语言在向员工表达:上级不信任你们的判断能力,你们最好接受别人所认为的正确判断。对于越资深的员工，"应该和必须"式的语言越容易引起抗拒心理，并导致他们产生更强烈地维护自己的立场。

（2）标记

例如，"我发现公司里一有麻烦，总有你的份！我早就知道你不行！因为你太懒惰。我看你永远改不好了！"这种语言一下就把员工打入了"另类"，最容易令员工产生自卑感或"破罐子破摔"式的消极心态。面对上级这样的标记语言，员工会感到自尊心受到了损害。为了维护自己的形象，他们以后就会在上级面前尽量掩饰自己的想法和情感，不愿将内心世界向上级打开。

一些调查表明：公司中最得不到员工尊重的上级是经常给员工打标记的上级。所以，上级对此必须特别注意。

（3）揭露

例如，"你这样对抗上级无非是为了出风头！""你心里想什么我还不知道，在我面前你别想玩什么花招！""说几句认错的话就想蒙混过关？""其实是害怕我在会议上公开批评你吧？可我今天偏要公开批评你！"

其实，上级让员工知道"我知道为什么""我能看穿你"并不是件好事。因为如果上级分析正确，员工会由于被揭穿而感到窘迫或气恼。而如果上级分析不正确，员工也会由于受到诬赖而感到愤怒。他们常常认为上级是在自作聪明，自以为能像上帝一样居高临下地洞察所有员工的内心，感觉莫名其妙地好。

傲慢无礼型语言在不同程度上都有明显贬损员工的意味。它们会打击员工的自尊心，贬低员工的人格，并明确地表达下列意思："你是问题员工""你不好""我不喜欢你，甚至讨厌你""我对你没有信心"等。

员工如果经常听到这类语言，就有可能形成"我是一个差劲的人"等自卑心理，长此以往会对员工的身心发展造成较大的伤害。

由于这种语言常常使员工的自尊心受到伤害，他们也可能随之出现反攻击的心态。这时，上下级之间可能出现大的冲突。

更重要的是，傲慢无礼型语言给上级的形象蒙上了粗鲁、教养差等影子，给员工造成负面影响，对他们的成长十分不利。

3. 讽刺挖苦型

讽刺挖苦型语言可以分为两种。

（1）暗示

例如，"你讲话的水平真高啊，看来以后我的位置该让给你了吧。""临近年底了才完成60％的任务，你还不着急，真是胸有成竹啊，看来名牌大学毕业的高人真是能力强啊。"

这类语言虽然相对说来比较温和，但效果往往很差。原因一：由于员工年轻、注意力不够集中或认为不关自己的事等，大多数人并不能够透彻地理解这些暗示，所以有时上级会感到自己是在"对牛弹琴"。原因二：哪怕有些员工明白了上级话语的部分含义，也会觉得上级说话如此拐弯抹角而有失坦诚，觉得上级"太做作了"，从而失去了对上级的信任。原因三：即使员工听出了上级的"话中之话"，也只会对上级的说话动机和人品做出鄙夷性的评价。

（2）中伤

例如："你的报告写得太好了，我的水平太差，实在看不懂！""你以为你是比尔·盖茨吗？不要自以为懂得很多了！"

这类话语一出口，就流露出对员工的明显鄙视，还带有有一些人格侮辱的成分在内。对这类中伤性的语言，员工会非常反感。他们即使当面不敢说，心里却会反击："你有什么资格来消遣我。看你说话的样子，哪像个上级！"上级在使用讽刺挖苦型语言的时候，是希望员工听懂这些话中的弦外之音。他们认为这是一种较为温和、较为"高雅"的表达方式。这类语言的潜台词是："如果我们把话挑明你们就会不喜欢我""跟你们坦白太危险了""我是有水平的上级，不会像你们这群傻瓜那样直筒子式地说话"。

不要以为仅仅是发号施令型和傲慢无礼型语言才有许多不良的后果，讽刺挖苦型语言对员工的伤害也非常大。因为这类语言的深处隐藏着的是对员工的厌恶和轻视。

4. 隔靴搔痒型

隔靴搔痒型语言主要有两种。

（1）空口"安慰"

例如："不要难过！太阳每天都是新的，明天你就会好起来。不要着急，你还年轻，人生之路长着呢。""回去休息休息，明天一切都会好起来。"

在这些并不能解决实际问题的、没有意义的安慰中，隐含着一丝"哀其不幸"式的怜悯感。因此，员工会感到双方并没有站在平等的地位对话，而自尊心越强的员工越不喜欢上级这样的讲话方式。

（2）泛泛之辞

例如，"总的看来，你基本上还算是一个合格的员工。我也不知道对你说什么好，你自己好自为之吧。你需要发扬优点，改正缺点。"

这种泛泛而论的评价过于简单，对于员工的成长根本无益。而员工也会怀疑上级是否真正关心自己。当上级安慰一个痛苦中的员工，或员工急切地要求上级对自己有所帮助时，隔靴搔痒式的语言会让员工非常失望。进而他们就会对上级产生无能、自私、冷漠等不良印象。如果员工经常听到上级说此类话，还会怀疑上级是否一直在敷衍自己，对自己毫无爱心。长此以往，上下级关系就不会融洽，隔阂日益加深。

有些员工在回忆自己的职业生涯时，会提及若干印象最深刻的事情。他们也许会说，当时是上级一次意味隽永的激励使自己受益一生；但也许会说，当时是上级的一句话深深地伤害了自己，成了自己"永远伤心的理由"。上级不能轻视自己的一言一行，不能在无意中成为沟通的"杀手"。建设和谐的企业文化，需要从认真对待每一句话、每一次沟通开始。

（五）示范案例

向下沟通的示范案例见案例 9-6。

案例 9-6

下属的议论

财务部陈经理结算了一下上个月部门的招待费,发现有一千多块没有用完。按照惯例他会用这笔钱请手下员工吃一顿,于是他走到休息室叫员工小马,通知其他人晚上吃饭。

快到休息室时,陈经理听到休息室里有人在交谈,他从门缝看过去,原来是小马和销售部员工小李两人在里面。

"呃"小李对小马说,"你们部陈经理对你们很关心嘛,我看见他经常用招待费请你们吃饭。"

"得了吧"小马不屑地说道,"他就这么点本事来笼络人心,遇到我们真正需要他关心、帮助的事情,他没一件办成的。你拿上次公司办培训班的事来说吧,谁都知道如果能上这个培训班,工作能力会得到很大提高,升职的机会也会大大增加。我们部几个人都很想去,但陈经理却一点都没察觉到,也没积极为我们争取,结果让别的部门抢了先。我真的怀疑他有没有真正关心过我们。"

"别不高兴了,"小李说,"走,吃饭去吧。"

陈经理只好满腹委屈地躲进自己的办公室。

(http://www.rs66.com/a/11/34/goutongjiaoliuanli_jingliyuxiashu_39245)

问题:
(1) 案例中的陈经理和小马各犯了什么错误?
(2) 作为经理应当如何补救与自己员工的关系?

实训情景 9-6

实训目标:让学生了解组织中,领导和员工间应该如何沟通。

实训内容:分析如何从双方的角度进行沟通,情景模拟,记录报告。

第七节　项目7——新客户沟通

一、知识准备

(一) FAB 法则

FAB 法则:即详细介绍所销售的产品如何满足客户的需求,如何给客户带来利益的技巧。它有助于更好地展示产品。

(1) FAB 的重要性

FAB 的重要性在于提高顾客的购买欲望,使顾客对产品有深入的认识。

Feature(特性)。产品品质,即指服装布料、设计的特点;即一种产品能看得到、摸得着的东西,这也是一个产品最容易让客户相信的一点。

Advantage(作用)。从特性引发的用途,即指服装的独特之处;就是这种属性将会给客户带来的作用或优势。

Benefit(好处)。是指作用或者优势会给客户带来的利益,对顾客的好处(因客而异)。

(2)FAB 的运用

例如,一件红色 T 恤的 FAB。FAB 运用示例见表 9-7 。

表 9-7 FAB 运用示例

序号	F(特性)	A(作用)	B(好处)
1	纯棉质地	吸水性强、无静电产生	柔软、易处理、易干、不会刺激皮肤、耐用
2	网眼布织法	挺直、不易皱	透气、舒服
3	红色	颜色鲜艳	穿起来显得特别有精神
4	小翻领	款式简单	自然、大方
5	长短脚	配合人体设计,手伸高弯腰不会露背	保持仪态、穿着舒适
6	拉架的领\袖	富有弹性、不易变形	穿得自然,得体
7	十字线钉纽	不易掉扣子	耐用
8	肩位网底双针	不变形、坚固	保持衣形、耐用
9	人字布包边	不易散口	舒服、耐穿
10	标志	计算机绣花、做工精细	醒目、有型
11	中文洗涤标识	方便参考	提供方法、方便
12	备用纽	配套纽扣	不怕掉纽

谈到 FAB,销售领域内还有一个著名的故事——猫和鱼的故事。如图 9-2～图 9-5 所示。

图 9-2:一只猫非常饿了,想大吃一顿。这时销售员推过来一摞钱,但是这只猫没有任何反应——这一摞钱只是一个属性(Feature)。

图 9-3:猫躺在地下非常饿了,销售员过来说:“猫先生,我这儿有一摞钱,可以买很多鱼。”买鱼就是这些钱的作用(Advantage)。但是猫仍然没有反应。

图 9-2 FAB—F

图 9-3 FAB—A

图 9-4：猫非常饿了，想大吃一顿。销售员过来说："猫先生请看，我这儿有一摞钱，能买很多鱼，你就可以大吃一顿了。"话刚说完，这只猫就飞快地扑向了这摞钱——这个时候就是一个完整的 FAB 的顺序。

图 9-5：猫吃饱喝足了，需求也就变了——它不想再吃东西了，而是想见它的女朋友了。那么销售员说："猫先生，我这儿有一摞钱。"猫肯定没有反应。销售员又说："这些钱能买很多鱼，你可以大吃一顿。"但是猫仍然没有反应。原因很简单，它的需求变了。

图 9-4　FAB—B　　　　　　　　　　　图 9-5　FAB—需求改变

上面这四张图很好地阐释了 FAB 法则，销售员在推荐产品的时候，只有按 FAB 的顺序介绍产品，才能有效地打动客户。

（二）SPIN

（1）SPIN 的含义

SPIN 就是指顾问式销售技巧，SPIN 的四个英文字母分别代表，Situation Question（情况问题状况询问）；Problem Question（难点问题询问）；Implication Question（内含问题暗示询问）；Need-pay off Question（需要回报的问题 需求确认询问）。

（2）SPIN 的意义

大订单销售具有时间跨度大顾客心理变化大、参与人员复杂等特点。以在大宗交易过程中顾客意识和行为不断变化的过程为贯穿始终的线索。美国 Huthwaite 公司的销售咨询专家尼尔·雷克汗姆与其研究小组分析了 35000 多个销售实例，与 10000 多名销售人员一起到各地进行工作，观察他们在销售会谈中的实际行为，研究了 116 个可以对销售行为产生影响的因素和 27 个销售效率很高的国家，耗资 100 万美元，历时 12 年，于 1988 年正式对外公布了 SPIN 模式——这项销售技能领域中最大的研究项目成果。

这期间他测量了经 SPIN 培训过的第一批销售人员生产率的变化。结果表明，被培训过的人在销售额上比同一公司的参照组的销售员提高了 17%。在大宗生意中，大多数购买行为的发生都是买主的不满达到真正严重迫切的地步，并且足以平衡解决问题的对策所付出的成本时才会发生。这就要求销售人员发现并理解买方的隐含需求——难题和不满，并进一步放大澄清，并转为明确需求———种清晰的、强烈的对对策的欲望或愿望，而产品或服务正可以满足它。

这一过程的不同阶段会对买主购买过程的心理变化产生潜在的影响。SPIN 提问模式犹如销售人员手中的一幅交通图，为销售人员开发客户的需求指明方向，步步接近目标,直到目的地——明确需求。因此,SPIN 模式的根本意义在于:通过一系列提问启发准客户的潜在需求,使其认识到购买此产品能够为他带来多少价值。

二、项目实务

(一)新客户沟通要求

与新客户沟通时应注意以下五要点。

(1)仪表整洁、礼貌待人。

客户经理作为烟草公司一道流动的风景线,其一言一行、一举一动都代表着烟草形象。因此客户经理要做到仪容仪表整洁大方,拜访客户时做到彬彬有礼,每一个细节都能充分展示烟草客户经理良好的职业素养。

(2)积极聆听客户的谈话。

对于首次拜访的客户,客户经理对其认识一般较浅,客户经理可配合客户的谈话并积极聆听,从中了解客户的性格、经营特点和未来期许。与多次拜访的客户不同的是,客户经理应以聆听客户谈话为主,偶尔可以参与一下讨论,并对客户提出的重点问题做好记录以做出下一步的反应。

(3)善于观察。

客户经理应注意培养自己的观察能力,这一点在初次拜访客户时尤为重要。初次拜访时,客户经理应注意观察客户的经营状态、经营能力、营业人员、地理位置、经营特点等等,通过观察加深对客户的了解形成对客户的初步认识,奠定客我互动的良好基础。

(4)态度真诚、服务热情。

真诚是敲开客户心门的一把金钥匙。初次拜访的客户较为注意观察客户经理的言行,态度真诚、服务热情的客户经理会给他们留下比较美好的印象,更容易得到客户的信赖和支持。一名优秀的客户经理应做到工作时乐观积极,并善于将这种积极情绪转化为真诚的态度和热情的服务传递给客户,从而赢得客户最佳的第一印象。

(5)巧妙安排第二次见面机会。

(二)新客户沟通流程

(1)打招呼

在客户未开口之前,以亲切的音调向客户打招呼问候。如"王经理,早上好!"

(2)自我介绍

说明公司名称及双手递上名片,并表达谢意;如"这是我的名片,谢谢您能抽出时间让我见到您!"

(3)旁白

营造一个好的气氛,以拉近彼此之间的距离,缓和客户对陌生人来访的紧张情绪;如:"王经理,我是您部门的张工介绍来的,听他说,你是一个很随和的领导"。

(4)开场白的结构

① 提出议程。

② 陈述议程对客户的价值。

③ 时间约定。

④ 询问是否接受。如"王经理，今天我是专门来向您了解你们公司对××产品的一些需求情况的。通过了解你们的计划和需求后，认为可以为你们提供更方便的服务，大约需要耽误您五分钟，您看可以吗"？

（5）巧妙运用询问术

① 设计好问题漏斗。通过询问客户来达到探寻客户需求的真正目的，这是营销人员最基本的销售技巧。在询问客户时，问题面临要采用由宽到窄的方式逐渐进行深度探寻。如："王经理，您能不能介绍一下贵公司今年总体的商品销售趋势和情况？""贵公司在哪些方面有重点需求？""贵公司对××产品的需求情况，您能介绍一下吗？"

② 结合运用扩大询问法和限定询问法。采用限定询问法，则让客户始终不远离会谈的主题，限定客户回答问题的方向，在询问客户时，营销人员经常会犯的毛病就是"封闭话题"。

例如："王经理，贵公司的产品需求计划是如何报审的呢？"这就是一个扩大式的询问法。又如："王经理，像我们提交的一些供货计划，是需要通过您的审批后才能在下面的部门去落实吗？"这是一个典型的限定询问法。而营销人员千万不要采用封闭话题式的询问法，来代替客户作答，以造成对话的中止。如"王经理，你们每个月销售××产品大概是六万元，对吧？"

③ 对客户谈到的要点进行总结并确认。根据会谈过程中所记下的重点，对客户所谈到的内容进行简单总结，确保清楚、完整，并得到客户一致同意。如"王经理，今天我跟你约定的时间已经到了，今天很高兴从您这里听到了这么多宝贵的信息，真的很感谢您！您今天所谈到的内容一是关于……二是关于……三是关于……是这些，对吗？"

（6）结束拜访时，约定下次拜访内容和时间

在结束初次拜访时，营销人员应该再次确认一下本次来访的主要目的是否达到，然后向客户叙述下次拜访的目的、约定下次拜访的时间。如："王经理，今天很感谢您用这么长的时间给我提供了这么多宝贵的信息，根据您今天所谈到的内容，我将回去好好地做一个供货计划方案，然后再来向您汇报，您看我下周二上午将方案带过来让您审阅，您看可以吗？"

（三）新客户沟通注意事项

（1）访问时间。一般可约在早上 10 点或下午 2～4 点。要避免在吃饭和休息的时间登门造访。

（2）拜访前，应尽可能事先告知，约定一个时间，以免扑空或打乱对方的日程安排。约定时间后，不能轻易失约或迟到。如因特殊情况不能前去，一定要设法通知对方，并表示歉意。

（3）拜访时，应先轻轻敲门或按门铃，当有人应声允许进入或出来迎接时方可入内。敲门不宜太重或太急，一般轻敲两三下即可。切不可不打招呼擅自闯入，即使门开着，也要敲门或以其他方式告知主人有客来访。

（4）进门后，拜访者随身带来的外套、雨具等物品应搁放到主人指定的地方，不可任意乱放。对室内的人，无论认识与否，都应主动打招呼。

（5）主人端上茶水来，应从座位上欠身，双手捧接，并表示感谢。

（6）应注意掌握时间。应尽快表明来意，不要东拉西扯，浪费时间。

（7）离开时要主动告别，如果主人出门相送，拜访人应请主人留步并道谢，热情地说声"再见"。

（四）示范案例

推销产品示范案例见案例 9-7。

案例 9-7

如何推销自己的产品

小刘是江西上虞某白酒经销商麾下的销售人员，在赢得某 B 类酒店采购部张经理的信任后，小刘就开始向张经理介绍自己的产品，他们的对话如下。

小刘：您好，张经理！你平时选择什么样的白酒产品进咱们店销售呢？

张经理：我们选择白酒产品，首先考虑的是产品的质量，另外是产品的利润空间、售后服务、包装和瓶型。

小刘：张经理，你所说的产品质量是指？

张经理：我所说的产品质量要达到国标标准。另外，口感和度数要符合我们当地消费者的消费习惯。

小刘：张经理，是什么原因让你觉得产品质量如此重要呢？

张经理：上次我进了一款产品，包材确实很漂亮，但是消费者喝了以后反应上头，还有的消费者说我们销售的是假酒，现场就要求赔偿……

小刘：如果我们的产品能满足您的质量要求，而且我们给您合理的利润空间，并且保证每周至少拜访一次，为您做好售后服务。您会选择销售我们的产品吗？

张经理：自从上次那款产品出现质量问题后，以后所有进我们店销售的产品，都要经过我们公司的李经理和王经理品鉴以后，才能确定是否销售该产品。

小刘：您看是明天晚上还是后天晚上，您邀请李经理和王经理，就在咱们饭店品鉴一下我们的产品，由我们来招待，顺便每个人赠送一箱品鉴酒……

张经理：我们明天晚上有一个中层会议，后天晚上安排品鉴你们的产品吧。

小刘：谢谢您张经理！我们后天晚上见。

通过王经理和李经理的品鉴后，最终使得产品成功进店。

（http://news.mbalib.com/story/82695）

问题：

（1）为何小刘能成功将酒卖给张经理？

（2）如何快速取得新客户的信任？

（3）结合本案例，谈谈作为一个销售员应该具有什么能力？

实训情景 9-7

实训目标：让学生体验作为大客户销售如何收集客户信息，如何通过分析本产品的竞争优势及行业地位制作销售方案，如何应用销售技巧来打动客户；并与客户建立个人良好的第一印象和合作联系，获取客户的需求，为实现销售做好铺垫。

第八节　项目 8——商务谈判

一、知识准备

（一）谈判对象类型区分

1. 对待犹豫不决型的人

犹豫不决型的人的特点如下。

（1）一贯的托辞和借口。

（2）经常被新出现的问题所左右（如竞争对手的某一个优点等）。

对待犹豫不决的人的对策如下。

（1）找到客户犹豫的原因。

（2）试探拍板人的真实想法（如先不否定他的某个观点，如倾向竞争对手）。

（3）试探拍板人难以决断的问题或顾虑（价格、效果、服务等）方法。可以漫不经心重复拍板人的观点作为过渡，然后突然提问，不动声色地转换话锋，夺回谈话的主动权。

（4）罗列各种方案（包括服务等），与竞争对手的比较，只要将各种选择方案向他们摆明，让他们考虑。

（5）对各种方案进行评估，告诉对方评估结果。

（6）罗列合作的所有优点及远景。

（7）给双方合作制定时间计划表。

2. 对待眷恋不舍型的人

眷恋不舍型的人的特点如下。

（1）若即若离，既不给予肯定也不给予否定，工作得不到进展。

（2）对于签约合作的事情，拒绝讨论，又不愿离开，好像有重重顾虑，又好像考虑周密。

对待眷恋不舍型的人的对策如下。

（1）针对这种人，要让拍板人明白，只有把问题摆出来才能获得解决。

（2）提出最具针对性、最实质的问题，不可给拍板人回避问题的机会。

（3）多谈相关成功案例，多谈合作诚意，多拉关系。

（4）导演角色，减少对方决策风险。

3. 对待爽快同意型的人

爽快同意型的人的特点如下。

（1）洽谈的时候爽快，催单的时候又反悔（一到行动阶段，就改变主意）。

（2）找各种理由避开关键签约合作的问题（如忙呀，要开会呀，有校园招聘啦，这段时间忙呀）。

对待爽快同意型的人的对策如下。

（1）紧盯他们，不要让他们有太多的思考时间，否则会前功尽弃，因为他们会被很多想法随时左右。

（2）告诉他们早一天合作的好处。

（3）找一个推动的理由（一般可以找以下几个方面的理由），时间、价格、利益及其他。

（4）制定一个简单明了的时间计划表（包括关键问题的洽谈、签约的时间计划）。

（5）不给他任何再拖的机会和借口。

（6）确认以前对己方的各种认同。

（7）穷追不舍。

4. 对待悲观失望型的人

悲观失望型的人的特点：用过竞争对手或自己产品（服务），认为效果不好而给予拒绝。

对待悲观失望型的人的对策如下。

（1）了解所有原因及使用细节。使用开放式的提问，诱导拍板人说话。"您对我们的产品（服务）是如何认识的？能告诉我吗？""当初是如何做服务的？"

（2）罗列效果不好可能存在原因。①"对立面"；②阐明我们的优势；③剖析症结所在，打消客户顾虑（己方现在优势、现在的针对性产品（服务）及典型客户等）。

（3）多次深入探讨，给出详细方案（包括服务方案）（注意：悲观失望的人共同特点：不相信任何办法能够解决他们的问题）。

（4）针对悲观失望的人，要做的是引导他们判断一下最坏的情况会是什么样（也不会坏到哪里去），然后再次设法解决问题，或者提出解决问题的方案，告诉客户我们的方案可以多层次、多角度来解决问题。

5. 对待自高自大型的人

自高自大型的人的特点如下。

（1）自以为什么都懂（其实这个行业我才是真正专家）。

（2）经常小看他人和事！

对待自高自大型的人的对策如下。

（1）满足他们的自负（和虚荣心）。"您是专家，我进入这个行业的时间不长，您以后还得多教教我呀！""这个方面的情况您也知道呀！"

（2）多使用行业中人的圈内话，可适当地讲讲专业术语，以博取认同感，为加深交流作铺垫。

（3）找出针对性的卖点勾起对方兴趣，然后进行游说。

（4）关键是先当学生（甘当学生）。

"俗话说：只有买错的，没有卖错的嘛""先做新人，后做前辈"，当然归根结底是双赢。

6. 对待蓄意敌对型的人

蓄意敌对型的人的特点如下。

（1）霸道，接电话时大发脾气。

（2）把自己（业务员）当作对手，决心要赢得电话交锋的胜利。

（3）粗暴地打断他人讲话，好战心强，对推销员不屑一顾，喜欢羞辱人，喜欢掌握主动。

对待蓄意敌对型的人的对策如下。

（1）用外向型人性格的胸怀接纳这类喜爱拍板的人，与这类人打交道必须具有锲而不舍的性格。

（2）首先肯定其对自己诋毁中包含的某点，甚至对他的这些观点夸奖（还甚至可以说出我们的某一个高级会员在我们双方最初接触的时候也有这样一些观点和看法，最后将合作得非常愉快）。

"哎呀，您看待人才这个行业的眼光独到，很独特。"

（3）对待不友好的人，重要的是了解所有事实，尽可能在关键点上与其达成共识！

（4）对待这种人一定要注意以下几点。

① 尽量避免使用过于鲜明的形容词修饰自己的产品和服务。

② 尽量少发问，尽量少与之争夺说话的主动权。

③ 如果想使用赞美缓和气氛，一定要做得不留痕迹！巧妙地赞美！不要轻易逗笑！一定要保持诚恳中性、自信的语气。

④ 任何时候都要保持冷静，收放自如，不为其激怒，同时提出各种解决问题的方案，不给其"节外生枝"的机会！

⑤ 永远不要偏离主题，围绕己方方案和双方沟通的主题。尽量避免对自己的特点、服务特点、价格等做过多的修饰，尽量不要刺激或挑起这类人偏激的性格！

⑥ 可以尝试新的更好、更完美的沟通方式（如邮件、信件、面对面等）。

（二）异议处理原则与程序

处理客户异议要遵循以下 6 个基本的原则。

（1）客户异议要进行预测和准备

对异议的估计以及如何处理这些异议的预演能使人泰然自若地以正确的方式对客户的异议做出反应。例如，很多公司针对客户经常提出的异议配以标准答案人手一册，要求销售人员熟记就是极好的准备。

（2）客户有异议应语气肯定马上回应

拖延或语塞可能引起客户的怀疑。但对价格异议，在未向客户展示产品特性优势前需要拖延回答。另外销售中对来自产品特性和技术指标方面的异议，销售人员更应语气肯定的予以专业的回答。如性能参数、结构等问题。如果营销人员一问三不知，生意的成功率就要大打折扣了。

（3）保持积极的心态和身体语言

以微笑应对客户的异议，哪怕是来自竞争对手的不实之词。千万不要气急败坏与客户争辩，与客户争辩失败的永远是销售人员。

（4）仔细倾听，听完客户的异议

切忌打断客户抢话头，真实的异议能够帮助营销人员揭示客户的真正需求。

（5）读懂客户的异议

真异议（客户的真正需求）；假异议（客户用借口、敷衍的方式应付销售人员，目的是不想成交）；隐藏的异议（表面的异议只是为掩盖其真正的异议。例如，客户希望降价，但却提出其他如品质、付款、送货等异议）。

（6）树立专家的形象

病人看病吃药对专家医生是少有异议。

二、项目实务

（一）商务谈判原则

商务谈判原则一：人与问题分开。

（1）把双方看作是同舟共济的伙伴。

（2）把谈判看作携手共进的过程。

（3）把对方当作"人"来看待。

（4）了解对方的感想、需求，给予应有的尊重。

（5）把问题按价值来处理。

商务谈判原则二：注重利益而非立场。

谈判中的基本问题，不是双方立场的冲突，而是双方利益、需求、欲望的冲突；针对利益寻找双方可满足的方式。

商务谈判原则三：寻求双赢的解决方案。

如果解决方案仅是有利于一方，没有找到双方利益的平衡点，商务谈判很难取得成功。

商务谈判原则四：坚持使用客观标准。

在实质利益上，以不损害双方各自利益为原则；在处理程序上，双方在扮演角色之前，可以先针对他们心中的"公平程序"进行谈判。

（二）商务谈判流程

（1）收集有关信息。

（2）分析自身的优劣势。

（3）制定商务谈判目标、谈判策略和谈判计划。

（4）正式谈判前营造合适氛围。

（5）双方需求展示。

（6）双方磋商。

（7）谈判成功或破裂。

（8）合同签署与后续跟进。

（三）示范案例

合作谈判示范案例见案例9-8。

案例 9-8

如何谈合作

江苏某工厂、贵州某工厂、东北某工厂、北京某工厂要引进环形灯生产技术，北京某进出口公司是其中某一工厂的代理。知道其他三家的计划后，主动联合这三家，在北京开会，建议联合对外，统一谈判，这三家觉得有意义，同意联合。该公司代表将四家召在一起做谈判准备。

根据市场调查，日本有两家环形灯生产厂，欧洲有一家，有的曾来过中国，有的还与其中工厂做过技术交流。进出口公司组织与外商谈了第一轮后，谈判就中止了。外商主动找熟悉的工厂直接谈判，工厂感到高兴，更直接，而且，外商对工厂谈判的条件比公司谈时灵活、优惠。

有的工厂一看联合在一起，自己好处不多，于是提出退伙，有的外商故意不报统一的价格，也与自己欲成交的工厂直接联系，请工厂代表吃饭，单独安排见面等。工厂认为这对自己有好处，来者不拒。进出口公司的代表知道后劝说工厂，工厂不听。于是最终这四家各自为政，联合对外谈判也宣告失败。

(http://yuxiaohang.jiangshi.org/article/152025.html)

问题：

（1）四家的联合为什么会失败？

（2）如果你是该进出口公司的负责人，应当怎样采取行动让合作顺利进行？

（3）结合本案例谈谈商业合作有哪些难点？该如何解决？

实训情景 9-8

实训目标：让学员体验商务谈判流程、商务谈判的策略、商务谈判需准备的资料、商务谈判人员需要具备的素质与能力。如何掌握商务谈判的主动权，并最终达成合作。

实训内容：项目谈判。情景模拟，记录报告。

第九节　项目9——灭火沟通（危机沟通）

一、知识准备

（一）商务沟通的特殊职能

1. 应对重大危机挑战

面对日益复杂多变的社会环境，现代企业常常会遇到诸如火灾、爆炸、毒气泄漏、原油泄漏、沉船、恐怖分子威胁等重大危机的挑战，危机管理正成为现代企业管理的重要活动。

危机沟通是企业实施危机管理的基础性手段之一，企业需要通过良好的沟通活动，来提高企业员工战胜危机的信心，获取受害者及其家属的谅解，同时还要进行一系列与新闻媒体、社区、政府等的沟通。只有这样，才能使企业信誉在危机中经受住考验。

2. 化解企业内部重大冲突

冲突是指人与人之间关系的一种紧张状态，冲突可以表现在个体与个体之间，也可以表现在群体与群体之间，具体表现在冷漠、意见分歧、争论、对抗、竞争等方面。

例如，在某公司经理会议上，生产部经理和销售部经理的意见发生了分歧，销售部经理认为，要占领市场一定要马上开发新产品，而生产部经理则坚决不同意，认为目前的产品才刚刚定型，马上转产，成本太高，两人都为各自的观点争论不休。这是一种极普遍的冲突现象。

当冲突现象变得相当严重和激烈时，企业管理者必须立即以良好的沟通方式平息冲突，使双方得以和解并再度合作。尤其企业内部正式群体之间或非正式群体之间的冲突白热化以后，沟通更是不可缺少。企业管理者应以更大的宽容心和坚强意志做好调解和说服工作，以免使双方矛盾更加激化，冲突更加加剧，以至于严重影响企业的生产和工作。

3. 鼓舞员工士气

企业可能因为新的规章制度的实施或者因为市场竞争的低效造成企业员工的士气普遍低落。如企业出现重大人身伤亡事故，企业产品在市场上的竞争失败，企业股票价格的严重下跌，企业改革新的工资奖励办法，企业大范围裁员等，都会极大地影响在职员工的工作情绪。

不开展良好的沟通工作，士气不振将可能严重地影响工作效率和积极性。在这个时候，企业管理者应上下齐心，大范围地进行必要的沟通和交流，重新恢复企业员工原有的凝聚力和战斗精神。

4. 获取对企业重大举措的支持

在企业要做出重大的决策，实施重要的措施时，企业管理者必须做好良好的沟通工作，包括各种形式的浅层沟通工作和深层沟通工作。如企业的并购、企业领导人的更替、企业经营战略的重大调整、企业的新规章制度出台等企业重大决策。

在决策之前，在不妨碍保密要求的前提下，尽量让更多的员工参与决策，增强他们的主人翁责任感。在决策做出之后，要准确迅速地传达下去，以使员工胸中有数，安心工作。

在企业实施重大举措时,决不可忽视深层沟通。深层沟通对于排除员工心中的疑虑,坚定员工的信心有着不可替代的作用。

5. 缓和员工之间的隔阂

企业员工之间由于利益冲突或者是思想观念、态度、价值观等方面的巨大差异导致的相互间的不理解、不信任和不合作,会使员工之间的人际关系紧张,从而影响工作的情绪和工作的绩效。企业主管可以通过沟通来优化企业员工之间的人际关系。

某甲和某乙是公司的两位职员,由于过去的成见,两人之间隔阂较深。甲乙共同主管以一种巧妙的方式邀请他们两人共进晚餐后,消除了他们之间的隔阂,使甲、乙能更好地合作与交流,各自都很满意,不仅提高了效率,而且对他们的主管还大加赞赏。沟通在此起到了人际关系润滑剂的作用。

6. 消除部属对主管的重大误解

由于信息传送的不通畅,或者由于对信息含义理解的差异性,或者由于某些人别有用心地挑拨离间,部属和主管之间不可避免地会出现误解,不利于管理者开展管理工作。

在这种情况下,充分的沟通是必要的,通过坦诚地交换各自的思想观点和看法,达到消除误会,增进理解之目的。一个优秀的管理者应具有宽大包容,不计前嫌的胸怀,主动与部属进行沟通,澄清可能会产生的误会,巩固双方的合作关系。

(二)有效倾听技巧

(1)创造有利的倾听环境 尽量选择安静、平和的环境,使传递者处于身心放松的状态。

(2)在同一时间内既讲话又倾听。这是不可能的事情,要立即停止讲话,注意对方的讲述。

(3)尽量把讲话时间缩到最短。讲话时,便不能聆听别人的良言,可惜许多人都忽略了这一点。

(4)摆出有兴趣的样子。这是让对方相信他的讲话收到足够的关注和重视。

(5)观察对方,端详对方的脸、嘴和眼睛,尤其要注视眼睛,将注意力集中在传递者的外表,让传递者相信你在聆听。

(6)关注中心问题,不要使思维迷乱。

(7)平和的心态,不要将其他的人或事牵扯进来。

(8)注意自己的偏见,倾听中只针对信息而不是传递信息的人。诚实面对、承认自己的偏见,并能够容忍对方的偏见。

(9)抑制争论的念头。注意沟通双方只是在交流信息,而非辩论赛,争论对沟通没有好处,只会引起不必要的冲突。学习控制自己,抑制自己争论的冲动,放松心情。

(10)保持耐性,让对方讲述完整,不要打断他的谈话,纵然只是内心有些念头,也会造成沟通的阴影。

(11)不要臆测。臆测几乎总是会引导远离真正目标,所以要尽可能避免对对方做臆测。

(12)不宜过早做出结论或判断。人往往立即下结论,一个人心中对某事已做了判断时,就不会再倾听他人的意见,沟通就被迫停止。保留对他人的判断,直到事情清楚,证据确凿。

（13）做笔记。做笔记不但有助于聆听,而且有集中话题和取悦对方的优点。

（14）不要自我中心。在沟通中,只要把注意力集中在对方身上,才能够进行倾听。但很多人习惯把注意力集中在自己身上,不太注意别人,这容易造成倾听过程的混乱和矛盾。

（15）鼓励交流双方互为倾听者。用眼神、点头或摇头等身体语言鼓励信息传递者传递信息和要求别人倾听你的发言。

二、项目实务

（一）危机沟通 5S 原则

（1）承担责任原则（Shouldering the Matter）：无论谁是谁非,都不要企图推卸责任。

（2）真诚沟通原则（Sincerity）：企业应把自己所做所想的,积极坦诚地与公众沟通。

（3）速度第一原则（Speed）：危机发生后,能否首先控制住事态,使其不扩大、不升级、不蔓延,是处理危机的关键。

（4）系统运行原则（System）：在规避一种危险时,不要忽视另一种危险。在进行危机管理时必须系统运作,绝不可顾此失彼。

（5）权威证实原则（Standard）：企业应尽力争取政府主管部门、独立的专家或机构、权威的媒体及消费者代表的支持,或者由组织最高的责任人出面说明和介绍。

（二）危机沟通流程

（1）启动应急机制或者成立临时的危机公关小组。
（2）收集危机事件有关信息。
（3）拟定危机处理对策。
（4）实施危机处理方案。
（5）改进内部管理工作。

（三）示范案例

公关沟通示范案例见案例 9-9。

案例 9-9

12306 的公关活动

2014 年 12 月,12306 网站被爆出包括账号、明文密码、身份证邮箱在内的 10 多万用户信息遭到泄露。12306 官方第一时间声明信息泄露与己无关,随后两名犯罪嫌疑人被警方抓获。

紧接着 12306 网站悬赏查找漏洞,加入了"补天"漏洞响应平台；还发布了几项政策,包括打击、举报屯票倒票行为,火车票价格部分下调等。

相较于 12306 的登录缓慢,此次针对漏洞消息回应以及措施算是极有效率成功转移了用户视线。12306 此前公布的"火车票预售期提前 60 天""提前 15 天退票不收取退票费"政策实则肥了黄牛、苦了用户,打击囤票、倒票的新政策让用户重新点燃了抢票希望。不过 12306 在用户信息泄露一事上的表现就稍显不足,除了查找漏洞并没有为系统增加多一道的防护,暴露了其安全防御上的不足。

(http://www.zcifc.com/sy_hydsj/20150106/8a21632d4ab42af5014abcdcd1290090.html)

问题:

(1) 如何评价 12306 的公关活动?

(2) 如果你是 12306 的新闻发言人,你如何处理该问题?

实训情景 9-9

实训目标:让学员体验并掌握危机沟通的原则、流程及技巧。

实训内容:学员座位、店面经理或负责人应对突发事件。情景模拟,记录报告。

第十节　项目 10——沟通角色的把握

一、秘书角色沟通的注意事项

(一) 对老板

领导和秘书关系紧密,互相依存,互相依靠。秘书以领导为中心展开工作;领导依靠秘书从大量的日常事务工作中解放出来。秘书有辅助领导的职责,其职业特征决定了秘书在沟通协调过程中具有周到、细致、谨慎、谦逊的特点。

与领导相处的原则。

1. 尊重

相互尊重是沟通的前提,任何人都希望自己被尊重,并且希望自己能被他人所理解,在保证尊重的前提下沟通才能顺利进行。由于秘书与领导工作上的依存关系,尊重显得尤为重要,秘书通过沟通能从领导处获得所需要的工作支持,促使秘书工作顺利开展。沟通,始于尊重。

2. 谦虚谨慎

一个好的秘书要学会隐藏锋芒,做衬托领导的绿叶。当秘书锋芒外露时,首先刺伤的是领导,让领导产生危机和不信任,可能会导致排斥秘书,这时候,受害的是秘书自身。所以说,某种程度上,秘书和领导是一荣俱荣,一损俱损的利益共同体。

领导的功绩,固然有秘书辅佐的功劳;领导的工作失误,秘书同样也要负责任。所以说,秘书是隐与幕后的英雄,发挥自己的特长把力用在最合适的地方,才是秘书应该做的。

3. 适度

有的人由于种种原因,会产生自卑或自负心理,存在心理上的"缺度"或"过度"。"缺度"表现为畏惧、回避领导，不主动与领导接触。虽然与领导朝夕相处，却仅限于最低限度的交往，在私交方面，与领导形同陌路，不能良好的沟通。这样，领导很难感知和理解自己，自己也很难与领导分忧愁，跟领导的关系也会非常僵硬。

（二）对客户

1. 注意倾听

秘书时常要注意反馈，秘书在接待客户时，要注意听客户说的话，同时要给客户一定的反馈，秘书要将重点放在客户的内容上，排除干扰因素，抓住客户想讲的重点，在倾听过程中有不理解的要及时反馈，让客户觉得自己被尊重。

2. 换位思考

将心比心、设身处地的为人着想，能拉近双方的距离，站在对方的角度体验和思考，从而做到被对方理解。换位思考并不是件容易的事，对秘书来说也是需要学习的，换位思考是维系客户关系的重要技巧。

3. 动之以情

不论是普通人还是有地位的人，都易被小细节打动，秘书也可以从小事做起，让客户觉得宾至如归。以情动人，关键是要真心实意地帮客户解决问题，而不是开空头支票，让客户觉得企业并不一味追求利益，这能让客户有继续合作的意愿，并保持友好的合作关系，秘书在大方向上不能起很大的作用，但在细微之处能发挥更大的价值。

（三）对同事

秘书与同事的沟通需要掌握一定的技巧，通过沟通提升团队工作的整体效率。

1. 善于运用办公室语言

秘书在与同事的沟通中应该使用相应的办公室语言，用同事容易接受的语言，清楚明晰地传达上级指示，同时避免同事不良情绪的产生，用最好的心态接受各项工作。秘书的办公室语言也应该体现一定的激励性，让员工看到工作的意义，带着责任心去完成工作安排，化被动地接受为主动的创新工作。

2. 掌握沟通态度

良好的沟通态度是提升工作效率的保障，所以掌握沟通的技巧能够帮助秘书更好的实现各项工作的传达。同事是日常工作中的良师益友，秉着谦虚谨慎的学习态度能够拉近和同事的距离，与同事保持正常的亲密关系能从他人身上学习到更多的工作方法，团队协作能力的提升，能为工作带来更多的活力。

二、同事间沟通的注意事项

（一）目光

目光接触，是人际间最能传神的非言语交往。在与同事交流时，听者应看着对方，以表示关注；而讲话者不宜再迎视对方的目光，除非两人关系已密切到了可直接"以目传情"的地步。讲话者说完最后一句话时，才应将目光移到对方的眼睛。这是在表示一种询问

"你认为我的话对吗?"或者暗示对方"现在该轮到你讲了"。

（二）在涉及具体个人隐私时，巧妙地保持中立

在涉及个人隐私，一点都不插嘴也是不好的，有人的地方就有是非，当同事们八卦时，要学会巧妙地保持中立，适当地附和几句"是吗?"对于没有弄清楚的事情千万不要发表明确的意见。总之，要学会"参与但不掺和"。

（三）面对不同年龄层的人，聊不同的话题

和年轻一点的人在一起可以聊食物，衣服和生活中的趣事，而年纪稍长的、有孩子的同事在一起，话题都离不开孩子，可以听同事说说孩子的趣事，附和几句。和年长的同事聊天，要有一种请教的姿态，表现出希望听到他的建议和教诲。当然，这些都要因人而异，所以在平时要多留心同事的爱好和性格，寻找共同的兴趣点。

（四）避免议论老板，避免议论其他同事

在单位里是同场竞技，每一个人都有可能成为自己的竞争对手，即便是合作与配合默契的搭档，也有可能在竞争中变脸，要时刻牢记一个基本的道理，就是"没有永远的朋友，只有永远的利益"。很多过来人的经验表明，在同事之间议论老板的隐私，等于双手奉上自己的把柄。当然，也有人可能会去报告老板，把它当成自己邀功和表示忠心的表现。

"静坐常思己过，闲谈莫论人非。"别谈论个人隐私，自己的还是别人的都不要谈论。不管是有心或是无意，坦率也是要分场合与对象的，谈论自己容易变成炫耀，平白无故的遭人嫉妒。

要善待自己身边的每位同事。职场虽说是风云变幻，环境充满了险恶艰辛，会有竞争对手恶意竞争，明智的做法是在竞争压力下做好自我保护，"己所不欲，勿施于人"。有区别的善待对待每一位同事，尤其是那些喜欢暗箭伤人的同事，只要做到别让其闯入自己的私域圈子或是别让其知道自己的重要秘密就不会有太多的风险。

三、老板向下沟通的注意事项

（一）上级管理者

领导在与下属沟通时，一定要明白，沟通不是把自己的观点强加给别人。一位优秀的管理者，想与下属顺利沟通，让企业高效运转，首先要打破等级制度，让员工感受到公司对自己的尊重和信任，激发下属的认同感，归属感和责任感。

为了使沟通顺利进行，要注意明确沟通的目的；选择适当的场所进行沟通；建立良好的沟通气氛；充分地交换信息；整理沟通的初步结果；如有必要，可以再次或者多次沟通直到得出最佳决策方案。

（二）普通员工

1. 面谈

在与员工进行面谈沟通和谈话时，要注意以下方面。

第一，与员工达成问题共识；第二，商讨可能的解决方式；第三，达成一致的解决行为；

第四，监督进度和结果检查；第五，过程激励和目标达成激励。

2. 了解员工真实想法

高层管理者很少有机会了解普通员工的真实想法，这样往往会造成高层与基层脱节，不利于组织发展。在了解员工想法时，不要与员工争论，通过温和适当的语言使员工表明心事，同时不要打断员工说话，更不要轻易下结论，要做一个好的听众。

3. 自我检讨

看看自己是否营造了不利于员工开口的环境。自我检讨，可以从以下五个问题考虑。

第一，自己是不是从内心里真正欢迎下级随时都可以来交谈；第二，自己是否积极造成机会、环境、条件或气氛使下级乐于开口说心里话；第三，自己是否能观察、判断来谈话的下级的心理情绪状态、担心顾虑或焦灼；第四，自己是否能了解下级谈话中的真实意图、动机和真正需求；第五，自己的表情、体态、目光、语气与谈话的外部环境是否适合。

案例 9-10

客户怒气冲冲找上司

琳达是通用机械（沈阳）公司销售部经理的秘书。这天琳达的上司去哈尔滨出差了，上午 10 点左右琳达接到长春一个客户打来的电话，对方怒气冲冲地说产品出了质量问题，要与琳达的上司直接通电话。上司今天回不来，具体负责与对方签合同的业务员彼特正好在办公室。琳达在向对方道歉说上司的不在公司之后，接下来应该怎么办？下面有 5 个选项。

（1）上司出差了今天回不来。如果是合同上的事，让具体负责业务的彼特马上过去处理，您看这样可以吗？

（2）现在上司在外地出差，如果事情确实很紧急，我请上司直接与您联系，您看可以吗？

（3）上司在外地出差，具体的业务负责人彼特正好在办公室，要不您先跟他联系，如果您不愿久等。

（4）我马上请上司与您联系，您能否先告诉我到底发生了什么事情？

（5）上司在外地出差，今天回不来，我马上与他联系，让他明天上午与您联系，您看可以吗？

请从上面 5 个选项中挑选出 1 个你认为不合适的，并说明理由。答案（3）。

(http://chinese.fltrp.com/edu/795)

上司不在家，让具体负责业务的人出面来处理不是不可以，但是还要看对方的反应，因为现在对方很生气，指名要与上司直接通话。在不了解事情真相和未征得对方同意的情况下，你马上让具体业务员替代上司是否适合。

【本章小结】

商务沟通实训是商务沟通理论学习中非常重要的实践环节。通过本章的案例学习，可以了解各类沟通的概念、类型及原则，熟悉并理解沟通技术的原理和注意事项，学会运用有效的沟通技巧与方法。

附录 A 人际沟通能力测试

1. 你是否时常避免表达自己的真实感受,因为你认为别人根本不会理解你?(　　)
   A. 肯定　　　　　　　B. 有时　　　　　　　C.否定
2. 你是否觉得需要自己的时间、空间,一个人静静地独处才能保持头脑清醒?(　　)
   A. 肯定　　　　　　　B. 有时　　　　　　　C. 否定
3. 与一大群人或朋友在一起时,你是否时常感到孤寂或失落?(　　)
   A. 肯定　　　　　　　B. 有时　　　　　　　C. 否定
4. 当一些你与之交往不深的人对你倾诉他的生平遭遇以求同情时,你是否会觉得厌烦甚至直接表现出这种情绪?(　　)
   A. 肯定　　　　　　　B. 有时　　　　　　　C. 否定
5. 当有人与你交谈或对你讲解一些事情时,你是否时常觉得百无聊赖,很难聚精会神地听下去?(　　)
   A. 肯定　　　　　　　B. 有时　　　　　　　C. 否定
6. 你是否只会对那些相处长久,认为绝对可靠的朋友才吐露自己的心事与秘密?(　　)
   A. 肯定　　　　　　　B. 有时　　　　　　　C. 否定
7. 在与一群人交谈时,你是否经常发现自己驾驭不住自己的思路,常常表现得注意力涣散,不断走神?(　　)
   A. 肯定　　　　　　　B. 有时　　　　　　　C. 否定
8. 别人问你一些复杂的事,你是否时常觉得跟他多谈简直是对牛弹琴?(　　)
   A. 肯定　　　　　　　B. 有时　　　　　　　C. 否定
9. 你是否觉得那些过于喜爱出风头的人是肤浅的和不诚恳的?(　　)
   A. 肯定　　　　　　　B. 有时　　　　　　　C. 否定

评分标准:选 A 记 3 分;选 B 记 2 分;选 C 记 1 分。

9~14 分:你很善于与人交谈,因为你是一个爱交际的人。

15~21 分:你比较喜欢与人交朋友。假如你与对方不太熟,刚开始可能比较少言寡语,可一旦你们熟起来,你的话匣子就再也关不上了。

22~27 分:你一般情况下不愿与人交谈,只有在非常必要的情况下,才会与人交谈。你较喜欢一个人的世界。

附录 B 面对面交流能力

序号	问 题	经常	有时	很少
1	别人曾经误解你的意思吗？			
2	当与别人谈话时,你经常离开谈话的本意而跳到别的话题上吗？			
3	有人曾经让你进一步确认你的意思吗？			
4	你嘲笑过他人吗？			
5	你总是尽量避免与他人面对面交流吗？			
6	你总是尽量表达你的意思吗,并且以你认为是合适的方式与他人交谈吗？			
7	交谈时,你注视着对方的眼睛吗？			
8	谈话结束时,你是否询问他或她明白了你的意思吗？			
9	你总是找一个合适的时间和地点与他人交谈吗？			
10	你总是把事情的前因后果都澄清给别人吗？			
11	如果你要表达的意思很复杂,令人难以明白,你会事先考虑吗？			
12	你征求过别人的观点吗？			

评分标准:

第 1~5 题,1 分 2 分 3 分;第 6~12 题,3 分 2 分 1 分;32 分以上具有很强的与他人面对面交流的能力,但在某些方面或许还有提高的余地;26~32 分,具备一定的能力,但有待提高;26 分以下,技能有待全面提高。

附录 C 倾听能力测试

序号	问 题	经常	有时	很少
1	听别人说话时,注视着他的眼睛			
2	通过对方的外表和讲话内容及方式来判断是否有必要继续听下去			
3	说服自己接受讲话人的观点或看法			
4	着重听取具体事例而不注意全面的陈述			
5	不但注意听取事实的陈述,而且还参考事实背后别人的观点			
6	为了澄清一些问题,经常向别人提问			
7	知道别人结束一段话,才对它的发言发表看法			
8	有意识地去分析别人所讲内容的逻辑性和前后一致性			
9	别人说话的时候,预测他的下一句话,一有机会就插话			
10	等到别人说完全后才发言			

评分标准:

第 2、4、9、10 题,1 分 2 分 3 分;第 1、3、5、6、7、8 题,3 分 2 分 1 分;26 分以上,具备很强的倾听能力,但在某些方面或许还有提高的余地;20～26 分具备一定的技能,但有待进一步提高;20 分以下,技能有待全面提高。

附录 D　会议沟通能力测试

根据你平时在会议沟通中的表现,对下列叙述回答"是"或"否"。

1. 总是在会议开始前三天就已经安排好了会议日程,并将该议程通知到每位与会者。　　　　　　　　　　　　　　　　　　　　　　　　　　　（　　）

2. 当与会者询问议程安排时,总是回答:"还没有定呢,等通知吧。"　　（　　）

3. 对于会议将要进行的每项议程都胸有成竹。　　　　　　　　　　（　　）

4. 会议开始前半小时还在为是否进行某个议题而犹豫不决。　　　（　　）

5. 提前将每一项会议任务安排给工作人员去落实,并在会议开始前加以确认。　　　　　　　　　　　　　　　　　　　　　　　　　　　　　　（　　）

6. 临到会议开始前才发现还有一些会议设备没有安排好。　　　　（　　）

7. 预先拟定邀请与会的人员名单,并在开会前两天确认关键人士是否出席会议。　　　　　　　　　　　　　　　　　　　　　　　　　　　　　（　　）

8. 自己记不清邀请了哪些人员出席会议,会议开始前才发现忘了邀请主管领导参加。　　　　　　　　　　　　　　　　　　　　　　　　　　　　（　　）

9. 会议时间安排恰当,能够完成所有的议题。　　　　　　　　　　（　　）

10. 会议总是被一些跑题、多话者干扰,难以顺利进行。　　　　　（　　）

11. 会议室布置恰当,令与会者感觉舒适又便于沟通。　　　　　　（　　）

12. 会议室拥挤不堪,令与会者感觉不快,大家盼望着早点结束会议。（　　）

评分标准:

对于第 1,3,5,7,9,11 题,回答"是",得 +1 分,回答"否",得 -1 分。

对于第 2,4,6,8,10,12 题,回答"是",得 -1 分,回答"否",得 +1 分。

如果你的得分在 3~6 分,表明你具有很强的会议沟通能力。如果你的得分在 0~3 分,表明你的会议沟通能力很一般,需要进一步改进。如果你的得分在 0 分以下,说明你的会议沟通能力相当低下,需要加倍努力培养和训练。

以上测试,均有评定沟通能力是否强弱的标准,根据个人的习性和能力,来判断个人沟通能力的优势和劣势,从而发扬优势,弥补不足。

附录 E 中国传统礼貌用语

与人相见说您好,问人姓氏说贵姓,问人住址说府上。
请人赴约说赏光,对方来信说惠书,自己住家说寒舍。
初次见面说幸会,等候别人说恭候,请人帮忙说烦请。
仰慕已久说久仰,长期未见说久违,求人帮忙说劳驾。
中途先走说失陪,请人勿送说留步,送人远行说平安。
向人询问说请问,请人协助说费心,请人解答说请教。
客人入座说请坐,陪伴朋友说奉陪,临分别时说再见。
需要考虑说斟酌,无法满足说抱歉,请人谅解说包涵。
求人办事说拜托,麻烦别人说打扰,求人方便说借光。
请改文章说斧正,接受好意说领情,求人指点说赐教。
得人帮助说谢谢,祝人健康说保重,向人祝贺说恭喜。
老人年龄说高寿,身体不适说欠安,看望别人说拜访。
言行不妥对不起,慰问他人说辛苦,迎接客人说欢迎。
宾客来到说光临,等候别人说恭候,没能迎接说失迎。
请人接受说笑纳,送人照片说惠存,欢迎购买说惠顾。
希望照顾说关照,赞人见解说高见,归还物品说奉还。

参考文献

[1] 张喜琴.沟通人生[M].北京：中国国际广播出版,2003.

[2] 胡巍.管理沟通—原理与实践[M].济南：山东人民出版社,2004.

[3] 王文潭.商务沟通[M].北京：首都经贸大学出版社,2005.

[4] 李家龙.人际沟通与谈判[M].上海：立信会计出版社,2005.

[5] 陈翰武.语言沟通艺术[M].武汉：武汉大学出版社,2006.

[6] 周丽君.人际沟通交流技巧[M].上海：复旦大学出版社,2008.

[7] 哈特斯利,麦克詹妮特.管理沟通—原理与实践[M].北京：机械工业出版社,2008.

[8] 郭台鸿.高效沟通24法则[M].北京：清华大学出版社,2009.

[9] 郭鹏.史上最强沟通术：教你如何与人交流[M].北京：机械工业出版社,2009.

[10] 姚皓然.每天学点人际关系学[M].北京：九州出版社,2009.

[11] 许玲.人际沟通与交流[M].北京：清华大学出版社,2010.

[12] 曾仕强.圆通的人际关系[M].北京：北京大学出版社,2010.

[13] 陈乾文.别说你懂职场礼仪[M].上海：龙门书局,2010.

[14] 张秋筠.商务沟通技巧[M].北京：对外经济贸易大学出版社,2010.

[15] 中国国际公共关系协会.最佳公共关系案例[M].北京：企业管理出版社,2010.

[16] 岑丽莹.中外危机公关案例启示录[M].北京：企业管理出版社,2010.

[17] 周安华.公共关系—理论、实务与技巧[M].北京：中国人民大学出版社,2010.

[18] 杨俊.新型实用公关案例与训练[M].北京：中国科学技术大学出版社,2010.

[19] 张炳达,陈婧,杨慧.商务与管理沟通[M].上海：上海财大出版社,2010.

[20] 周爱荣.商务写作与实训[M].重庆：重庆大学出版社,2010.

推荐网站：

[1] www.chinapr.com.cn

[2] http://www.chinesejy.com/Article/432/479/2006/2006061573389.html

[3] http://www.cpra.org.cn/

[4] http://www.cipra.org.cn/

[5] http://www.docin.com/p-717425825.html

[6] http://baike.haosou.com/doc/7883690-8157785.html

[7] http://prm.manaren.com/

[8] http://www.cnshu.cn/yxgl/List_1744.html